学前教育专业系列教材

学前比较教育

（第三版）

主　编　郑　雯　刘存刚

副主编　张　峰　贾红梅

科学出版社

北　京

内 容 简 介

本书共 12 章，第一章主要阐述了学前比较教育概述、研究对象和研究方法；第二章至第十一章分别论述了世界上有代表性国家的学前教育概况、法规与体制、课程与教学、师资培养、设施与经费及学前教育思想；第十二章对世界各国学前教育进行了比较研究。

本书可作为高等院校学前教育专业教材，供本科、专科学前教育专业学生使用，也可供学前比较教育研究者及各类学前教育机构教师参考。

图书在版编目（CIP）数据

学前比较教育 / 郑雯，刘存刚主编. —3 版. —北京：科学出版社，2025.6
（学前教育专业系列教材）
ISBN 978-7-03-077985-4

Ⅰ.①学⋯　Ⅱ.①郑⋯　②刘⋯　Ⅲ.①学前教育-比较教育-高等学校-教材　Ⅳ.①G610

中国国家版本馆 CIP 数据核字（2024）第 031657 号

责任编辑：王 彦　都 岚/责任校对：王万红
责任印制：吕春珉/封面设计：东方人华平面设计部

科 学 出 版 社 出版
北京东黄城根北街 16 号
邮政编码：100717
http://www.sciencep.com
三河市骏杰印刷有限公司印刷
科学出版社发行　各地新华书店经销
*
2007 年 9 月第一版　　2025 年 6 月第二十一次印刷
2012 年 6 月第二版　　开本：787×1092 1/16
2025 年 6 月第三版　　印张：13 1/4
字数：307 000
定价：58.00 元
（如有印装质量问题，我社负责调换）
销售部电话 010-62136230　编辑部电话 010-62130750

编写人员名单

主　编　郑　雯　刘存刚

副主编　张　峰　贾红梅

参　编　吴衍丽　何　苗　李琳玉　孙秋霞

　　　　王翰祺　徐文希　于志浩　兰玉娇

第三版前言

通过学前比较教育研究，可以让学生了解不同国家和地区的学前教育制度和教育工作的现状、特点、问题和趋势，从而增加知识、拓宽视野，加深对学前比较教育的理解和认识。学前比较教育可以为我国的学前教育改革提供借鉴，成为改革的工具；也可以提供一个观察和研究其他国家学前教育的平台；还可以为我国的学前教育政策和改革提供建议和参考，优化教育选择，推动我国学前教育的高质量发展。

本书第三版的突出特点是在当前学前比较教育的最新理论和研究成果的基础上，贴近世界学前教育发展现状，以纸质教材为主、数字资源为辅，从资料链接、知识点视频等多方面构建立体化的教学资源体系，进一步拓展与深化纸质教材的内容，便于学生借助纸质教材与数字资源进行更为全面与深入的学习。同时，本书较为系统地阐述了世界学前教育的发展趋势、规律，帮助学生吸取世界学前教育中的成功经验和失败教训，为学生思考学前教育决策和教育改革提供依据和参考。本书自 2007 年第一版出版以来被多家院校作为学前教育专业、早期教育及托育服务与管理专业的教材，也可供从事学前教育、早期教育工作的职业人士和学前儿童家长参考。

本着"系统全面、文化尊重、实证导向、理论联系实际、动态发展与反思批判相结合"的基本理念，在第二版的基础上进行了修订。此次修订保留了第二版的基本框架、理论逻辑，对部分章节做了增删修改，并对各章节统计数据进行了更新。为给学生提供多样化的学习方式，本次修订注重立体地利用现代化教育手段，帮助学生构建对本书知识结构的整体认知，厘清各章节知识点之间的关系。本次修订新增了 40 个微课学习资源，使平面内容立体化、无声内容有声化，让学生能够更直观地理解所学的知识内容，以此提高学习效率和效果，促进反思交流。

本书由郑雯、刘存刚担任主编，并负责全书框架体例的设定、审稿与组织协调工作，由张峰、贾红梅担任副主编。具体编写分工为：第一章、第十二章由吴衍丽、贾红梅编写；第二章、第三章由孙秋霞、于志浩、兰玉娇编写；第四章、第五章由何苗编写；第六章、第八章由王翰祺编写；第七章、第十章由徐文希编写；第九章、第十一章由李琳玉、郑雯编写；刘存刚、张峰负责本书数字资源的编制与整理。本书内容参考了国内外相关书籍、期刊与网络资料，也得到了北京汇美幼大托育服务有限公司与山东英才学院的大力协助，两单位不仅分享了一线翔实的数据和多样化的实践案例，还基于丰富的从业经验，为本书的设计和使用提出了诸多建设性意见，在此表示衷心的感谢。另外，各院校师生对本书的修订也提出了许多宝贵意见，在此一并表示谢意。

由于编者水平有限，如有不妥之处，恳请各位同行与读者不吝赐教，批评指正。我们将继续努力，在教材使用过程中补苴罅漏，日臻完善。

第一版前言

当今世界主要发达国家，如美国、英国、法国、德国、俄罗斯、日本等，其学前教育犹如阳光下的一面三棱镜，通过不同的文化传统、政治制度、经济基础、教育水平折射出不同的光泽。本书立足于"他山之石，可以攻玉"之视角，着重比较考察世界上述各主要发达国家的学前教育现行法规体制、课程教学、教师教育、资金配置等，把握这些国家学前教育的现状及其特征，并针对我国学前教育存在的问题提出建议，以促进我国学前教育的改革和发展。

本书是在幼儿教育改革和学前教育专业多年教学和科学研究的基础上，参考和吸收学术界前辈及同仁的相关研究成果编写而成。

本书共 12 章，第一章主要阐述了学前比较教育的研究意义、研究对象和研究方法；第二章至第十一章分别论述了世界上有代表性国家的学前教育概况、法规与体制、课程与教学、师资培养、设施与经费及学前教育思想；第十二章对各国学前教育进行了比较研究。

本书可作为高等院校学前教育专业教材，供本科、专科学前教育专业学生使用，也可供学前比较教育研究者及各类学前教育机构教师参考。

本书由刘存刚担任主编，并编写第一章、第十二章和负责全书统稿工作；张晗编写第二章、第七章、第十章；史晓华编写第三章、第四章、第六章、第八章、第九章；贾红梅编写第五章、第十一章。

本书在编写过程中得到了学前教育专家、山东师范大学教育系孙汀兰教授的悉心指导，山东英才职业技术学院董事长杨文教授在百忙之中拨冗审阅全书，在此表示衷心的感谢。

另外，本书的责任编辑王彦对本书的编写、审校与出版提出了许多宝贵意见，付出了大量的劳动，在此特向她深表谢意。

由于编者水平和能力有限，本书如有不妥之处，恳请读者批评指正。

目　录

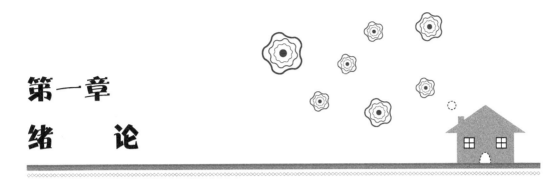

第一章
绪　论

第一节　学前比较教育概述

一、学前比较教育概念的提出

学前比较教育概述

学前比较教育是以比较法为主要方法，研究当代各国学前教育的一般规律和特殊规律，揭示影响和决定学前教育发展的主要因素及其相互关系，探索学前教育的发展趋势，以改进本国学前教育的一门教育科学。

学前比较教育是比较教育的一个分支学科。为了正确理解学前比较教育的概念，必须弄清比较教育的概念。

（一）比较教育的概念

比较教育的概念最早是由被誉为"比较教育学之父"的法国教育家朱利安提出来的。朱利安在 1817 年出版了《比较教育的研究计划和初步意见》一书，第一次明确提出了比较教育的概念，并指出了比较教育的研究范围："其内容应成为欧洲各国现有主要教育机构和制度的比较，首先研究各国兴办教育和公共教育所采取的各种不同的教育方式，学校教育全过程所包括的各种课程需要达到的目标，以及每一个目标所包括的公费小学、中学、高等技术学校和特殊学校的各衔接年级，然后研究教师给青少年学生进行讲授所采用的各种教学方法，他们对这些方法所逐步提出的各项改进意见以及或多或少所取得的成就。"但由于历史的局限，朱利安没有也不可能为比较教育下一个明确的科学定义。

美国著名比较教育学家康德尔有一个著名的观点，也可以看作他对比较教育概念的看法："比较教育是外国教育史向现在的延伸。"康德尔认为，比较教育就是要从历史的观点出发，考察世界各国各种类型的教育，全面探索在政治、经济、文化等种种因素影响下教育所体现出来的各国的民族特点，研究、分析决定和影响教育的诸多因素。他曾经指出，研究比较教育要求判明决定教育制度的无形的、难以捉摸的精神力量和文化力量，判明比校内力量和因素更为重要的校外力量和因素，以及比较教育的目的在于发现导致教育制度相差别的那些力量和因素的差异性。

日本著名的比较教育学者冲原丰认为："比较教育学是以教育的整个领域为对象，对两国以上的现行教育进行比较，并把外国教育学包括在内的学科。"

苏联比较教育研究者索科洛娃在《比较教育学》中对建设社会主义比较教育进行了一些有益的尝试。她指出，比较教育学研究当前世界中教学和教育的理论和实践的共同的和个别的特点及发展趋势，揭示它们的经济、社会政治和哲学基础，以及民族的特点，在综合年轻一代教学和教育大量实践经验的基础上，比较教育学阐明社会主义、资本主义和发展中国家国民教育发展的规律和趋势，因而促使进一步研究教学和教育的理论。

上述几位外国比较教育学家关于比较教育学的揭示或定义，都从某一个侧面对比较教育学进行了说明，但在准确性和科学性上都有一定的欠缺。

当代中国的比较教育学家在有关比较教育概念的问题上也进行了深入探讨，提出了他们对比较教育概念的看法。

王承绪、朱勃、顾明远在 1982 年由人民教育出版社出版的新中国第一本比较教育著作《比较教育》一书中，结合对比较教育历史和有关比较教育著作的研究，分析了比较教育的 3 个特征，即跨国性或国际性、跨学科性和可比性，并在分析了比较教育 3 个基本特征的基础上，提出了对比较教育概念的看法："比较教育是用比较分析的方法，研究当代外国教育的理论和实践，找出教育发展的共同规律和发展趋势，以作为改革本国教育的借鉴的一门科学。"

吴文侃、杨汉清在他们所著的《比较教育学》一书中认为："要给比较教育学下定义，必须先阐明其目的、对象、方法和性质。"他们认为，比较教育的目的主要是借鉴别国的教育经验，以改善本国的教育；比较教育的对象是当代世界各国教育的一切问题及其形成原因；比较教育的研究方法主要是比较的方法；比较教育虽然借鉴了其他一些学科的概念和方法，但它仍然属于教育科学的范畴。在进行以上分析之后，他们提出了自己对比较教育学概念的看法："比较教育学是以比较法为主要方法，研究当代世界各国教育的一般规律与特殊规律，揭示教育发展的主要因素及其相互关系，探索未来教育的发展趋势的一门教育科学。"

（二）学前比较教育的概念

以往给一门科学或学科下定义，需要指出这门科学或学科的专门研究对象。例如，对学前儿童心理学的定义是通过指出其专门的研究对象而完成的，"学前儿童心理学是研究从出生到入学前儿童心理发生发展规律的科学"；又如，对学前教育学的定义也是通过指出其专门的研究对象而完成的，"学前教育学就是专门研究学前教育的一般规律和特点的科学"。这主要是由于科学研究的区分是根据科学对象所具有的特殊的矛盾性，即对某一现象或领域所特有的某一矛盾的研究，就构成某一学科的研究对象。心理学、教育学、学前心理学、学前教育学甚至学前教育中的各种教学方法，如幼儿音乐教学法、幼儿美术教学法、幼儿体育教学法、幼儿语言教学法、幼儿英语教学法等的定义都是仅仅指出其研究对象。也可以说，指出某一科学或学科专门的研究对象是以往对科学或学科进行界定的方法。

随着社会的发展和科学的进步，有的学科分化为许多分支学科，这些分支学科中有一些是对原来学科的分层或分段（如学前教育学相对于教育学），也有一些与原来学科的研究对象完全一致，它们之所以独立出来或分化出来是因为采用了新的研究方法或研究技术（如学前比较教育相对于学前教育学）。可见，在给后面这些分支学科下定义时，如果仅仅指出其研究对象，则难以准确、科学地体现这些分支学科的特点。对学前比较教育的解释亦是如此。

目前，国内外对学前比较教育的概念尚无完整的论述，甚至有人认为，目前对什么是比较教育尚未达成一致意见，对学前比较教育进行界说还不应该提上议事日程。我们认为，学前比较教育是一门年轻的学科，要给学前比较教育下一个完整的科学的定义，必须先阐明它的研究目的、研究对象和研究方法。此处先重点论述学前比较教育的研究目的，研究对象和研究方法在本章第二节和第三节中进行论述。

学前比较教育研究的主要目的在于借鉴其他国家的学前教育经验，改进本国学前教育的现状。近年来，我国学前比较教育的研究者和一些关注我国幼儿教育改革的有识之士，对国外特别是欧美和日本等国的学前教育经验进行了大量介绍和评析，有学前教育机构方面的介绍和评析，有学前教育课程方面的介绍和评析，有学前教育师资方面的介绍和评析等，所有这些介绍和评析都为我国借鉴别国的学前教育经验、促进我国学前教育改革提供了有益的素材。以学前教育课程改革为例，21世纪以来我国开展的学前教育课程改革实验（如综合教育活动实验、活动教育课程实验、游戏课程实验、一日生活课程实验等）都大量参照和借鉴了西方国家的一些学前教育模式，并结合我国幼儿教育改革的实际进行了改造和提升，在改进我国幼儿教育方面做出了不小的贡献。本书在借鉴前人研究经验的基础上，进一步细化了各国学前教育的做法，重点从各国学前教育的法规与体制、课程与教学、师资和培养、设施与经费等几个方面进行详细介绍，同时介绍各国学前教育的最新理论和成果，以便更好地学习各国先进的学前教育经验，促进我国学前教育的发展。

随着国际交往的增多，特别是学前教育领域国际交往的增多，各国对学前比较教育的研究也逐渐注重向外国介绍本国的学前教育成就和经验，以加强国际文化交流。以2021年11月6日至7日在杭州召开的2021年世界学前教育组织（OMEP）亚太区域研讨会为例，这次会议不仅仅局限于学习和借鉴幼儿教育的经验，更重要的是我国的学前教育工作者向世界介绍了中国的学前教育发展，从而加深了世界对中国学前教育的了解。尽管如此，借鉴外国学前教育的经验，促进我国学前教育的改革，仍然是我国学前比较教育研究的主要目的。

二、学前比较教育的基本特征

通过对学前比较教育研究对象的确立，可以把学前比较教育的特征归纳如下。

（一）可比性

学前比较教育是对两个或两个以上国家的同一学前教育问题进行比较，比较的数量要在两个或两个以上，如果只有一个国家，就不可能有什么比较；比较的问题要属于同一类别，如果不属于同一类别，就无法进行比较。例如，可以对"日本学前教育机构的师资培养"与"中国学前教育机构的师资培养"这一同类命题进行比较分析，但却不能把"美国学前教育机构的类型"和"日本学前教育的师资培养"这两个不同的命题放在一起进行比较。

（二）环球性

学前比较教育固然需要对某国国内学前教育发展的各个不同历史时期进行纵向比较研究，但它的着力点不是研究某个国家的学前教育，它是跨国的，具有国际性，它要研究各国学前教育的异同点，侧重对不同国家和地区的学前教育进行横向比较研究。例如，通过中国与意大利幼儿园一日活动的比较，从中发现意大利幼儿在园的时间要比我国幼儿在园的时间短（如意大利幼儿在园时间一般是五六个小时，我国幼儿在园时间一般是七八个小时）、意大利幼儿在园的自由度也比我国幼儿大（如意大利幼儿可以在午睡时间选择睡觉或者不睡觉，我国幼儿则无权作出不睡觉的选择）等特点。

（三）跨时间性

相对于学前教育史的研究范围而言，学前比较教育注重当代世界学前教育的理论与实践。但不应该也不可能完全局限在"正在进行"或"现实演变"这一特定的时限里，它的范围应该覆盖一定的历史时段，因为对学前教育发展与演变进程进行比较研究，正是推进现实的学前教育改革所需要的。用发展的观点、历史的方法，对教育理论和实践做多视角的过程分析，从而把握教育理论和实践发展的昨天、今天和明天。

（四）跨学科性

学前比较教育需要运用学前教育学、比较教育学、政治学、经济学、文化学、历史学、地理学、人口学、哲学等多门学科的知识来进行研究，剖析学前教育的背景和基础，探索学前教育的发展前景和改革趋势。例如，我国在建设社会主义市场经济的大环境下，一方面，重视幼儿完整人格的培养和科学素养的启蒙；另一方面，在幼儿教育中仍然重视诚信和孝敬父母的教育，这与我国的传统文化及现实所处的时代背景是分不开的。

三、学前比较教育研究的意义

学前比较教育是一门新兴学科，与学前教育方面的其他学科相比是非常年轻的。但是，任何一门学科的产生都有其特殊的意义，学前比较教育也是如此，它以其特有的作用促进了社会政治、经济和文化等方面的发展，并为这些方面提供了良好的服务。因此，了解学前比较教育的作用有助于提高对学前比较教育的认识，明确学习学前比较教育的目的。学前比较教育的作用是多方面的，主要有以下4个方面。

（一）加深对世界各国学前教育的认识

这是由学前比较教育的任务所决定的。学前比较教育就是对各国学前教育进行比较研究。比较是一种分析、衡量、借鉴的研究活动，通过比较能够更加全面、深刻地认识外国的学前教育，诸如发展的现状、呈现的特点、存在的问题和发展的趋势等。因此，首先要了解这方面的内容，才能加深对各国学前教育的认识，掌握各国学前教育发展的情况。同时，学前比较教育需要对较深层次的学前教育规律等问题进行探讨，这使我们能够进一步了解各国学前教育的情况，掌握世界学前教育发展的一般规律和特殊规律，从而对本国学前教育的认识更加深刻。例如，通过对各国学前教育师资队伍、学历结构、培训考核、工资待遇等的研究，探讨我国学前教育师资队伍状况是否合理，与国外学前教育发达国家相比，差距是在扩大还是在缩小，其原因是什么，它对本国学前教育的发展产生什么样的影响等。

（二）作为我国学前教育改革的借鉴

这是由学前比较教育的特点所决定的。学前比较教育的关键在于比较，有比较才有鉴别。通过学前比较教育研究，能够认识别国的学前教育经验，反思自己国家的学前教育理念，这是学前比较教育的独特价值所在。了解外国学前教育，可使我们汲取外国学前教育中的成功经验和失败教训，从而作为我国学前教育改革的借鉴，促进我国的学前教育改革。"比较教育学之父"朱利安在《比较教育的研究计划和初步意见》中指出："任何一位精明而见闻广博的政治家都会从别国的发展和繁荣中发现繁荣自己国家的一种途径。"美国著名的比较教育家贝雷迪在《教育比较法》中指出："从认识别人而得到自我认识，是比较教育所能提供的最有价值的教育。"朱利安和贝雷迪的观点说明了研究外国教育的重要性，对学前比较教育的研究同样适用。中国教育史上的无数事实证明，在对外国学前教育的研究中，我们会发现其教育发展的经验和教训，这些经验和教训对于促进我国的学前教育改革有不少的启迪。例如，通过对欧美国家学前儿童多元文化教育的了解，发现这是我国学前教育中的一个薄弱环节，就能引起我们的高度重视，从而注意开发和利用各种资源，构建学前儿童多元文化教育的新体系。

（三）促进学前教育的国际化

这是由学前比较教育的目的所决定的。学前比较教育不仅要总结学前教育发展的成功经验和失败教训，还要不断探索学前教育发展的普遍规律，并预测学前教育发展的共同趋势和未来方向。例如，重视学前教师的职前教育和培训，加强师资的在职培训，注意师资队伍的年龄、学历、性别结构，稳定师资队伍等方面，美国、意大利、日本等国已经总结出一套成功的经验，被越来越多的国家学习和借鉴；又如，意大利的瑞吉欧教学法已成为当前各国学前教育学习和实践的教学形式，我国的学前教育机构也不断学习、采纳瑞吉欧的教学理念和方法，可以说学前比较教育促进了我国学前教育的国际化。

（四）加强学生分析问题的能力

这是由学前比较教育的核心所决定的。学前比较教育研究的核心是要为发展学前教育事业，提高学前教育质量，促进学前儿童的全面发展服务。通过学前比较教育研究，能够寻找到适合本国学前教育发展和学前儿童成长的最佳途径、手段、形式、策略和方法。学前比较教育研究中使用的最主要的方法是比较法，通过比较法揭示事物之间的共同点和差异点，是人类认识事物的最基本的方法之一。当事物在时间和空间中运动和变化时，其差异和相似之处层出不穷，如：时间维度（如过去、现在和将来）的相似和差异；空间层次（如宏观、微观）的相似和差异；动态或静态的相似和差异；结构或功能的相似和差异；动力或反映的相似和差异；输入或输出的相似和差异；显性或隐性的相似和差异；现象或本质的相似和差异等。这些相似和差异构成了比较研究的基础和对象。使用比较法可以使学生通过对人与人或物与物之间的相似和差异的分析和判断（比较），学会用哲学、逻辑的头脑思考问题；同时，比较法是教育科学研究的一个重要方法，因此使用比较法还可以使学生熟悉并掌握在教育科学研究中如何进行比较研究，为以后从事研究工作打下比较研究的基础。另外，学前比较教育又是一门涉及面较广的学科，它需要综合多门学科的知识和方法对学前教育问题进行探讨。这也是对学生科学研究能力的初步培养，提高学生从事实践教学的能力。例如，有些国家在实施学前教育的过程中，广泛采用各种措施，如创设良好的环境、开展丰富多彩的游戏活动、安排适宜的教学活动、组织力所能及的劳动等。通过比较分析和实践检验，这些国家的幼教工作者可能体会到"寓教育于游戏"是促进儿童快乐成长的重要举措，因而会在未来的教育中更加注重发挥游戏在儿童发展中的作用。

第二节 学前比较教育的研究对象

学习学前比较教育，首先应对学前比较教育的研究对象有一个全面正确的认识。这不仅有助于了解学前比较教育研究所涉及的范围，也是理解学前比较教育主要特征的前提条件，从而为较好地掌握学前比较教育这门学科奠定基础。

学前比较教育的研究对象

一、学前比较教育研究对象阐释

学前比较教育作为学前教育科学体系中的一门独立学科，它的研究对象是什么？在我国学前教育界，对这一问题的认识是多种多样的，研究者关注的问题也有所不同，主要通过以下几种阐释表现出来。

（一）注重介绍和阐明世界主要发达国家学前教育发展的历史

世界各国在学前教育发展的过程中，采取过哪些重大举措，其目的是什么，结果怎样等。例如，日本为了发展学前教育事业，1964～1970年实施了第一次幼儿园教育振兴计划，旨在提升5岁儿童入园率；1972～1981年实施了第二次幼儿园教育振兴计划，旨在提升 4～5 岁儿童入园率；1991～2000 年实施了第三次幼儿园教育振兴计划，旨在使 3 岁儿童也能入园。

（二）突出介绍和分析国外学前教育改革和发展现状

进入 21 世纪以来，世界各国学前教育的发展进程如何，制定了哪些方针政策、法律法规，政府投入多少经费，学前教育机构有哪些类型，儿童入托入园率怎样等。例如，意大利学前教育机构主要有幼儿学校、幼儿园、日托中心、家庭日托、游戏小组等多种形式，促进了学前教育事业的发展，使适龄儿童都能有机会接受学前教育。

（三）分析研究当代外国学前教育的理论和实践

重视用比较、分析的方法，探寻学前教育发展的规律和趋势，以作为改革本国学前教育的借鉴。学前教育的每一个领域，都有自己的规律和特点，在不同的国家、不同的学前教育机构中都会有不同的表现。例如，美国学前教育的课程就有"成熟势力说""行为主义""相互作用"等多种不同的理论流派，运用在实践中就出现了学前教育课程的不同模式，有的学前教育机构是"以教师为中心"的，而有的学前教育机构是"以儿童为中心"的，或是强调这两者并重。这对他国学前教育课程的改革不无借鉴之处，可启示人们利用本国、本地、本园的有效资源，为儿童创设良好的环境，促进儿童个性的良好发展。

（四）关注和研究当代世界学前教育理论变化，预测学前教育发展的趋势

学前比较教育需要了解世界范围内学前教育发展的共性和个性，分析其政治、经济、文化、哲学背景和基础。例如，苏联国家教育委员会 1989 年曾通过《学前教育构想》，但由于国家的解体、社会的动荡不安、经济体制的变革，学前教育受到很大冲击，原先描绘的宏伟蓝图没能实现。1992 年，俄罗斯联邦政府颁布了《俄罗斯联邦教育法》，1994～1995 年，俄罗斯联邦教育部学前教育司以此为依据，制定了学前教育标准，对处于市场经济条件下的学前教育事业进行调控和指导，以保证儿童的健康成长。2012 年前，俄罗斯确立保证学前教育普及率的目标。截至 2016 年年底，所有 3～7 岁的儿童已经免费接受学前教育，使俄罗斯进入学前教育发达国家行列，这是近年来俄罗斯教育领域的显著成就之一。

从以上 4 个方面介绍和研究国外学前教育发展的历史与现状，分析学前教育理论与实践的演变，探究学前教育发展的未来，从不同侧面来认识学前比较教育这一复杂问题，既是学前比较教育研究的重要组成部分，也是进行学前比较教育研究的基础性工作，因而是十分重要和完全必要的。但是，若要对世界范围内的学前教育形成全面系统完整的认识，则还需要对世界各国学前教育进行跨文化比较研究，探讨学前教育的发展规律和独特形式，借鉴别国的理论和有益经验，以达到推动本国、本地区学前教育发展的目的。因此，单线条的阐释别国学前教育的发展及原因，不免存在欠缺。学前比较教育是对同一或不同时空范围内两种或两种以上学前教育领域的理论和实践进行研究，比较其异同点，分析其产生的原因，探索其演变规律和发展趋势，从而更好地促进学前教育的改革和发展。

这一阐释比较准确地反映了学前比较教育研究对象的全貌。实际上，学前比较教育既可以对一个国家在各个不同历史时期学前教育发展的状况进行比较研究，也可以对不同洲、不同地区、不同国家，同一洲、同一地区或同一国家在同一历史时期学前教育发展的状况进行比较研究，寻找同一性、相似性、异质性，并剖析其原因。例如，在学前教育的法治建设上，美国长期以来一直重视这一问题，早在 1965 年就通过了《经济机会法案》，1979 年通过了《儿童保育法》，1990 年通过了《儿童早期教育法》。美国国会于 1988 年和 1990 年两次修订《社会保障法》，增加了向低收入家庭提供孩子入托补贴的条款。2000 年颁布《早期学习机会法》，2001 年颁布《不让一个儿童落后法》，2003 年颁布《入学准备法》等多部教育法，对联邦政府及其相关部门在促进学前教育发展中的职责，从多个角度进行了法律规定。又如，在学前儿童的生存教育上，加拿大比我国更加重视对儿童进行消防教育，消防教育的内容和方法比我国具体：加拿大要求儿童在有烟雾的地方，要贴着地面爬行；当衣服着火时，要就地翻滚，把火焰扑灭；学会报警扑灭初起的火灾等。可见，加拿大要求儿童采取积极的应对策略，让儿童懂得如何去应对突发灾难，在危难中能够自救，而我国采取的是尽量回避的方法，使儿童处于被动状态，一旦处在危险情境中，儿童无法自救，就会造成无谓的伤亡。

经济发达国家的学前教育固然是重要的研究对象，但发展中国家的学前教育也应在研究中占有相应的份额，而不能成为被遗忘的角落；经济发达国家与发展中国家学前教育的差异及原因何在，后者在发展过程中有何特色，也应在研究的视野之中；各国学前教育机构的物质环境包括教育的设施设备，如园舍、场地、游戏材料等固然是需要研究的对象，但各国学前教育机构的社会环境包括价值观念、文化传统及教育对策，如教师的儿童观、教育观、师幼关系、师幼比例等更应成为研究的重要对象。

二、学前比较教育学的研究对象分析

学前比较教育学的研究对象可以从它的研究领域及研究领域的广度和深度来分析。

（一）研究领域

从研究领域来说，学前比较教育学的研究涉及学前教育研究的所有领域，学前教育学中所研究的问题，诸如学前教育制度、学前教育行政、学前教育目的、学前教育活动设计、学前教育方法等，都可以作为学前比较教育的研究对象。学前比较教育研究的重点是各国的学前教育制度和基本的教育问题（包括宏观问题和微观问题，理论问题和实践问题），因为研究教育制度和基本的学前教育问题对改进本国的学前教育具有重要意义。当然，我们也应该根据不同时期、不同任务的要求来确定研究的重点。也就是说，学前比较教育的研究重点可以根据不同时期、不同任务的要求而进行适当的调整。

（二）研究领域的广度

研究领域的广度可以从研究的时间和研究的空间两个方面来看。

从研究的时间来看，我们认为学前比较教育研究以当代学前教育为中心。当今，比较教育学界有人主张不能把比较教育研究局限在当代，而应该扩展至教育史的领域。我们的看法是，尽管对教育史的问题进行比较研究是对现实教育问题进行比较所必需的，但比较教育研究必须以当代为中心，这是由借鉴别国教育经验的目的所决定的，学前比较教育研究也是如此。学前比较教育主要研究当代学前教育，指出外国学前教育中可以借鉴和吸取的部分，为本国的学前教育改革服务。学前比较教育在研究当代学前教育时，为了阐明来龙去脉，必然涉及各国学前教育的历史，如本书在介绍各国学前教育时，每章均专辟一节阐述各国学前教育的概况。但追溯历史是为了更好地说明现在，是为了更好地找出对形成当代学前教育有影响的各个因素。它与学前教育史的一个重要区别在于：学前教育史是从时间的角度考察事物的发展与变化，这意味着关注不同时期学前教育的特点、演变过程及其背景因素，如政策的变化、社会经济条件的改变、文化观念的更新等对学前教育的影响，通过纵向分析，可以了解学前教育是如何随着时间而发展，以及这些发展背后的动因和逻辑。然而，学前比较教育学是从空间的角度，即在同一时间段内不同地区或国家之间的比较，它研究的是当代不同国家或地区的学前教育制度、实践模式、面临的挑战等问题。这种方法可以帮助我们理解不同文化和社会背景下学前教育的异同，找出最佳实践或识别出普遍存在的问题。

从研究的空间来看，我们认为学前比较教育研究的是世界各国的学前教育，它既包括对外国学前教育的研究，又包括对国与国之间学前教育的比较研究，还包括对世界学前教育的整体研究。以现在可以见到的学前比较教育著作来说，美国的吉达·L.劳和伯纳德·M.劳所著的《比较学前教育》以苏联、印度、以色列、日本、英国、美国、墨西哥、瑞典、挪威、加拿大等国为研究对象国，研究各国学前教育的哲学背景、历史发展、现在状况和未来趋势等；美国的约瑟夫·J.汤宾、大卫·J.H.吴、丹娜·H.戴卫逊三人所著的《三种文化中的学前教育——日本、中国和美国》，对日本、中国和美国的学前教育进行了分析和研究，指出了三个国家学前教育的共同点和不同点；而法国的G.米拉雷特所著的《世界各国学龄前教育动向》则是以世界学前教育的整体为研究对象而进行研究的。学前比较教育学可以根据借鉴的目的和本国的实际情况，选择一些有代表性的国家进行研究，或对世界学前教育的整体进行研究，而不是把世界上200多个国家和地区都作为自己的研究对象，不是对200多个国家和地区的学前教育进行面面俱到的研究。

（三）研究领域的深度

学前比较教育研究上述特定时空范围内的学前教育制度和基本学前教育问题，仅仅说明研究对象的广度。学前比较教育研究还有一个深度的问题。研究领域的深度，指的是应该分析研究各国学前教育的形成条件，判明各国政治、经济、文化、社会等因素对学前教育的影响和学前教育在各国社会发展中的能动作用，揭示各国学前教育的特点和共同规律，探索学前教育的发展趋势等。因为只有这样，学前比较教育学才能为借鉴提供客观依据，而不至于不顾自己国家的具体情况，盲目照搬照抄他国的东西。

三、学前比较教育的研究内容

学前教育在全球范围内的多样化状态，既表现在学前教育发展的宏观层面上，包括体现各国政府与国民对教育重视程度的学前教育法制建设、政策制定和投入水平，各种适应不同年龄阶段学前儿童及父母工作特点的教育教养机构，反映一国经济文化发展水平的学前教育的发展目标及其相应的配套措施；也表现在不同国家幼儿园及其他学前教育机构所具有的特点上，从保育、教育的内容与组织形式到具体手段、方法等微观领域，从而构成学前比较教育广泛而丰富的内容。一般来说，学前比较教育的研究内容包括区域研究和问题研究两大板块，两者相辅相成、相得益彰。区域研究是问题研究的必要前提，问题研究是区域研究的深化发展。学前比较教育的研究内容具体表现在以下几个方面。

1）世界主要国家学前教育的概况。
2）世界主要国家学前教育的法规和体制。
3）世界主要国家学前教育的课程与教学。
4）世界主要国家学前教育的师资培养。
5）世界主要国家学前教育的设施和经费。
6）世界主要国家学前教育的思想。

第三节　学前比较教育的研究方法

一、学前比较教育的方法论基础

学前比较教育
的研究方法

在学前比较教育的研究中，必须有正确的方法论作为指导。离开了正确的方法论，学前比较教育研究必然会走入歧途。辩证唯物主义和历史唯物主义是马克思主义全部学说的基础，是关于自然、社会和人的思想发展的最普遍规律的科学，也是一切科学研究的方法论基础。学前比较教育必须以此作为指导研究的基本原理。运用辩证唯物主义和历史唯物主义这一基本观点来研究学前比较教育，应特别注意以下问题。

（一）用整体的观点考察学前教育

整体的观点是马克思主义的一个重要基本观点，强调从整体上把握事物的本质和规律。世界上的各种事物都是一个由各个部分组成的有机整体，整体的功能要大于部分功能之和。学前教育作为一种社会现象，也是一个整体，与社会的各种现象，如政治、经济、文化等都有各种各样直接或间接的联系，且学前教育自身也是由各个方面构成的，包括教育目的、教育活动、教学方法、教育设施等。对学前教育的比较研究，必须考虑它与政治、经济和文化等的关系，也必须考虑它的内部各因素的关系，切忌只顾一点，不及其余，一叶障目，不见森林。

（二）用发展的观点考察学前教育

发展的观点是马克思主义的基本观点之一。该观点认为，运动变化是绝对的，发展是永恒的。根据这一观点，在进行学前比较教育研究时，必须注意以研究现状为主，适当追溯历史和发展趋势，对学前教育发展的来龙去脉有一个清楚的了解。用发展的观点看问题，还要求学前比较教育揭示什么是新生的、有前途的学前教育理念，并积极支持和扶植；揭露什么是旧的、注定要走向没落的学前教育现象，并给予批评或批判，从而使学前教育不断走向进步。

（三）用实践的观点考察学前教育

辩证唯物主义认为，实践与认识的辩证过程，是一个"实践，认识，再实践，再认识，循环往复以致无穷"的过程，认为实践是检验认识正确与否的唯一标准。实践的观点要求我们在进行学前比较教育研究时，一方面，要搜集真实可靠的资料，进行有科学根据的分析；另一方面，通过比较研究得出的结论（如经验、规律等）必须经受实践的检验，以证明结论的正确性。实践的观点还要求我们在进行学前比较教育研究时，要坚持理论联系实际的原则，一方面，要求我们了解中国国情，有目的地确定比较研究的重点，使学前比较教育的研究真正做到有的放矢；另一方面，要求我们在借鉴外国学前教育经验时要考虑其形成的背景和条件，具体问题具体分析，可以先通过小范围的实践来取得经验，再逐步推广和应用。

二、学前比较教育研究的分类

（一）区域研究

区域研究是对某个国家或地区的学前教育制度和学前教育实践进行的研究。按研究内涵的大小，可以分为整体研究和局部研究。

1. 整体研究

整体研究是对某个国家或地区学前教育的各个方面所进行的综合研究。从横向看，它包括学前教育的各个方面，如学前教育制度、学前教育目的、学前教育活动、学前教育方法等；从纵向看，它以学前教育现状为主，追溯历史根源并展望发展前景。

2. 局部研究

局部研究是对某个国家或地区学前教育的某个方面进行的研究。它可以是对某一项重大学前教育改革或变化的研究，如对日本新幼儿园大纲的研究、苏联解体对该国学前教育影响的研究；也可以是对学前教育活动设计的研究，或关于外国学前教育的法规、体制等的局部研究。

（二）问题研究

问题研究是对两个或两个以上国家或地区的学前教育制度和学前教育实践进行的比较研究。按比较研究的内容，可以分为专题比较和总体比较。

1. 专题比较

专题比较是把各个国家的同一类学前教育问题并列在一起进行的比较研究。它既可以把各国学前教育的各个方面并列起来进行研究，也可以选择本国急需解决的问题（如学前教育活动设计、学前教育评价等）和外国相应的问题并列起来进行研究。本书基本采用专题比较方法进行研究。

2. 总体比较

总体比较是对世界各国学前教育的历史、现状和未来等进行全面的比较研究。在横向上，它主要是通过对各国学前教育的比较研究判明决定和影响学前教育发展的主要因素，如判明政治、经济、文化等因素对学前教育发展的影响；在纵向上，它主要是通过对各国学前教育历史和现状的比较研究，探索学前教育发展的未来趋势，这包括探索学前教育发展的近期趋势和远期趋势，即总趋势。

区域研究是问题研究的前提，问题研究是区域研究的深化。我们在开展学前比较教育研究中，既要进行区域研究，又要进行问题研究；既要进行整体研究，又要进行局部研究；既要进行专题比较研究，又要进行总体比较研究，以便更彻底、深入地进行探索，为学前教育事业的发展服务。

三、学前比较教育研究的方法及应用

学前比较教育研究的方法并不复杂，因为教育研究中的所有方法均适用于它，在学前比较教育研究中，经常使用的方法有调查法、文献法、比较法、分析法、统计法、移植法等。下面简单介绍几种方法及应用。

（一）调查法

调查法是学前比较教育研究中的重要方法，它为研究者取得大量关于外国学前教育资料作出巨大贡献。在学前比较教育研究中，调查法主要有下列几种。

1. 参观访问法

参观访问法是研究人员实地参观访问研究对象，从而获得第一手资料的方法。它是比较教育研究者了解外国学前教育情况的重要方法，用这种方法所获得的资料具有重要的价值。就目前来说，这种方法普遍为国外的比较教育研究者所采用，由于条件的限制，我国比较教育者用得比较少。参观访问法也有弊端，即在对国外进行参观访问时，无论时间、地点还是对象均由被参观访问者安排，有时不可能了解真实的、有代表性的情况。

2. 现场研究法

现场研究法是指学前比较教育研究人员作为研究对象的一个成员，深入现场进行较长期的观察研究的方法。例如，研究某一个国家的某种幼儿教育模式，研究者应该到该国采用该模式的幼儿园去实地考察，并能够参加该幼儿园的一切活动，对研究对象有足够的了解。现场研究法是真正了解国外幼儿园教育情况的重要方法。

3. 问卷法

问卷法是研究人员根据研究课题的要求,设计出调查问卷让被调查者填写,以搜集资料的研究方法。例如,研究某两个国家的幼儿家长对幼儿的态度,就可以通过向两个国家的幼儿家长发放内容相同的调查问卷来进行。调查问卷回收以后,研究人员通过对调查问卷的统计分析,就可以对某两个国家的幼儿家长对幼儿的态度这一问题进行比较研究了。

(二)文献法

文献法是通过阅读、分析、整理有关文献资料,全面、正确地研究某一问题的方法。它是中外比较教育研究者用得较多的一种方法,也是一般学前比较教育研究者采用的切实可行的方法。例如,要了解某国的学前教育法规、教育计划,可以到校、区、市(省)图书馆、资料室、音像馆进行查阅、观看,也可以利用计算机上网搜寻所需材料;又如,我们可以通过研究日本的幼儿园教育大纲来对日本幼儿教育改革的情况进行分析。文献法在学前比较教育研究中是取得第一手资料的重要方法,这一点与其他各学科领域有所不同。在其他各学科领域(尤其是自然科学领域)中,通过查阅文献获得的资料是第二手资料;而在社会科学领域中,通过查阅文献获得的资料有很多是第一手资料。为什么这么说呢?首先,在学前比较教育研究中,幼儿园的大纲、教材、国家有关幼儿园发展情况的统计数据、有关幼儿各方面发展情况的统计数据等都属于第一手资料;其次,幼儿教育家本人撰写的学前教育书籍和文章都是研究其学前教育思想的第一手资料;最后,某些报纸、杂志中关于学前教育情况的经验介绍有不少也可以视为第一手资料。

(三)比较法

因为学前比较教育的研究目的是借鉴他国的学前教育经验,所以它的研究方法以比较法为主,这是学前比较教育区别于其他学前教育学科的特点之一,是学前比较教育独具特色之处。比较法是根据一定的标准对不同国家或地区的学前教育制度和学前教育实践进行分析比较研究,找出各国学前教育的特殊规律和普遍规律的方法。通过寻找异同点,以揭示学前教育的本质属性和发展趋势。不论是进行定性比较还是定量比较,也不论是进行动态比较还是静态比较,或是进行现象比较还是本质比较,都要有明确的标准,重视其内在联系,并注意可比性。例如,在进行"中国和美国学前教育变革与发展的比较研究"时,可以以学前教育的"目标""内容""机构""途径""方法"等为指标进行比较,并从社会政治、经济制度、地理环境、文化传统等角度,剖析两国在学前教育发展上出现异同点的深层原因。根据比较研究的角度不同,比较法又可以分为纵向比较和横向比较。

1. 纵向比较

纵向比较可以是对两个或两个以上国家或地区的学前教育在不同历史时期表现的比较。这种方式关注的是单个国家或地区在其自身不同的历史发展阶段中,学前教育的变化与发展。也可以是对两个或两个以上国家或地区的学前教育在跨历史时期的交叉比较。这种方式侧重于对比两个或两个以上不同国家或地区在同一历史时间点或不同时期的发展情况，以揭示各国或各地区间学前教育发展的异同及趋势。例如，我们可以比较研究一个国家幼儿入园率随历史发展而发生的变化，也可以比较两个或两个以上国家不同时期的幼儿教育政策。

2. 横向比较

横向比较是对两个或两个以上国家或地区的某个或某几个学前教育问题甚至整个学前教育体系所进行的比较研究。例如，可以通过比较两个或两个以上国家或地区的学前教育模式，来看学前教育模式与学前教育质量的关系。

在运用比较法进行学前比较教育研究时，应该明确这样一个问题，即比较必须有对应点或对应点系统。例如，对中国和美国的学前教育进行比较研究，如果通过两国早期教育的内容来比较研究，则两国的早期教育内容就是对应点；然而，由于教育是一个复杂的社会现象，对中国和美国的学前教育进行比较研究不只需要一个对应点，而经常是需要一个对应点系统，如要研究两国学前教育不同的文化背景、两国学前教育的管理体制、两国学前教育的目标、两国学前教育的内容和方法、两国学前教育的改革与发展等，就要把所有涉及的"点"对应起来建立一个对应点系统。总之，不应该只是一个对应点，而应该是一个复杂的对应点系统。建立对应点或对应点系统以后，比较才可以成为可能。建立了对应点系统以后，还应该特别注意事物的可比性，应该掌握统一的比较标准。以概念的可比性为例，英国的保育学校和美国的保教学校就不是同一个概念，其含义有很大的区别，所以不能把它们作为两个对等的概念进行比较；美国的幼儿园和中国的幼儿园也不是同一个概念，也不能作为两个对等的概念进行比较。

（四）分析法

分析法是学前比较教育研究中具有理性色彩的部分，它是对比较研究的结果进行分析、说明和概括，从而得出有价值的结论的一种方法。一般来说，在学前比较教育的研究中，分析包括定量分析和定性分析两种，凡是可以量化的材料都应尽量做到定量分析，而涉及质的问题和不能量化的材料都应进行定性分析；同时，应尽量把定性分析和定量分析结合起来使用。它需要包含对各国学前教育的发展历程及原因进行比较分析，对学前教育不同领域的重大改革举措进行探析，以揭示不同国家或地区学前教育发展的内在动因、价值因素及趋向走势。

（五）统计法

统计法是通过采用数理统计的方法，对研究对象的各要素进行量化处理、分类统计，推导出相应的研究结果，并对其所反映的问题得出结论的方法。例如，在进行"美国和法国幼儿园活动空间对幼儿行为发展影响的比较研究"时，首先要运用测算空间密度的数学公式[空间密度＝（空间面积－不可用的空间面积）÷幼儿人数]，分别对美国和法国幼儿园活动空间的密度加以计算，然后再分析不同的空间密度对幼儿一系列行为所产生的影响及其程度。

（六）移植法

移植法是将一个国家某个学前教育领域中发现的新原理或新技术，应用或移植到其他国家学前教育的相关领域。例如，西方许多国家的儿童在幼儿园的午睡时间里，可以自由选择是睡觉还是不睡觉；而我国的幼儿园则不然，不想睡觉的幼儿也必须睡，且规定的午睡时间较长，有 2～3 个小时，致使一些幼儿常常违反午睡纪律，讲话或做其他事情，未到起床时间就要起床等；甚至有的幼儿在谈到自己长大以后的理想时说"要当一名幼儿园教师"，因为"自己可以不睡觉，只要求小朋友去睡觉，这简直太幸福了"。针对我国幼儿园幼儿午睡的情况，可以借鉴国外的做法，选取某个幼儿园、某一班级、某些幼儿作为被试，进行小范围的实验研究，最后再决定是否也应该在午睡时，给幼儿这种自由选择的权利。

以上介绍的 6 种方法是学前比较教育研究中常用的方法，它们既是并列的方法，又是有前后关联的方法。所以，在具体研究工作中，不应平均使用各种方法，而是应有所侧重，特别是在研究工作的不同时期有所侧重。在运用上述方法研究学前比较教育时，还应根据所要研究的具体内容和对象进行适当的筛选，恰如其分地加以使用。不论选用何种方法进行比较研究，都要注意辅以其他方法，尽可能使所搜集到的资料具有客观性、充足性和代表性，并进行深入细致的分析，去粗取精，去伪存真，透过现象看到本质。希望真正能够相互借鉴先进的学前教育理念、方法和经验，为促进各国学前教育的发展起到积极作用。

 本章小结

学前比较教育是学前教育科学体系中的一门重要学科。本章首先阐明了学前比较教育的概念，让学生明确该学科的性质和归属；其次，从不同侧面说明该学科研究的意义和价值，了解为什么要学习学前比较教育；然后，介绍学前比较教育的研究对象，明确要学习的内容；最后，重点论述了学前比较教育的研究方法，以提高学生的研究水平和程度，也有利于学生掌握该课程的学习方法。

？ 思考与练习

1. 结合实际谈谈学前比较教育对我国学前教育的意义。
2. 谈谈你对学习学前比较教育的认识。
3. 学前比较教育的研究方法有哪些？
4. 学前比较教育的基本特征有哪些？

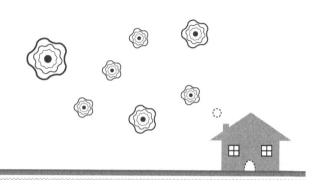

第二章
中国的学前教育

第一节　中国学前教育概况

中国是当今世界上最大的发展中国家，陆地面积约 960 万 km²，全国总人口为 1 443 497 378 人（国家统计局公布的 2020 年第七次全国人口普查数据）。其中，拥有大学（指大专及以上）文化程度的人口为 218 360 767 人；拥有高中（含中专）文化程度的人口为 213 005 258 人；拥有初中文化程度的人口为 487 163 489 人；拥有小学文化程度的人口为 349 658 828 人（以上各种受教育程度的人包括各类学校的毕业生、肄业生和在校生）。

一、中国内地（大陆）学前教育概况

中国内地（大陆）学前教育起步较晚，1903 年 9 月，在湖广总督张之洞的支持下，湖北巡抚端方在武昌阅马场寻常小学堂内创办了湖北幼稚园（后改称"武昌蒙养院"），公立官办，开始了我国学前教育机构的建设。1904 年，清政府颁布了由张之洞等拟定的《奏定学堂章程》，史称"癸卯学制"，其中包括《奏定蒙养院章程及家庭教育法章程》，将公共幼儿教育机构定名为蒙养院，保育教导 3～7 岁的儿童。这是我国第一个学前教育的法规。

1922 年，当时的民国政府教育部颁布制定壬戌学制，将蒙养院改称幼稚园。1923 年，陈鹤琴先生在南京创办了第一个幼教实验中心——南京鼓楼幼稚园（现为南京鼓楼幼儿园），开始了我国现代幼儿园创建之路。

中华人民共和国成立后十分重视幼儿教育，1951 年 10 月中华人民共和国政务院公布《关于改革学制的决定》，新学制规定实施幼儿教育的机构为幼儿园。1952 年，教育部颁布了《幼儿园暂行规程（草案）》和《幼儿园暂行教学纲要（草案）》规范幼儿园管理和教学，学前教育事业得到迅速发展，但后来因"文化大革命"，受到严重的冲击和破坏，学前教育事业基本停滞。

改革开放以后，我国幼教事业得到迅速恢复和发展。从 1996 年开始，我国幼儿在园人数和幼儿园数量逐年减少，在 2001 年出现大幅度减少，幼儿园数量减至 11.17 万所，在园幼儿人数降至 1373.62 万人，幼儿教师 63 万人。从 2015 年开始，随着民办幼儿园的兴起，我国学前教育在数量上逐年回升。2015 年，幼儿园数量为 22.37 万所，

入园幼儿为 2008.85 万人，幼儿园园长及教师为 230.31 万人，学前教育毛入园率达到 75.0%。2016 年，幼儿园数量为 23.98 万所，入园幼儿为 1922.09 万人，幼儿园园长及教师为 249.88 万人。2017 年，幼儿园数量为 25.50 万所，入园幼儿为 1937.95 万人，幼儿园专任教师为 243.21 万人。2018 年，幼儿园数量为 26.67 万所，入园幼儿为 1863.91 万人，幼儿园专任教师 258.14 万人。2019 年，幼儿园数量为 28.12 万所，入园幼儿为 1688.23 万人，幼儿园专任教师 276.31 万人。2020 年，幼儿园数量为 29.17 万所，入园幼儿为 1791.40 万人，幼儿园专任教师 291.34 万人。2021 年，幼儿园数量为 29.48 万所，在园幼儿为 4805.21 万人，幼儿园专任教师 319.10 万人。截至 2022 年，幼儿园数量达到 28.92 万所，在园幼儿人数为 4627.55 万人，毛入园率为 89.7%，幼儿园专任教师 324.42 万人。

中国在计划经济时代的幼儿园全部为公办园，教师属于国家公务员，幼儿入园收费也较低，但这样导致国家负担过重，幼儿教育机构远不能满足社会的需要。改革开放以后，国务院进一步明确"幼儿教育事业要依靠国家、集体、公民个人一起来办"的发展方针，提出"幼儿园不仅要有全民性质的，大量应属集体性质的，以及由公民个人依照国家法律和有关规定举办的"。1994 年颁布《国务院关于〈中国教育改革和发展纲要〉的实施意见》，开始鼓励社会力量办学、多渠道办学，民办幼儿园的数量和规模迅速发展。城乡幼儿园的教育经费由开办单位自筹解决，适当向家长收费。这些指导方针和政策扭转了过去幼儿教育单纯依靠国家和集体全部包办的观念和做法。经过努力，形成了国家、集体、个人一起投资，共同开办幼儿教育的格局；形成了政府办园、集体办园和个体办园相结合的办园体制；形成了公办幼儿园、民办幼儿园并存的局面。教育经费也逐年增长，全国学前教育经费总支出从 2016 年的 2802 亿元增长到 2022 年的 5137 亿元，幼教经费的支出占全国教育经费的总支出比例从 7.21% 上升到 8.37%。近几年的增长速度是前所未有的，基本形成了政府和教育部门、社会、个人共同关心和支持的新的投资局面。

总体来说，中国内地（大陆）学前教育事业取得了巨大成绩。截至 2022 年，我国学前教育毛入园率为 89.7%，其中，普惠性幼儿园 24.6 万所，占全国幼儿园的比例为 85.0%。

二、中国港澳台地区学前教育概况

（一）香港的学前教育

1945 年，第二次世界大战结束，香港重新被英国殖民统治。当时，忙于重建社会，无暇振兴教育事业，对教育采取不干预的政策。许多香港市民为养家糊口疲于奔命，没有精力照顾孩子。在这种情况下，民间办的"天台学校"（即在屋顶露台办的学校）应运而生。一些慈善机构及宗教团体为照顾家庭贫穷的幼儿设立了幼儿园。后来，一些商人发现办学有利可图，也纷纷办起了家庭式的托儿所。他们为了迎合家长的心理，盲目地加深教学内容；为了节省工资，聘请资历浅的教师无限制地招生。当时，曾有每班 70 多名幼儿只聘用一位教师的情况，且有虐待幼儿的个案发生。1973 年，香港社会服务联会编印了《日托幼儿园标准》后，状况才有所好转。香港教育在英国殖民统治政策下，只讲求眼前实用，而没有长远计划，对幼儿教育更是不予重视。自从 1982 年由外国专家组成的"国际顾问团"考察、评审香港的教育之后，发表了《国际顾问团报告书》，文中批评了不重视幼儿教育的做法，香港的教育政策才开始有所改变。其中，包括成立一个有教育专业人士在内的教育统筹委员会，建议小学及初中都用母语教学，强调学前教育的重要性等。

香港学前教育课程在 20 世纪 90 年代中期经历了一个协调一致、逐步发展的过程。为使不同年龄段的儿童都能在轻松愉快的环境中得到均衡发展，教育署在《幼稚园教育课程指引》等文件的基础上，征集学前教育界及社会各界人士的意见，于 1996 年编订并颁布了适用于两类学前教育机构的《学前教育课程指引》。这份文件明确指出，广义的学前教育课程是指儿童在园内进行的一切活动，包括全班及分组学习活动、音乐、故事、美劳、游戏、在户外户内进行的各种活动、排洗、进食、休息和健康检查。学前教育课程的编制应依据以下 10 项原则：依照儿童的发展需要及能力为基础；兼顾儿童的整体发展；依据儿童的经验及兴趣，侧重激发儿童对事物的好奇心及求知欲；提高人际互动、鼓励独立思考的能力；兼顾不同学习范畴的知识、技能及态度的培养；采用不同主题，做灵活性的综合课程设计；以游戏方式，发挥各种活动所具有的独特价值及功能；让儿童有自我表达、自由创作及享受活动乐趣的机会；重视家庭文化环境，配合儿童在家庭生活中的成长经验；配合社会需要和发展。

2006 年，课程发展议会根据国际学前教育发展趋势和香港教育制度与课程改革，对原有课程指引做出修订，颁布了于 2007 学年实施的新的《学前教育课程指引》，对香港学前教育课程的宗旨、目标、内容及整体课程架构做出了调整。在这份文件中，学前教育的课程宗旨被确定为：培育幼儿在德、智、体、群、美各方面的全面发展和养成良好生活习惯，为生活做好准备；激发幼儿学习兴趣和培养积极的学习态度，为未来的学习奠定基础。针对儿童发展的需要，学前教育课程应以体能与健康、语文、早期数学、科学与科技、个人与群体、艺术 6 个学习范畴中的课程经验来加以落实。不过，划分上述 6 个学习范畴并非鼓励分科教学，也不是为小学阶段的分科教学做准备，而是为教师设计和检视课程内容提供一个参照。就学前教育而言，整合性的课程模式不仅能够涵盖各个学习范畴，而且能够使幼儿的学习更有弹性、多样性和全面性。文件还指出，无论是在哪个学习范畴，学前教育课程的设计都应该包括范畴知识、基本能力、价值观和态度三项重要元素。需要注意的是，学前教育阶段的知识学习主要强调的是建立知识概念，而非专门的学科知识的掌握。总体而言，这份文件期望教师在设计课程时遵循"儿童为本、全面均衡、以游戏为策略"的原则，通过对上述六大范畴和三项原则的组织和实施，使学前教育课程实现促进儿童全面发展和学会学习的目的。

此外，香港教育统筹委员会对香港幼儿教育教学目标有 7 项明确的要求。①思考能力发展：培养思考、创意、推理、判断及分析与解决问题的能力；培养自律能力、奠定积极主动学习的基础；启发好奇心和学习兴趣；培养专注力、观察力、想象力、主动性和恒心。②语言发展：协助儿童掌握沟通技巧；培养清晰和有系统地用母语表达思想的能力。③体能发展：促进大肌肉和小肌肉活动的发展；促进感官和感知发展；确保儿童得到适当的营养和照顾，建立强健的体魄；培养良好的习惯、自我照顾的能力和健康意识。④个人及心理发展：学习了解和适当地表达自己的感受和需要，同时关心别人的感受和需要；建立积极的自我观念和自信；发展自制能力。⑤德育和群性的发展：学习与别人相处的技巧；培养作为群体一分子的责任，并学习解决人际关系问题的能力；培养责任感、公德心和遵守规则的精神，能接受基本社会价值和规范；学习尊重别人，了解和接受人与人之间的差异和不同；培养乐于接触及爱护周围环境事物的态度。⑥美育及文化的发展：启发创意及想象力；培养生活情操及欣赏美好事物的能力；培养对艺术表达的兴趣；学习欣赏自己的民族文化，同时欣赏其他文化。⑦基础知识：扩大儿童的世界观；建立语文表达能力和数学概念的基础；培养积极求知和了解周围环境的态度。

香港的学前教育发展迅速，特别是 1997 年回归祖国及进入新世纪后，香港学前教育形式多样，教师资质认证严格，师资力量提升较快。

（二）澳门的学前教育

由于澳门独特的地理位置和历史背景，澳门文化有深厚的中华文化传统内涵和以葡萄牙文化为特质的西方文化共存的并行文化，是一种以中华文化为主、兼容葡萄牙文化的具有多元化色彩的共融文化。20 世纪中叶以前，澳门教育事业的发展较为缓慢，直到60 年代初才靠民间力量逐步普及初等教育，并开始发展中等教育和高等教育。澳门第一所华语私立幼稚园创办于 1919 年，是今日蔡高学校的前身。1923 年，第一所公立葡文幼稚园鲁弥士幼稚园成立。20 世纪 50 年代，第一所以华语为教学语言的公立中葡幼稚园附设于何东中葡小学，学生除用华语上课外，也需要学习葡萄牙语（以下简称"葡语"）。70～80 年代，澳门的经济迅速发展，越来越多的妇女走出家门去工作；三代同堂的家庭逐渐减少，核心家庭不断增多，这些因素促使澳门的幼儿教育进入蓬勃发展的时期。80 年代，为了适应社会发展及外来移民的增多，设立了中葡小学和中葡幼稚园。1989～1990 年，又有 5 所中葡幼稚园相继落成于人口稠密的北区。

澳门学前教育是配合家庭的一种补充教育，其目标是培养儿童体力、智力的整体发展，发挥儿童的潜能，培养儿童的兴趣、情感及卫生和保健习惯，树立团结友爱的良好群体意识。学前教育对象一般为 3～6 岁的儿童。学前教育属自愿性质，其教育单位称为"幼稚园"。澳门的幼稚园可分为公立和私立两类，教学语言有葡语、华语及英语等，所有幼稚园都由教育厅辖下的学前暨小学教育处负责指导并协调其运作。公立幼稚园直接由学前暨小学教育处监管；私立幼稚园则由天主教、基督教、社团及其他办学组织监管，其中天主教学校数目较多。大部分私立幼稚园均附设在小学或中小学内部，行政组织属同一体系。20 世纪 90 年代，不再开办新的公立学校，而转向鼓励及资助团体办学。

澳门幼稚园属全日制，每周上课 5 天，学习活动基本集中在上午，下午是午睡及兴趣活动或自修时间，部分私立幼稚园在下课后由教师负责监管儿童做功课或温习（称为督课）。公立幼稚园的 5 岁班每天还安排 2 小时的葡语活动，由葡语教师负责。教学方式可分为活动教学和分科教学两种。幼稚园一般都采用香港出版的教材。活动教学主张让儿童在游戏及活动中学习，教师以主题形式组织教材，并配合各种教育资源，为儿童提供学习的环境及素材。上课形式有班级、小组、个别学习等。采用分科教学法的幼稚园则用较传统的方式依科目把学习内容分成不同的教节，以大班方式上课。目前，由于大部分幼稚园每班人数较多，师生比例偏低且教育资源不足，只有公立幼稚园和少数私立幼稚园能采用活动教学的模式。

中葡幼稚园的教师学历一般为中等师范（幼师毕业），都是在学期末接受教育暨青年司组织的各种课程的培训，包括计算机的使用、教学方法的学习等，以使教师及时掌握新的知识、方法和手段。从20世纪80年代中期开始，每年暑期澳门大学开设补修课程，供在职教师学习。在整个教育改革的范围内，师资培训是做得最全面、最成功的一个方面。

（三）台湾的学前教育

台湾地区的教育包括幼儿教育、普及教育、高中教育、高等教育、成人教育和师资培育等几大部分。台湾地区幼教机构包括幼稚园和托儿所，前者系学前教育的施教机构，后者则是以儿童福利为宗旨设立的保育机构。目前，台湾地区的幼稚园分为公立、私立和教会办园3种类型，收托对象依规定为4～6岁幼儿，因而公立园多数设立中班和大班两段。私立园招收3～6岁幼儿，分为大、中、小班三段（也有混龄班）。有些公立园还设立"幼幼班"，而分为三段。幼稚教育相关规定已改为招收3～6岁至入小学前幼儿，使之与实际情况相符。每班招收以30人为限，配备教师2名。幼稚园一般坐落在社区内，规模不大，较大的幼稚园有10～15个班，较小的幼稚园有6～8个班，主要招收住在附近的孩子。保教方式有半日制、全日制，但也有两者并存的情况。幼稚园的教育目标和内容，由当地行政机构统一制定，同时注重让每一所幼稚园的教育源于不同的办园理念，形成各自的风格和特色。

根据台湾地区幼儿教师教育发展的阶段性特点，将1895年至今的发展进程分为6个时期，分别是萌芽期、过渡期、受挫期、停滞期、再生期和茁壮期。台湾地区幼稚园教育最早萌芽于日据时期（1895～1945年），幼儿教师主要由日本"保姆"担任，目的是渗透日本殖民政策；1949年国民党退踞台湾地区，进入过渡期；1955年后，台湾地区全日制的幼稚师范科停办，幼儿教师教育受到重大打击，称为受挫期；1970年进入停滞期，在职进修成为培养幼儿师资的主要模式，发展缓慢；直到1983年，全日制的幼稚师资科重新设立，幼师科升格成为幼儿教育系，对幼儿教师的学历要求提高至大学毕业，进入再生期；20世纪90年代以后，幼教师资素质提升、进修渠道多元开放，标志着台湾地区幼儿教师教育日趋茁壮。

在前一发展阶段中，师范专科学校升格为师范学院，幼师科升格为幼儿教育学系，对于幼教教师"质"的要求有所提升，到了茁壮期显现出成效。特别是公立幼稚园，以大学学历的教师占多数，对于幼儿教育质量的提高效果明显。在男女教师比例方面，幼教师资仍以女性为多数，"阴盛阳衰"的情况较其他教育阶段更为明显。原因除了刚开始幼稚园教师被称作"保姆"外，社会期待也是造成男性教师较少的重要因素。由于幼儿教师社会地位较低，选择幼儿教师为职业的男性比率特别低。

由于特殊的历史原因，台湾地区的学前教育起步较晚，发展也较缓慢。但随着台湾当局及幼儿家长、整个社会对学前教育重要性认识的加强，台湾地区学前教育界也在积极发展自身，开展广泛的交流与学习。

第二节　中国学前教育的法规与体制

一、中国的学前教育法规

中华人民共和国成立后，于1951年10月1日政务院公布施行的《关于改革学制的决定》中，将幼儿教育列入学制，规定实施幼儿教育的组织为幼儿园，招收3~7岁的儿童。

1952年，教育部先后颁布了《幼儿园暂行规程（草案）》和《幼儿园暂行教学纲要（草案）》。规定幼儿园的任务是：根据新民主主义教育方针教养幼儿，使他们身心在入学前得到健全地发展；同时减轻母亲的负担，使母亲有更多时间参加政治生活、生产劳动、文化教育活动等。

"文化大革命"结束后，为恢复幼儿教育，国家首先恢复建立了从中央到地方的各级幼儿教育行政管理机构，其次国家教育委员会（现为教育部，下同）连续制定颁发了一系列拨乱反正的文件，如《城市幼儿园工作条例》（1979年）、《幼儿园教育纲要（试行草案）》（1981年）、《关于进一步办好幼儿学前班的意见》（1986年）等，使广大幼儿教育工作者重新明确了幼儿教育的方向。

1989年6月，国家教育委员会为了加强幼儿园的科学管理，提高保育和教育的质量，制定颁发了《幼儿园工作规程（试行）》（1996年6月正式施行）。《幼儿园工作规程（试行）》在总结我国幼儿园教育已有成果的基础上，进一步拉开了改革的帷幕。《幼儿园工作规程（试行）》不仅明确规定了幼儿园的保育目标、任务，而且有专门的章节对幼儿园教育从原则到活动的组织、教育形式、方法等做了规定。《幼儿园工作规程（试行）》中充分体现了正确的教育观、儿童观，十分重视幼儿的身心发展规律和特点及幼儿园教育工作的规律。

1989年8月，为了加强幼儿园的管理，国家教育委员会颁布了《幼儿园管理条例》，这是中华人民共和国成立以来，经国务院批准颁发的第一部幼儿教育法规。该条例用法规的形式规定了幼儿园的任务、管理，以及保育、教育工作，并明确了各级地方政府在幼儿园发展、管理等方面的责任，使我国的幼儿教育管理跨入法治化轨道。

1994年颁布《国务院关于〈中国教育改革和发展纲要〉的实施意见》，开始鼓励社会力量办学、多渠道办学，民办幼儿园的数量和规模迅速发展。国务院1997年颁布的《社会力量办学条例》和1999年制定的社会力量办学16字方针，进一步为民办和私人幼儿园的发展提供了政策上的支持和保证，加快了民办幼儿园的发展。

1994年颁布《中华人民共和国教师法》，规定了教师的权利和义务，关系到幼儿教师的切身利益，为幼儿教师队伍的建设和管理提供了法律保障。

2001 年 7 月，教育部根据《中华人民共和国教育法》、《幼儿园管理条例》和《幼儿园工作规程》制定了《幼儿园教育指导纲要（试行）》，就《幼儿园工作规程》中有关"幼儿园教育"这部分内容做出更为具体的规定，在《幼儿园工作规程》与教育实践之间架起了过渡的桥梁。这些法规的颁布与实施，进一步推动了我国幼儿教育科学化、规范化的进程。其总则如下。

1）幼儿园教育是基础教育的重要组成部分，是我国学校教育和终身教育的奠基阶段。城乡各类幼儿园都应从实际出发，因地制宜地实施素质教育，为幼儿一生的发展打好基础。

2）幼儿园应与家庭、社区密切合作，与小学相互衔接，综合利用各种教育资源，共同为幼儿的发展创造良好的条件。

3）幼儿园应为幼儿提供健康、丰富的生活和活动环境，满足他们多方面的发展需要，使他们在快乐的童年生活中获得有益于身心发展的经验。

4）幼儿园教育应尊重幼儿的人格和权利，尊重幼儿身心发展的规律和学习特点，以游戏为基本活动，保教并重，关注个别差异，促进每个幼儿富有个性的发展。

另外，国务院还签署和颁布了一系列相关文件规范我国的学前教育。20 世纪 90 年代，时任国务院总理李鹏代表中国政府在世界儿童问题首脑会议上签署了《儿童生存、保护和发展世界宣言》和《执行九十年代儿童生存、保护和发展世界宣言行动计划》之后，我国政府又签署了联合国制定的《儿童权利公约》。在国务院颁发的《九十年代中国儿童发展规划纲要》中提出了 20 世纪 90 年代我国儿童生存、保护和发展的主要目标，在全社会倡导树立"爱护儿童、教育儿童、为儿童做表率、为儿童办实事"的公民意识。具体提出了"积极发展学前教育，坚持'动员社会力量，多渠道、多形式地发展幼儿教育'的方针，城市幼儿入园（班）率达到 70%；农村学前一年幼儿入园（班）率达 60%；在经济不发达的农村和人口居住分散、交通不便的山区、牧区要利用多种形式进行学前教育"。为贯彻落实《全国教育事业"九五"计划和 2010 年发展规划》中关于幼儿教育发展的目标，1997 年国家教委制定了《全国幼儿教育事业"九五"发展目标实施意见》，提出了 2000 年全国学前三年幼儿毛入园率达到 45% 以上，农村学前一年入园率达到 60% 以上的学前教育新的发展目标，进一步推动了幼教事业的健康发展。

2010 年 7 月，中共中央、国务院印发了《国家中长期教育改革和发展规划纲要（2010—2020 年）》。该规划纲要是 21 世纪我国第一个中长期教育改革和发展规划，是今后一个时期指导我国教育改革和发展的纲领性文件。特别重视学前教育的发展是整个基础教育部分几个最鲜明的特点之一。该规划纲要把学前教育作为一个重要的章节单独列出来，这在以前是没有过的，并且提出了学前教育明确的发展目标。该规划纲要指出，积极发展学前教育，到 2020 年，普及学前一年教育，基本普及学前两年教育，有条件的地区普及学前三年教育。重视 0～3 岁婴幼儿教育。

二、中国学前教育的行政管理体制

我国学前教育事业的组织领导，主要采取统一领导、地方负责、分级管理的办法。

在政府各部门中，教育部门对幼儿教育负主要责任，其他部门主动配合，做好工作。为了保证幼儿教育事业的健康发展、培养社会主义事业的建设者和接班人，国家统一制定有关幼儿教育的法令法规，如《幼儿园工作规程》《幼儿园管理条例》等。各地方教育行政部门负责贯彻落实有关的法令法规，并可根据当地的实际情况制定适合本地区情况的地方性政策法规，如开办托儿所、幼儿园的条件，审批程序，本地区幼儿园教育纲要，幼儿园分级分类评定标准等，并对本地区幼儿园教育进行管理与指导，这种"统一领导、标准负责"的方法，保证了中央与地方统一性与自立性的结合。

《国家中长期教育改革和发展规划纲要（2010—2020年）》指出："把发展学前教育纳入城镇、社会主义新农村建设规划。建立政府主导、社会参与、公办民办并举的办园体制。大力发展公办幼儿园，积极扶持民办幼儿园。加大政府投入，完善成本合理分担机制，对家庭经济困难幼儿入园给予补助。加强学前教育管理，规范办园行为。制定学前教育办园标准，建立幼儿园准入制度。完善幼儿园收费管理办法。严格执行幼儿教师资格标准，切实加强幼儿教师培养培训，提高幼儿教师队伍整体素质，依法落实幼儿教师地位和待遇。教育行政部门加强对学前教育的宏观指导和管理，相关部门履行各自职责，充分调动各方面力量发展学前教育。"

（一）中国学前教育机构的类型

我国的学前教育机构主要有托儿所、幼儿园和学前班。按托幼机构为家长提供的服务时间，可分为全日制、半日制和寄宿制。

1. 托儿所

托儿所主要收托 0～3 岁的幼儿。开始收托的起始年龄一般为 1 岁半，但也有少数托儿所从婴儿 6 个月起开始收托。托儿所班额较少，一般为 10～20 名幼儿，一般配备 2～3 名教师。

托儿所有单独设立的，也有的在幼儿园内附设托儿班。现在的发展趋势是幼儿园收托幼儿的年龄班往下延伸，逐渐实现托儿所、幼儿园教育的一体化。

2. 幼儿园

幼儿园是对 3～6 岁的学龄前儿童实施保育和教育的机构，是"基础教育的有机组成部分，是我国学校教育制度的基础阶段"，但不属于国家规定的义务教育范围。我国幼儿园按办园的主体不同，可以分为政府办园、集体办园和个体办园。政府办园又分为政府机关办园和教育主管部门办园，集体办园也可分为企事业单位办园和社区办园。

我国《幼儿园工作规程》明确规定：幼儿园规模应当有利于幼儿身心健康，便于管理，一般不超过 360 人。幼儿园每班幼儿人数一般为：小班（3～4 岁）25 人，中班（4～5 岁）30 人，大班（5～6 岁）35 人，混合班 30 人。寄宿制幼儿园每班幼儿人数酌减。幼儿园可以按年龄分别编班，也可以混合编班。

3. 学前班

学前班一般只招收 5～6 岁儿童，是入小学前一年的教育。在农村是发展学前教育的一种重要形式，在城市是幼儿园数量不足的一种补充形式。学前班可单独设置，也可附设在小学内，班级人数一般不超过 40 人。

学前班的主要任务是根据幼儿生理、心理发展特点和规律创设良好环境，通过各种活动，促进幼儿和谐发展，为幼儿入小学做准备，为培养一代新人打下良好基础。学前班的教育应以游戏为主，适当采用上课的形式。但每课时不得超过 30 分钟，每周不超过 12 课时，不得搬用小学一年级教材，不要求幼儿书写汉字、笔算数学题等，不得给幼儿布置书面家庭作业，不允许任何形式的书面测试和考试。

从托儿所到幼儿园、学前班，教育任务的内容逐渐丰富、完整，教育的要求逐步提高。

（二）办学模式的调整

中华人民共和国成立初期，学前教育的办学模式是在国务院、教育部、卫生部（现为国家卫生健康委员会）的倡导下，各工矿、企业根据需要和可能的原则，独立或联合创办职工子女托儿所和幼儿园；在农村，农业生产合作社或互助组开办了季节性、临时性的托儿所和幼儿园；教育部门开办了示范性幼儿园。

改革开放以后，我国实行优生优育优教的人口发展策略。为配合独生子女政策在全国的实施，办学模式有所调整。

在城镇，教育部门办园与机关办园、企业办园、街道和个体办园、县级实验示范幼儿园、乡（镇）中心幼儿园等作为城镇幼儿园的主要形式，逐步满足当地人民的需求。

在农村，适应农村经济水平的学前班这一新的办学形式表现出强大的生命力。农村学前班大多附设在小学里，主要由乡、村主办，学制为一年。1992 年，农村学前班幼儿数已占其在园儿童数量的 61%。在边远贫困地区和少数民族地区还发展了非正规的幼儿教育形式。河北省、内蒙古自治区、甘肃省、贵州省、广西壮族自治区等办起了如混合班、游戏活动小组、儿童活动站、巡回教学点、母子活动中心、家庭辅导站、牧区流动幼儿园等，既组织了幼儿活动，又为家长提供了学习卫生保健、教育知识和相互交流经验的机会。

《国家中长期教育改革和发展规划纲要（2010—2020 年）》中指出："采取多种形式扩大农村学前教育资源，改扩建、新建幼儿园，充分利用中小学布局调整富余的校舍和教师举办幼儿园（班）。发挥乡镇中心幼儿园对农村幼儿园的示范指导作用。支持贫困地区发展学前教育。"

第三节　中国学前教育的课程与教学

中国的幼儿园新学年一般是从 9 月 1 日开始，一个学年分为两个学期：第一学期从 9 月 1 日到第二年 2 月 1 日结束，第二学期从 3 月 1 日到 7 月 1 日。除了暑假、寒假、国家规定的其他假期以外，通常从星期一到星期五工作，实行周末双休；幼儿园每天从 7:30 至 17:00 或 17:30 正常运行。按《幼儿园工作规程》规定，幼儿户外活动的时间（包括户外体育活动时间）每天不得少于 2 小时，寄宿制幼儿园不得少于 3 小时；正餐间隔时间

中国学前教育
的课程与教学

为 3.5～4 小时；每日户外体育活动时间不得少于 1 小时。

一、中国的学前教育课程

（一）中国学前教育课程模式的发展

20 世纪，我国的学前教育课程（主要是幼儿园课程）经历了 3 次改革。20 世纪 20～30 年代，我国的幼儿园课程进行了第一次改革，在这些教育研究者的论述中，例如，张雪门从教育哲学的高度阐述课程，认为"课程非但是人类生活的经验，尤其是有价值经验的改造"；张宗麟则明确指出："幼稚园课程者，由广义的说之，乃幼稚生在幼稚园一切之活动也。"这种课程观，重视幼儿在园的活动和经验（尤其是直接经验），并将幼儿园的一日活动都认定为课程，具有积极的时代意义，很大地提高了学前教育课程的科学性。

20 世纪 50 年代，我国的幼儿园课程进行了第二次改革。受苏联学前教育理论和经验的影响，1952 年我国颁布实施的《幼儿园暂行规程（草案）》和《幼儿园暂行教学纲要（草案）》指出了幼儿园的首要任务是保证幼儿的健康和身心的正常发育，规定幼儿园的课程包括体育、语言、常识、计算、音乐和图画手工六科，并详细规定了各科目标、教学大纲、教学要点与设备要点。这些科目内容注重纵向的联系性，按照各自的体系和幼儿的年龄特征提出要求，由浅入深、由具体到抽象进行编排，然后制订学科计划，多采用上课形式。20 世纪 50 年代的幼儿园课程改革奠定了我国幼儿园分科课程的格局。这种课程强调系统知识的价值及其教学，重视教材、教法的研究，这对系统探讨幼儿园教学目标和内容，揭示幼儿园教学活动的规律具有重要意义，但容易导致重教轻学、重教学轻游戏、重智育轻德育、重教师轻幼儿等问题。

20 世纪 80～90 年代，我国幼儿园课程开始了第三次改革。我国学前教育工作者不断总结我国学前教育理论和经验，并从学习国外先进的儿童心理、教育理论和课程理论，转变教育观念入手，对幼儿园课程进行了改革，出现了多元化的课程模式。1981 年，《幼儿园教育纲要（试行草案）》颁布实施以来，幼儿园课程改革突破了分科教学的状况，强调整体性、联系性，强调幼儿主体性与教师的主导作用，重视幼儿的主动性，从而开创了中国幼儿园课程的新局面。90 年代前期，我国幼儿园课程改革主要是在贯彻落实《幼儿园工作规程（试行）》的进程中完成的。这一时期，幼教工作者在借鉴国外学前儿童心理和教育理论的基础上，重视课程对幼儿整体发展的作用，注重课程内容的整合，强调幼儿与周围环境的相互作用，强调幼儿情感的培养，强调游戏及日常生活活动在课程实施与幼儿发展中的作用。这一阶段幼儿园课程改革的主题更加鲜明，出现了游戏课程、情感课程、领域课程、生存课程等课程实践模式。90 年代后期，随着国际交流的深入，国际上一些新的理念与观点不断被引进和吸收，如维果茨基的"最近发展区"理论、加德纳的"多元智力理论"和意大利的"瑞吉欧教育理念"等，极大地影响了中国学前教育课程改革。这一时期的课程，重视社会文化环境、团体合作对幼儿发展的重要影响，倡导多元化的评价方式和教学形式，注重课程的预设性与生成性，注重幼儿兴趣的培养和积极能动性的发挥，注重幼儿完整人格的塑造。

我国学前教育的课程改革，在新时代呈现出多元化、个性化、本土化的趋势，多种形式的幼儿园课程格局逐步形成。

（二）中国学前教育现行的课程

2001 年，我国颁布了《幼儿园教育指导纲要（试行）》（以下简称新《纲要》），总结了我国 20 世纪 90 年代以来课程改革的经验，体现了我国幼儿园课程改革的新理念，是我国现今课程建设的指导性文件。新《纲要》分为 4 个部分：总则、教育内容与要求、组织与实施和教育评价。在教育内容与要求部分把原有的分科教学改为健康、语言、社会、科学和艺术等 5 个领域，并对每一个领域的教育内容与要求做了具体的规定。

1）健康：①建立良好的师生、同伴关系，让幼儿在集体生活中感到温暖，心情愉快，形成安全感、信赖感。②与家长配合，根据幼儿的需要建立科学的生活常规。培养幼儿良好的饮食、睡眠、盥洗、排泄等生活习惯和生活自理能力。③教育幼儿爱清洁、讲卫生，注意保持个人和生活场所的整洁和卫生。④密切结合幼儿的生活进行安全、营养和保健教育，提高幼儿的自我保护意识和能力。⑤开展丰富多彩的户外游戏和体育活动，培养幼儿参加体育活动的兴趣和习惯，增强幼儿的体质，提高其对环境的适应能力。⑥用幼儿感兴趣的方式发展基本动作，提高动作的协调性、灵活性。⑦在体育活动中，培养幼儿坚强、勇敢、不怕困难的意志品质和主动、乐观、合作的积极态度。

2）语言：①创造一个自由、宽松的语言交往环境，支持、鼓励、吸引幼儿与教师、同伴或其他人交谈，体验语言交流的乐趣，学习使用适当的、礼貌的语言交往。②养成幼儿注意倾听的习惯，发展其语言理解能力。③鼓励幼儿大胆、清楚地表达自己的想法和感受，尝试说明、描述简单的事物或过程，发展其语言表达能力和思维能力。④引导幼儿接触优秀的儿童文学作品，使之感受语言的丰富和优美，并通过多种活动帮助幼儿加深对作品的体验和理解。⑤培养幼儿对生活中常见的简单标记和文字符号的兴趣。⑥利用图书、绘画和其他多种方式，引发幼儿对书籍、阅读和书写的兴趣，培养前阅读和前书写技能。⑦提供说普通话的语言环境，帮助幼儿熟悉、听懂并学说普通话。

3）社会：①引导幼儿参加各种集体活动，体验与教师、同伴等共同生活的乐趣，帮助其正确认识自己和他人，养成其对他人、对社会的亲近合作的态度，学习初步的人际交往技能。②为每个幼儿提供表现自己长处和获得成功的机会，增强其自尊心和自信心。③提供自由活动的机会，支持幼儿自主地选择、计划活动，鼓励他们通过多方面的努力解决问题及克服困难的能力。④在共同的生活和活动中，以多种方式引导幼儿认识、体验并理解基本的社会行为规则，学习自律和尊重他人。⑤教育幼儿爱护玩具和其他物品，爱护公物和公共环境。⑥与家庭、社区合作，引导幼儿了解自己的亲人及与自己生活有关的各行各业人们的劳动，培养其对劳动者的热爱和对劳动成果的尊重。⑦充分利用社会资源，引导幼儿实际感受祖国文化的丰富与优秀，感受家乡的变化和发展，激发幼儿爱家乡、爱祖国的情感。⑧适当向幼儿介绍我国各民族和世界其他国家、民族的文化，使其感知人类文化的多样性和差异性，培养理解、尊重、平等的态度。

4）科学：①引导幼儿对身边常见事物和现象的特点、变化规律产生兴趣和探究的欲望。②为幼儿的探究活动创造宽松的环境，让每个幼儿都有机会尝试，支持、鼓励他们大胆提出问题，发表不同意见，学会尊重别人的观点和经验。③提供丰富的可操作的材料，为每个幼儿都能运用多种感官、多种方式进行探索提供活动的条件。④通过引导幼儿积极参加小组讨论、探索等方式，培养幼儿合作学习的意识和能力，学习用多种方式表现、交流、分享探索的过程和结果。⑤引导幼儿对周围环境中的数、量、形、时间和空间等现象产生兴趣，建构初步的数学概念，并学习用简单的数学方法解决生活和游戏中某些简单的问题。⑥从生活或媒体中幼儿熟悉的科技成果入手，引导幼儿感受科学技术对生活的影响，培养他们对科学的兴趣和对科学家的崇敬。⑦在幼儿生活经验的基础上，帮助幼儿了解自然、环境与人类生活的关系。从身边的小事入手，培养初步的环保意识和行为。

5）艺术：①引导幼儿接触周围环境和生活中美好的人、事、物，丰富他们的感性经验和审美情趣，激发他们表现美、创造美的情趣。②在艺术活动中面向全体幼儿，要针对他们的不同特点和需要，让每个幼儿都得到美的熏陶和培养。对有艺术天赋的幼儿要注意发展他们的艺术潜能。③提供自由表现的机会，鼓励幼儿用不同的艺术形式大胆地表达自己的情感、理解和想象，尊重每个幼儿的想法和创造，肯定和接纳他们独特的审美感受和表现方式，分享他们创造的快乐。④在支持、鼓励幼儿积极参加各种艺术活动并大胆表现的同时，帮助他们提高表现的技能。⑤指导幼儿利用身边的物品或废旧材料制作玩具、手工艺品等来美化自己的生活或开展其他活动。⑥为幼儿创设展示自己作品的条件，引导幼儿相互交流、相互欣赏、共同提高。

二、中国的学前教育教学

中国现今没有全国统一的幼儿园教材，而是提倡在新《纲要》的指导下，考虑在不同地区、季节及幼儿特点的基础上，确定各个幼儿园的教学内容，一般各省都有自己的幼儿教育统编教材，有的比较好的幼儿园有自己的园本教材。日常的课堂教学时间：小班一般持续 10～15 分钟，中班一般持续 20～25 分钟，大班一般持续 30 分钟左右。幼儿园的课堂教学主要有以下几个特点：①教师依据学期计划和周计划及各领域教学任务与要求制订一日活动计划，并写出每个活动的具体方案。②一般各个幼儿园都有自己的教研活动，以及统一的教学程序和步骤。③教师重视教具的直观作用，注意调动幼儿的积极性。④课堂上教师注意与幼儿的互动，发挥教师的主导作用，注意对幼儿进行启发和练习；注重幼儿的兴趣，注重幼儿的实际操作。⑤课堂气氛比较轻松、活泼，以游戏活动为主要教育形式。

2016 年实施的《幼儿园工作规程》第五章"幼儿园的教育"中对幼儿园的教学提出了明确的要求。

第二十五条　幼儿园教育应当贯彻以下原则和要求：

（一）德、智、体、美等方面的教育应当互相渗透，有机结合。

（二）遵循幼儿身心发展规律，符合幼儿年龄特点，注重个体差异，因人施教，引导幼儿个性健康发展。

（三）面向全体幼儿，热爱幼儿，坚持积极鼓励、启发引导的正面教育。

（四）综合组织健康、语言、社会、科学、艺术各领域的教育内容，渗透于幼儿一日生活的各项活动中，充分发挥各种教育手段的交互作用。

（五）以游戏为基本活动，寓教育于各项活动之中。

（六）创设与教育相适应的良好环境，为幼儿提供活动和表现能力的机会与条件。

第二十六条　幼儿一日活动的组织应当动静交替，注重幼儿的直接感知、实际操作和亲身体验，保证幼儿愉快的、有益的自由活动。

第二十七条　幼儿园日常生活组织，应当从实际出发，建立必要、合理的常规，坚持一贯性和灵活性相结合，培养幼儿的良好习惯和初步的生活自理能力。

第二十八条　幼儿园应当为幼儿提供丰富多样的教育活动。

教育活动内容应当根据教育目标、幼儿的实际水平和兴趣确定，以循序渐进为原则，有计划地选择和组织。

教育活动的组织应当灵活地运用集体、小组和个别活动等形式，为每个幼儿提供充分参与的机会，满足幼儿多方面发展的需要，促进每个幼儿在不同水平上得到发展。

教育活动的过程应注重支持幼儿的主动探索、操作实践、合作交流和表达表现，不应片面追求活动结果。

第二十九条　幼儿园应当将游戏作为对幼儿进行全面发展教育的重要形式。

幼儿园应当因地制宜创设游戏条件，提供丰富、适宜的游戏材料，保证充足的游戏时间，开展多种游戏。

幼儿园应当根据幼儿的年龄特点指导游戏，鼓励和支持幼儿根据自身兴趣、需要和经验水平，自主选择游戏内容、游戏材料和伙伴，使幼儿在游戏过程中获得积极的情绪情感，促进幼儿能力和个性的全面发展。

第三十条　幼儿园应当将环境作为重要的教育资源，合理利用室内外环境，创设开放的、多样的区域活动空间，提供适合幼儿年龄特点的丰富的玩具、操作材料和幼儿读物，支持幼儿自主选择和主动学习，激发幼儿学习的兴趣与探究的愿望。

幼儿园应当营造尊重、接纳和关爱的氛围，建立良好的同伴和师生关系。

幼儿园应当充分利用家庭和社区的有利条件，丰富和拓展幼儿园的教育资源。

第三十一条　幼儿园的品德教育应当以情感教育和培养良好行为习惯为主，注重潜移默化的影响，并贯穿于幼儿生活以及各项活动之中。

第三十二条　幼儿园应当充分尊重幼儿的个体差异，根据幼儿不同的心理发展水平，研究有效的活动形式和方法，注重培养幼儿良好的个性心理品质。

幼儿园应当为在园残疾儿童提供更多的帮助和指导。

第三十三条　幼儿园和小学应当密切联系，互相配合，注意两个阶段教育的相互衔接。

幼儿园不得提前教授小学教育内容，不得开展任何违背幼儿身心发展规律的活动。

我国学前教育重视一日常规教学，日常教学活动是实现教育目的的途径，下面是一个省级实验示范幼儿园春季的一日活动安排。

7:30：教师进班整理教室、准备教学

8:00：幼儿入园、开始吃早饭

8:30：幼儿开始区域活动

9:00：教育活动

9:40：早操、加餐（水果为主）

10:10：教育活动

10:40：户外活动

11:20：吃午饭、散步

12:00：幼儿午睡

14:00：起床、喝牛奶

14:30：教育活动（2节）

15:30：户外活动

16:20：吃下午饭、看动画片

17:15：幼儿离园

从上面幼儿园的一日活动安排可以看出，我国幼儿园一般每天安排 3～4 个教育活动，时间为 2 小时左右。在我国所有的幼儿教学活动中，游戏是主要活动，也是一切活动的基础。因为游戏能够符合幼儿的年龄特点和身心发展水平，为幼儿所喜欢，它能以轻松愉快的教学形式实现各个领域的教育目标。

第四节　中国学前教育的师资培养

一、中国学前教育师资培养的发展

中国有重视教育、尊重教师的传统，2000 多年前的教育家孔子被后人尊称为圣人。幼儿教师作为儿童离开父母后接触的第一任教师，加之幼儿期又是许多能力发展的关键期，6 岁时人格已经初具雏形，所以幼儿教师对儿童的成长有着重要的作用。

中国学前教育
的师资培养

我国幼儿教师的培养工作，可以追溯到 1889 年，美卫理公会在苏州由金振声女士创办英华女中，兼办妇女、幼师班；1902 年，美国教会在苏州办的女学正式招生，取名景海女学，该校以培养幼稚园教师为主；1905 年，基督教教会在北京创办了北京协和女书院，同时创设幼稚师范科，学制两年。清政府于 1907 年颁布《奏定女子师范学堂章程》，对女子师范进行规范和管理。1940 年 10 月，陈鹤琴在江西泰和创办了我国第一个公立幼稚师范学校，即江西省立实验幼稚师范学校，1943 年又增设幼稚师范专修科，抗战胜利后迁往上海成为国立幼稚师范专科学校。

中华人民共和国成立以来，政府把创办高等、中等幼儿师范教育放在重要位置。1952～1953 年，在北京师范大学、南京师范学院（现为南京师范大学）、西南师范学院

（现为西南大学）、西北师范学院（现为西北师范大学）和东北师范大学相继设立了学前教育系或专业，承担了为全国幼儿师范学校培养教师和培训高级幼教管理人员的任务。中华人民共和国成立之初，中等幼儿师范学校成为培养幼儿园教师的基地。改革开放以后，教育部加强了幼儿师范学校的发展工作，要求"各省（市）、自治区在 1982 年前，至少要办好一所幼儿师范学校，并列为省级重点学校，有条件的地级市可以开办幼儿师范学校或幼师班"。

二、中国对学前教育师资的规定

20 世纪 90 年代以来，党和国家进一步关心下一代的成长，关注学前教育工作，幼儿教师的整体水平也在不断提升，在 2016 年实施的《幼儿园工作规程》的"第七章　幼儿园的教职工"中，专门对幼儿园的人员构成及要求做了明确规定：

第三十八条　幼儿园按照国家相关规定设园长、副园长、教师、保育员、卫生保健人员、炊事员和其他工作人员等岗位，配足配齐教职工。

第三十九条　幼儿园教职工应当贯彻国家教育方针，具有良好品德，热爱教育事业，尊重和爱护幼儿，具有专业知识和技能以及相应的文化和专业素养，为人师表，忠于职责，身心健康。

幼儿园教职工患传染病期间暂停在幼儿园的工作。有犯罪、吸毒记录和精神病史者不得在幼儿园工作。

第四十条　幼儿园园长应当符合本规程第三十九条规定，并应当具有《教师资格条例》规定的教师资格、具备大专以上学历、有三年以上幼儿园工作经历和一定的组织管理能力，并取得幼儿园园长岗位培训合格证书。

幼儿园园长由举办者任命或者聘任，并报当地主管的教育行政部门备案。

幼儿园园长负责幼儿园的全面工作，主要职责如下：

（一）贯彻执行国家的有关法律、法规、方针、政策和地方的相关规定，负责建立并组织执行幼儿园的各项规章制度；

（二）负责保育教育、卫生保健、安全保卫工作；

（三）负责按照有关规定聘任、调配教职工，指导、检查和评估教师以及其他工作人员的工作，并给予奖惩；

（四）负责教职工的思想工作，组织业务学习，并为他们的学习、进修、教育研究创造必要的条件；

（五）关心教职工的身心健康，维护他们的合法权益，改善他们的工作条件；

（六）组织管理园舍、设备和经费；

（七）组织和指导家长工作；

（八）负责与社区的联系和合作。

第四十一条　幼儿园教师必须具有《教师资格条例》规定的幼儿园教师资格，并符合本规程第三十九条规定。

幼儿园教师实行聘任制。

幼儿园教师对本班工作全面负责，其主要职责如下：

（一）观察了解幼儿，依据国家有关规定，结合本班幼儿的发展水平和兴趣需要，制订和执行教育工作计划，合理安排幼儿一日生活；

（二）创设良好的教育环境，合理组织教育内容，提供丰富的玩具和游戏材料，开展适宜的教育活动；

（三）严格执行幼儿园安全、卫生保健制度，指导并配合保育员管理本班幼儿生活，做好卫生保健工作；

（四）与家长保持经常联系，了解幼儿家庭的教育环境，商讨符合幼儿特点的教育措施，相互配合共同完成教育任务；

（五）参加业务学习和保育教育研究活动；

（六）定期总结评估保教工作实效，接受园长的指导和检查。

第四十二条　幼儿园保育员应当符合本规程第三十九条规定，并应当具备高中毕业以上学历，受过幼儿保育职业培训。

幼儿园保育员的主要职责如下：

（一）负责本班房舍、设备、环境的清洁卫生和消毒工作；

（二）在教师指导下，科学照料和管理幼儿生活，并配合本班教师组织教育活动；

（三）在卫生保健人员和本班教师指导下，严格执行幼儿园安全、卫生保健制度；

（四）妥善保管幼儿衣物和本班的设备、用具。

第四十三条　幼儿园卫生保健人员除符合本规程第三十九条规定外，医师应当取得卫生行政部门颁发的《医师执业证书》；护士应当取得《护士执业证书》；保健员应当具有高中毕业以上学历，并经过当地妇幼保健机构组织的卫生保健专业知识培训。

幼儿园卫生保健人员对全园幼儿身体健康负责，其主要职责如下：

（一）协助园长组织实施有关卫生保健方面的法规、规章和制度，并监督执行。

（二）负责指导调配幼儿膳食，检查食品、饮水和环境卫生。

（三）负责晨检、午检和健康观察，做好幼儿营养、生长发育的监测和评价；定期组织幼儿健康体检，做好幼儿健康档案管理。

（四）密切与当地卫生保健机构的联系，协助做好疾病防控和计划免疫工作。

（五）向幼儿园教职工和家长进行卫生保健宣传和指导。

（六）妥善管理医疗器械、消毒用具和药品。

第四十四条　幼儿园其他工作人员的资格和职责，按照国家和地方的有关规定执行。

第四十五条　对认真履行职责、成绩优良的幼儿园教职工，应当按照有关规定给予奖励。对不履行职责的幼儿园教职工，应当视情节轻重，依法依规给予相应处分。

三、中国学前教育师资的现状

进入 21 世纪，我国学前教育事业不断发展，幼儿教师的学历、素质也在不断提升。2021 年，我国幼儿专任教师中专科以上学历比例为 87.60%；到 2022 年，我国幼儿园教职工达 575.68 万人，而专任教师为 324.42 万人，专任教师中等专科以上学历比例为

90.30%。目前，我国形成了"以中专、大专为主，本科为辅"的幼教师资队伍，并且学历结构不断优化，学历层次不断提升。未来，幼儿教师将实现专科、本科为主体的师资队伍。

我国的幼儿教师队伍城乡差距较大。城市以专任教师为主，他们一般都在中等师范学校和高等师范院校接受专门培训，具备专业素养；并方便通过自学、函授、夜大等形式接受在职教育，以脱产和不脱产的方式进行岗前培训，从而不断提高学历层次和教学水平。而农村以临时聘用教师为主，专任教师比例小，教师学历整体合格率不到40%，且收入低，没有机会进修，稳定性也差。

我国幼儿教师性别比例失调，幼儿教师基本都是女教师，只有极少数幼儿园有2～3名男教师；在目前幼师学校和学前教育专业学生中男女比例为1/30～1/40，并且还有大部分男生不从事幼儿教育工作。

四、中国学前教育师资的培训体系

如今，我国幼儿教师的培训呈现多层次、多元化的发展趋势。在层次上，中等幼儿师范教育构成了我国现阶段幼儿教师教育层次的主体，各地级市基本都有自己的幼儿师范学校，承担着为本地培养幼儿教师的任务，现在的地级市幼儿师范学校已经改学制为5年，成为大专学历教育；而各县区办的职业中专或职业高中一般都设有幼儿师资班，培养中专层次的幼儿教师，他们构成了广大农村专任幼儿教师的骨干；在我国各省、自治区、直辖市都有1～3所师范类院校设有学前教育专业本科教学；现在全国有南京师范大学、北京师范大学、东北师范大学等十多所院校培养学前教育的硕士研究生师资，其中许多院校开始培养学前教育的博士人才。大多数幼儿师范学校或幼师班以3～6岁的儿童为学习和教育的对象；而学前教育专业以0～6岁的儿童为学习研究和教育的对象，都要学习相关的心理学、教育学、卫生学、五大活动领域的教法，以及美术、声乐、钢琴和计算机课件制作等专业课程和技能课。

除了全日制学校教育外，在职幼儿教师可以通过学历和非学历的继续教育，提高自己的学历和专业素质。例如，可以通过函授、自考、教师进修学校等提高现有学历；可以通过省、市的幼儿教育培训中心，各级的幼儿教育研究会等不同渠道、多种形式进行在职教师的培训工作。

在我国，幼儿教师与其他教师均须持有教师资格证才能上岗。教师资格证的获得有以下几种途径：一般师范类学前教育专业大专以上学历的毕业生，在通过普通话测试合格后，可以直接获取；非师范类的学生，必须通过考试获取，而且一般要求是师范类中专或其他专业专科以上学历（各地市不同），获得普通话合格证；考试科目既有理论（幼儿心理学、幼儿教育学）考核，也有教学技能（讲课、弹琴、唱歌、跳舞、绘画）的考核，在各工作幼儿园所在的县区教委报名考试，先考理论，理论通过后再进行技能测试，全部通过后才能获得教师资格证。

我国的幼儿师范教育收费相对较低，2007年时任国务院总理温家宝在政府工作报告中提到"在教育部直属师范大学实行师范生免费教育，建立相应的制度"，这个政策在2007年9月的新学期开始执行。

《国家中长期教育改革和发展规划纲要（2010—2020年）》指出："以农村教师为重点，提高中小学教师队伍整体素质。创新农村教师补充机制，完善制度政策，吸引更多优秀人才从教。积极推进师范生免费教育，实施农村义务教育学校教师特设岗位计划，完善代偿机制，鼓励高校毕业生到艰苦边远地区当教师。完善教师培训制度，将教师培训经费列入政府预算，对教师实行每五年一周期的全员培训。"

提高教师地位和待遇，不断改善教师的工作、学习和生活条件，吸引优秀人才长期从教、终身从教；落实和完善教师医疗养老等社会保障政策；国家对在农村地区长期从教、贡献突出的教师给予奖励；逐步实行城乡统一的中小学编制标准，对农村边远地区实行倾斜政策；制定幼儿园教师配备标准；等等。这些措施将进一步激励更多的人投入教育事业，进一步促进幼儿教育的发展。

第五节　中国学前教育的设施与经费

一、中国学前教育的设施

（一）《幼儿园工作规程》中对园舍、设备的要求

我国2016年实施的《幼儿园工作规程》中的"第六章　幼儿园的园舍、设备"做出具体规定：①幼儿园应当按照国家的相关规定设活动室、寝室、卫生间、保健室、综合活动室、厨房和办公用房等，并达到相应的建设标准。有条件的幼儿园应当优先扩大幼儿游戏和活动空间。寄宿制幼儿园应增设隔离室、浴室和教职工值班室等。②幼儿园应有与其规模相适应的户外活动场地，配备必要的游戏和体育活动设施，创造条件开辟沙地、水池、种植园地等，并根据幼儿活动的需要绿化、美化园地。③幼儿园应配备适合幼儿特点的桌椅、玩具架、盥洗卫生用具，以及必要的玩教具、图书和乐器等。玩教具应当具有教育意义，并符合安全、卫生要求。幼儿园应当因地制宜，就地取材，自制玩教具。④幼儿园的建筑规划面积、建筑设计和功能要求，以及设施设备、玩教具配备，应按照国家和地方的相关规定执行。

（二）国家教育委员会、建设部的规定

1988年，国家教育委员会、建设部颁布了《城市幼儿园建筑面积定额（试行）》，规定幼儿园的园舍建筑由活动及辅助用房、办公及辅助用房，以及生活用房3部分组成。

1.　活动及辅助用房

1）活动室，每班一间，使用面积为90 m²，供开展室内游戏和各种活动及幼儿午睡、进餐之用。如寝室与活动室分设，活动室的使用面积不宜小于54 m²。

2）卫生间，每班一间，使用面积为15 m²，内设大小便槽（器）、盥洗池和淋浴池。

3）衣帽、教具储藏室，每班一间，使用面积为9 m²，供储藏中型教玩具、衣被鞋帽等物之用，也可兼做活动室的前室。

4）音体活动室，全园设一个，使用面积分别为：6班规模的幼儿园使用面积为120 m²，

9 班规模的幼儿园使用面积为 140 m^2，12 班规模的幼儿园使用面积为 160 m^2，供开展音乐、舞蹈、体育活动和大型游戏、集会、放映幻灯、电影和观摩教育活动之用。

2. **办公及辅助用房**

1）办公室，全园使用面积分别为：6 班规模的幼儿园为 75 m^2，9 班规模的幼儿园为 112 m^2，12 班规模的幼儿园为 139 m^2，其中包括园长室、总务财会室、教师办公室和保育员休息更衣室等。

2）资料兼会议室，全园设一间，使用面积分别为：6 班规模的幼儿园为 20 m^2，9 班规模的幼儿园为 25 m^2，12 班规模的幼儿园为 30 m^2，供教工查阅资料、阅览报纸、杂志，开会及对外接待之用。

3）教具制作兼陈列室，全园设一间，6 班、9 班、12 班的幼儿园使用面积分别为 12 m^2、15 m^2、20 m^2，供制作陈列教玩具之用。

4）保健室，全园设一间，6 班、9 班、12 班的幼儿园使用面积分别为 14 m^2、16 m^2、18 m^2，供医务人员开展卫生保健工作之用。

5）晨检、接待室，全园设一间，6 班、9 班、12 班的幼儿园使用面积分别为 18 m^2、21 m^2、24 m^2，供医务人员每天早晨对入园幼儿进行健康检查及家长与教师会见之用。

6）值班室，全园设一间，使用面积为 12 m^2，供教师值班住宿使用，也可兼作教工单身宿舍。

7）储藏室，6 班、9 班、12 班的幼儿园全园使用面积分别为 36 m^2、42 m^2、48 m^2，供储藏体育器具、总务用品及杂物之用。

8）传达室，全园使用面积为 10 m^2，供门卫人员值班及收发之用。

9）教工厕所，全园使用面积为 12 m^2，供教职工及外来人员使用。

3. **生活用房**

1）厨房，包括主副食加工间、配餐间、主副食库和烧火间。6 班、9 班、12 班的幼儿园生副食加工间及配餐间使用面积合计分别为 54 m^2、61 m^2、67 m^2，主副食库分别为 15 m^2、20 m^2、30 m^2，烧火间分别为 8 m^2、9 m^2、10 m^2。

2）开水消毒间，6 班、9 班、12 班的幼儿园使用面积分别为 8 m^2、10 m^2、12 m^2。供烧开水及餐具、毛巾、茶具等物品消毒之用。

3）炊事员休息室，6 班、9 班、12 班的幼儿园使用面积分别为 13 m^2、18 m^2、23 m^2，供炊事人员更衣、休息使用。

（三）我国现有幼儿园设备的现状

我国现有幼儿园，因办园主体不同，设备情况也不同。由政府和教育主管部门办的幼儿园，一般办园历史较长，园舍宽广，环境优美，设备齐全，都能符合国家的相关规定。厂矿企业所办的幼儿园，因各自效益不同而有很大区别，甚至有些效益不好的幼儿园，在国务院 1997 年发布《社会力量办学条例》后把幼儿园通过转、租等形式推向社会，但总体来说这类幼儿园建园时间长，设备、园舍一般较齐全，但有些可能比较陈旧。

私立幼儿园情况也不尽相同,建园时间比较早且发展情况好的幼儿园,有能力进行投资,设备比较先进齐全,特别是一些高收费幼儿园,其条件远远优于公办幼儿园;而一些刚刚起步,又没有太大投入的私立幼儿园,一般是租赁园舍,设备比较短缺,不能达到相关要求。一般来说,城市幼儿园条件要好于农村幼儿园,在一些农村幼儿园,只有简陋的校舍,甚至谈不上像样的设备。

二、中国学前教育的经费

(一)《幼儿园工作规程》关于经费的规定

我国《幼儿园工作规程》第八章对幼儿园的经费规定如下:①幼儿园的经费由开办者依法筹措,保障有必备的办园资金和稳定的经费来源。②幼儿园收费按照国家和地方的有关规定执行。幼儿园实行收费公示制度,收费项目和标准向家长公示,接受社会监督,不得以任何名义收取与新生入园相挂钩的赞助费。幼儿园不得以培养幼儿某种专项技能、组织或参与竞赛等为由,另外收取费用;不得以营利为目的组织幼儿表演、竞赛等活动。③幼儿园的经费应当按照规定的使用范围合理开支,坚持专款专用,不得挪作他用。④幼儿园开办者筹措的经费,应当保证保育和教育的需要,有一定比例用于改善办园条件和开展教职工培训。⑤幼儿膳食费应当实行民主管理制度,保证全部用于幼儿膳食,每月向家长公布账目。⑥幼儿园应当建立经费预算和决算审核制度,经费预算和决算应当提交园务委员会审议,并接受财务和审计部门的监督检查。

(二)我国幼儿教育经费的现状

幼儿教育事业的发展,离不开经费投入的增加。20世纪90年代以来,我国政府确立了教育经费实现3个增长目标(教育经费总量逐年增长、财政预算内教育经费逐年增长,生均公用教育经费逐年增长),出台了一系列增加教育经费投入的具体措施,实现了经费的来源结构从一元化(政府)向多元化方向转变;逐步形成了以财政拨款为主,辅以征收教育费附加、非义务教育收费等多渠道教育经费筹措的新格局。这些转变带来了我国教育经费投入总量的迅速增加。在教育投资体制改革的大背景下,幼儿教育经费也获得了快速增长,这是20世纪90年代幼儿教育事业获得发展的决定性因素。

但是目前幼儿教育经费短缺已严重阻碍了幼儿教育事业的发展。现就近十几年来我国幼儿教育经费的发展、投入构成及使用和管理状况进行分析,并就加快多渠道筹措经费问题提出建议。以下是基本现状。

1. 全国幼儿教育经费投入总体水平

1)2010年以来,我国政府高度重视学前教育发展,不断提高学前教育投入。据统计,2010~2018年我国学前教育经费总额、财政性学前教育经费和预算内学前教育经费等各类经费投入规模呈现不断增长的趋势,尤其是2010年以后,各项资金规模均快速增长。2010年,学前教育经费总额为728.01亿元,2022年达到5137亿元,增长了

4408.99 亿元。

2）在全国教育经费的总量之中，幼儿教育经费所占比例过小，事业难以支撑和发展。幼儿教育经费在全国教育经费总量中的比例，2022 年达到 8.37%，不足 10%。一直停留在这个水平上。究其原因，是全国教育经费分配不平衡导致的。2022 年，全国教育经费总投入为 61 344 亿元，2022 年全国学前教育、义务教育、高中阶段教育、高等教育、其他教育经费总投入分别为 5137 亿元、26 801 亿元、9556 亿元、16 397 亿元、3454 亿元。2022 年的教育经费支出中，高等教育占 26.7%、义务教育占 43.7%、幼儿教育仅为 8.37%。

有限的经费难以支撑具有庞大模式的幼儿教育事业，2023 年全国普惠性幼儿园是 23.6 万所，在园幼儿是 3717 万人，普惠性幼儿园的覆盖率达到了 90.8%，比 2016 年提高了 23.5 个百分点；全国幼儿园的园长和专任教师总数 334 万人，比上年增长 1.67%，而在国家财政性教育经费支出中，政府投入仅占总经费的 6.2%。

3）生均预算内教育经费不断得到增长，但实际投入大大低于其他非义务教育水平。一方面，近几年幼儿生均预算内教育经费得到较大增长，到 2022 年为 10 198.39 元，比上年增长 7.29%，体现出地方政府对幼儿教育投入的增加；另一方面，幼儿教育投入经费大大低于其他阶段教育，2022 年高等教育财政预算内教育经费达到幼儿教育的 3 倍，义务教育也是幼儿教育的 5 倍，这说明幼儿教育经费短缺的状况比其他各类教育更为严重。

2. 幼儿教育经费构成情况

1）幼儿教育经费保持以财政拨款为主渠道。从 20 世纪 90 年代开始，幼儿教育总支出中财政预算内教育经费（即各级政府拨款）一直稳定在较高的比例上，平均占 57.2%，体现政府财政拨款的主渠道作用。同时，财政预算内教育经费的比例在逐年减少。

2）自 2003 年《中华人民共和国民办教育促进法》实施以来，幼儿教育经费来源拓宽，多渠道筹措经费已见成效。筹措教育资金多元化是世界各国发展教育的共同趋势，也是我国政府的要求。在政府投资幼儿教育困难的情况下，拓宽资金来源尤为重要。

① 国家教育经费调查显示，收费已是幼教经费的重要来源，但亟须建立规范化的收费管理机制。这说明我国从 20 世纪 90 年代开始的"非义务教育实行成本分担"的教育投资体制改革，在幼教领域中取得了重要进展。改革彻底改变过去收费实行单一标准的状况，各地逐步建立"按类评估，按质定价"的收费政策，把收费标准和办园质量紧密地联系起来。这种改革适应了市场经济发展的需求，缓解了社会对早期教育的需求与有限的国家投入的矛盾。

② 各级政府征收的教育税费是幼教经费的另一重要来源，农村教育税费改革后，经费筹措面临新的困难。2001 年以前，地方各级政府征收的教育税费用于幼教，是促进幼教事业获得可持续发展重要的、稳定的来源。但农村教育附加费被逐步取消，农村筹措幼教经费难的问题将更严峻地摆在各级政府的面前。

③ 社会捐资助学的资金额下降，管理亟待规范。幼儿教育有明显的社会公益性效

益，社会关心并支持幼教事业是促进该事业发展的重要途径。

3）《国家中长期教育改革和发展规划纲要（2010—2020年）》指出："非义务教育实行以政府投入为主、受教育者合理分担、其他多种渠道筹措经费的投入机制。学前教育建立政府投入、社会举办者投入、家庭合理负担的投入机制。"

我国的教育经费总体来说与教育的需求还存在一定的差距，幼儿教育更是如此。不过这种情况已经在不断得到改善，相信在全社会的共同关注和努力下，幼儿教育会越办越好。

第六节　中国的学前教育思想

一、蔡元培的学前教育思想

中国的学前
教育思想

蔡元培（1868—1940年），我国近代著名的民主革命家、教育家、思想家。他对幼儿教育有着自己独特的见解和贡献。

（一）"五育"并举的教育方针论

1912年2月，蔡元培发表了《对于教育方针之意见》一文，他在批判封建主义教育宗旨基础上，根据资产阶级的需要，为"养成共和国民健全之人格"，提出了军国民教育、实利主义教育、公民道德教育、世界观教育、美感教育"五育"并举的教育方针。

军国民教育即军事体育。他认为，体育是培养共和国民健全人格的重要环节，他说"健全的精神，必宿在健全的身体"。

实利主义教育即智育。他认为"今之世界，所恃以竞争者，不仅在武力，而尤在财力"。实利主义教育能给人以各种普通的文化科学知识，发展事业的知识和技能，以及一定的职业训练。实利主义教育对发展国家经济、富国强民有着重要意义。

公民道德教育即德育。他认为，德育是完全人格教育的核心，同时他把法国资产阶级革命时期提出的要求作为道德的内容。他说："何谓公民道德？曰法兰西之革命也，所标榜者，曰自由、平等、博爱。道德之要旨，尽于是矣。"

世界观教育。这是他在教育方面追求的最高目标。他认为世界观教育的主要任务是"培养人超轶乎现世之观念，而达于实体世界之最高精神境界"。人达到了这种最高精神境界，人生也就变得更有价值。

美感教育即美育。他指出"美育者，应用美学之理论于教育，以陶养感情为目的者也"。他认为，美育的作用在于"陶养吾人之感情，使有高尚纯洁之习惯，而使人我之见、利己损人之思念，以渐消沮丧者也"。

上述这5种教育，蔡元培认为尽管它们各自的作用不同，然而均是培养健全人格所必需的，是统一的整体所缺一不可的。对五育的不可偏废的功能，他还借用人体的机制构造，做了一个形象地说明："军国民主义者，筋骨也，用以自卫；实利主义者，胃肠也，用以营养；公民道德者，呼吸机循环机也，周贯全体；美育者，神经系也，所以传导；世界观者，心理作用也，附丽于神经系，而无迹象之可求。"

（二）"尚自然""展个性"的儿童教育主张

蔡元培为了反对封建旧教育对儿童的压制和摧残，特别提倡自由教育，主张崇尚自然，尊重儿童，发展儿童的才能。1918年，蔡元培发表了《新教育与旧教育之歧点》。他指出，旧教育以养成科名仕宦之材为目的，所以科举考什么就强制学生学什么，而与科举无关的自然科学、社会科学知识，都得不到学习。他认为这是"教者预定一目的，而强受教者以就之；故不问其性质之动静，资禀之锐钝，而教之只有一法，能者奖之，不能者罚之"。他对这种摧残儿童的身心和抹杀儿童个性的旧教育深恶痛绝，主张新教育应反其道而行之。总之，在他看来，"教育者，与其守成法，毋宁尚自然；与其求划一，毋宁展个性"。蔡元培这种崇尚自然，尊重儿童，让儿童自由发展的主张，也是学前教育领域内批判封建儿童教育观的思想武器。

（三）论学前儿童美育的实施

蔡元培是我国近代美育的倡导者。关于学前儿童美育的实施，蔡元培把胎教作为美育的起点。他认为："我们要做彻底的教育，就要着眼最早的一步……从胎教起点。"并认为要从公立的胎教院与育婴院着手。对此，他提出公立胎教院是给孕妇住的，要设在风景佳胜的地方。建筑设计必须园林化的布局，室内外的环境创设尤为和谐温馨。"陈列雕刻、图画都取优美一派；应有健全体格的裸像与裸体画""过度刺激的色彩也要避去""每日可有音乐，选取的标准与图画一样，刺激太甚的，卑靡的，都不取"。总之，要孕妇完全在平和活泼的环境里面，才不致有不好的影响传到胎儿。他认为"孕妇产儿以后，就迁到公共育婴院；……育婴院的建筑、设施与胎教院大略相同，或可联合一处。其中陈列的雕刻、图画，可多选裸体的健康儿童，备种种动静的姿势。隔几日，可换一套。音乐选简单静细的。院内成人的言语与动作，都要有适当的音调态度，可以作儿童的模范。就是衣饰，也要有一种优美的表示"。但在公立教养机关成立之前，若在家庭里按照上列条件进行小小布置，也可承认为家庭美育。

总之，要让孕妇和婴儿生活在自然美和艺术物构成的环境中。蔡元培把幼稚园视为"家庭教育与学校教育的过渡机关"。他认为，此时"儿童的美感，不但被动的领受，并且自动的表示了"。因此，在幼稚园里应该开展各种美育活动，使儿童不仅感受美，而且能表现美。

二、陶行知的学前教育思想

陶行知（1891—1946年），"伟大的人民教育家"（毛泽东语）、思想家、民主革命家、中国民主同盟主要领导人之一。他一生经历了无数的艰辛和危难，对改革半殖民地半封建社会的旧教育，建立适合中国实际的新教育，进行了不懈的实践和探索。他的幼儿教育思想与实践，对中国幼儿教育的发展产生了重大影响，留下了宝贵的精神财富。

（一）重视幼儿教育的中国化

1903年，湖北建立第一个幼稚园后，各地纷纷效仿，到1907年，全国入幼儿园儿童已达 4893 人。但是，这时的幼儿园办园方法完全照搬日本。20 世纪 20 年代后，幼儿园从"日本化"转为"美国化"，从教学内容、教学方法到环境布置基本模仿美国，师资也都来自教会学校，收费也高。这既不利于我国幼儿教育的发展，也不利于幼儿教育的普及和推广。因此，陶行知疾呼改革幼儿教育的现状，建立中国式的、平民化的幼儿教育体系。

陶行知指出，要想普及幼儿教育，必须创办适合中国国情的幼稚园。具体来说，就是要利用现有的音乐、诗歌、故事、玩具及自然界来陶冶儿童，自编幼儿教材，使之"中国化"；因陋就简，以最少的投入办出好的幼儿园，使之"经济化"；加强对乡村幼儿师资的培养，在工厂区和乡村大量创办幼儿园，让平民的子女都有受教育的机会，使之"平民化"。

陶行知经调查研究，认为"工厂和农村是幼稚园可以发现的新大陆"，并对创办平民幼儿教育的可能和前景做了充分论证，并设想通过两种途径解决幼教师资问题：①鼓励各地开办幼稚师范学校，培养幼儿师资力量。②通过"艺友制"训练幼儿师资，陶行知说："艺者艺术之谓，亦可作手艺解。友为朋友，凡以朋友之道教人艺术或手艺者，谓之艺友制教育。"

（二）强调幼儿教育的重要性

陶行知继承了我国古代"教儿婴孩，教妇初来"的朴素教育思想，并从心理学的角度进行了论证。陶行知说："人格教育，端赖六岁以前之培养。"他在《创设乡村幼稚园宣言书》中指出："凡人生所需之重要习惯、倾向、态度，多半可以在六岁以前培养成功。换句话说，六岁以前是人格陶冶最重要的时期。这个时期培养得好，以后只需顺着他继长增高的培养上去，自然成为社会优良的分子；倘使培养得不好，那么，习惯成了不易改，倾向定了不易移，态度决了不易变。"因此，幼儿教育不仅是人生的基础，也是整个学校教育的基础，这个基础打得好，学校教育就顺利；反之，学校教育就难以成功。所以，"教人要从小教起。幼儿比如幼苗，培养得宜，方能发芽滋长，否则幼年受了损伤，即不夭折，也难成材"。所以，小学教育是建国之根本，幼稚教育尤为根本之根本。

（三）解放儿童的创造力

陶行知认为，儿童有很强的创造力，这种创造力是至少经过人类 50 万年与环境斗争所获得并遗传下来的人的才能之精华，发挥、加强、培养这种创造力便是教育的任务。教育是要在儿童自身的基础上，过滤并运用环境的影响，教育虽然不能创造什么，但却能启发和解放儿童的创造力。特别是旧中国的儿童，在苦难中成长，不但经济困难，而且受各种封建礼教的束缚，身心得不到充分发展，这便更加需要强调发挥儿童潜在的创造力。为了发挥儿童的创造力，陶行知认为教育工作者要把自己摆在儿童的队伍里，要真情实意地和儿童站在一条战线上，加入儿童生活中去，便可发现儿童的创造力，然后进一步将儿童的创造力解放出来。解放儿童的创造力，他认为要：①解放小孩子的头脑。②解放小孩子的双手。③解放小孩子的眼睛。④解放小孩子的嘴。⑤解放小孩子的空间。⑥解放小孩子的时间。

为了实现创造的儿童教育，陶行知还发表了《创造宣言》，引古今中外的大量事例，申明："所以，处处是创造之地，天天是创造之时，人人是创造之人。让我们至少走两步退一步，向着创造之路迈进吧。"陶行知的构思，体现了他作为教育家的真知灼见。

三、陈鹤琴的学前教育思想

陈鹤琴（1892—1982 年），我国现代著名的教育家、儿童心理学家和儿童教育专家，是我国现代幼儿教育的奠基人。他全面系统地论述了幼儿教育问题，探索和创造了适合中国国情又符合幼儿心理发展特点的中国化、科学化的幼儿教育，形成了自己独特的幼儿教育理论和思想体系。

（一）活教育的思想

陈鹤琴青年时期受欧美新教育思潮的影响，特别是受到以杜威为代表的美国进步主义教育活动的影响。这一进步教育活动抨击了当时传统教育的形式主义教学方法，反对以教师、教材为中心和对儿童活动的束缚，强调儿童的主动性和学习兴趣，提倡"做中学"的教学方法，提倡"实验"的精神。他接受了杜威教育思想中正确合理的部分，正如陈鹤琴自己所言："最知名的教育价值——杜威博士所提倡的美国进步主义教育运动起相当的影响。"但是，他的借鉴不是盲目的，他在本国进行幼儿教育实验研究的过程中指出："要晓得我们的小孩子不是美国的小孩子，我们的历史、我们的环境均与美国不同……所以，他们视为好的东西，在我们用起来未必都是优良的。""幼稚园的设施总应当处处以适应本国国情为主体，至于那些具有世界性的教材和教法，也可以采用，总以不违反国情为唯一的条件。"另外，陈鹤琴对欧洲 11 国的教育考察，也促使他下定决心在中国实验活教育。

陈鹤琴在活教育实验过程中，得到了陶行知的支持和帮助，他特别赞赏和佩服陶行知"教学做合一"的教育思想，他汲取了杜威的"做中学"、陶行知的"教学做合一"，提出了"做中教，做中学，做中求进步"的教育思想。但是，陈鹤琴和陶行知的思想都超越了杜威的教育思想，他们是在实验本国教育的基础上提出来的，是符合中国国情的。

早在 1928 年他确定并实施活教育的思想："做人，做中国人，做现代中国人"即目的论；"大自然、大社会，都是活教材"即课程论；"做中教，做中学，做中求进步"即方法论。

1941 年 1 月，陈鹤琴主编的《活教育》月刊创刊，确定的刊物宗旨是"建设教育理论、辅导教师进修、提供具体教材、讨论实际方法"，并发表《活教育与死教育》一文。继而发表活教育的 17 条教学原则：①凡儿童自己能够做的，应当让他自己做。②凡儿童自己能够想的，应当让他自己想。③你要儿童怎样做，就应当教儿童怎样学。④鼓励儿童去发现他自己的世界。⑤积极的鼓励胜于消极的制裁。⑥大自然、大社会都是我们的活教材。⑦比较教学法。⑧用比赛的方法来增进学习的效率。⑨积极的暗示胜于消极的命令。⑩替代教学法。⑪注意环境、利用环境。⑫分组学习，共同研究。⑬教学游戏化。⑭教学故事化。⑮教师教教师。⑯儿童教儿童。⑰精密观察。1944 年在教育筹划会议上，提出"五指活动"方案，由儿童健康活动、儿童社会活动、儿童科学活动、儿童艺术活动、儿童文学活动 5 个部分组成，"五指活动"如人的五个手指，相互联系、不可分割，在儿童生活中结成一个有组织、有系统的教育网，继续实践活教育。

陈鹤琴活教育三大目标的提出都有其独特缘由，目的论"做人，做中国人，做现代中国人"是肩负时代意义和历史使命的。他认为，"做人，做中国人，做现代中国人"就是中国教育的唯一特点，不同于其他国家的教育目的。他说："做一个中国人和做一个其他国家的人不同。做一个中国人必须热爱自己的国家……为自己国家的兴旺发达而努力。""拿目前的情形来说吧，中国还处于半殖民地半封建的境遇……争取民族独立；对内肃清封建残余，建树科学民主，这便是中国人当前的生活内容与意向，而活教育就是要求做这样的中国人、现代人。""我们要做世界人，便要爱全世界的人类""爱那些站在真理一面的人类，真理是不会泯灭的，真理是我们做人、做中国人、做世界人的最高准则"。陈鹤琴把做人上升到了一个崇高的境界，这也是如今教育所追求的目标。

（二）论怎样做好幼儿教师

陈鹤琴提出，一个幼儿教师要有这样一些本领：能讲动听的故事；能编儿歌谜语，如果自己会编，就可以根据儿童生活中所喜爱的实物作为内容，能使教学更丰富；能画图，幼儿园中讲故事、布置教室等都离不开画些画；能做手工，如纸工、木工、泥工、布工、漆工等；能唱歌，爱唱歌是儿童的天性，幼儿教师一定要会唱歌，才能陶冶儿童的性情；能奏一种乐器，钢琴、风琴或其他小乐器皆可，但不管什么乐器，他认为幼儿教师应以能奏一种乐器为原则；能种花、种菜，要培养儿童的劳动习惯，要启发儿童热爱大自然的天性，幼稚园教师一定要带领儿童种花、种菜；能玩简单的游戏，即最简单的科学游戏，提高儿童的科学兴趣，培养他们爱科学的品德；能布置教室，可以配合教学，布置教学环境，也要利用自然物，使环境更有生气；能做点心和烧菜，与厨工不同，教师可结合教学引导大点的儿童做点心和烧菜，以增加儿童的兴趣和实践能力。

四、张雪门的学前教育思想

张雪门（1891—1973 年），我国近现代教育史上著名的学前教育专家。

张雪门的教育思想是随着时代的前进而前进的。他早年有"为教育而教育"的思想，主张"以儿童为本位"，提倡从实际生活中的问题与困难去训练儿童在生活上的思考力与创造力，以便成人后能应付万事万物。1931 年"九一八"事变后，张雪门目睹强敌压境，文化渗透，看到艺文幼稚园幼儿竟模仿日本浪人对我国人民的残暴行为，他强烈地意识到这种现象不仅是教育的失败，实在是民族的危机，通过对"以儿童为本位"思想的反思，提出了"民族改造"与"儿童本位"并重的优质教育理论，认为优质教育目标应是培养国家未来的主人翁，并开始了对"行为课程"的研究。

张雪门与陶行知一道主张"生活即教育"，并首创行为课程，认为研究中国幼稚教育，需自己创造，并一举三大原则：一是中国的传统文化；二是民族国家需要；三是儿童心理发展。在他写的《幼稚园行为课程》一书中，开头第一句即"生活即教育"。他说："五六岁的孩子们在幼稚园生活的实践，就是行为课程。""课程固由于儿童生活中取材，但需有远大客观标准……"他所谓远大客观标准就是要培养出能肩负挽救中华民族危亡的新一代，更可贵的在于他的实践。

张雪门是我国幼儿师范教育的先驱，他从近 60 个春秋的幼教实践中，得出要办好幼儿教育，必须培养敬业的师资。他认为，如果我们研究幼教仅限于幼稚园的教育，抛弃了师范教育，这无异于"清溪流者不清水源，整枝叶者不整树木，决不是彻底的办法。"在北平幼稚师范，他作为一名校长，亲自讲授全部专业教程，亲自带领学生实习。他的《新幼稚教育》《幼稚园的研究》《儿童文学讲义》等专著，就是他当年讲课的结晶。他办幼师，按照"教学做合一"的教育理论，反对传统师范教育的做法，主张第一年即应有实习课，边接触实践，边进行理论学习，然后又进行实践。这种"实践—理论—再实践"的训练师范生的办法，对我国目前师范教育的改革仍有其现实意义。在张雪门的著作中，几乎都有专讲"教师"的章节，对教师的社会地位、神圣职责、应具备的人格、学识及修养、教授方法的改良等作了精辟论述。他强调，一个合格的好教师，除了具有渊博的学识外，还必须具有高尚、坚贞而优美的人格。

此外，张雪门还十分重视各级教育的衔接性和整体性。他主张幼稚园和小学必须联系；幼儿教师和家长应加强交流，尽力联络感情，宣传幼教和家教方法等。他非常强调普及幼儿教育，严正声明："凡我所说的幼稚教育是为普及一般的发展，并不是供少数人的观赏。中国是指整个中国，绝不是少数人所能代表的……"这些论述，至今对我们办好幼儿教育、普及九年义务教育，提高民族素质，仍有积极的指导意义。

五、张宗麟的学前教育思想

张宗麟（1899—1976 年），毕业于南京师范大学教育系，师从陶行知和陈鹤琴，是我国著名的幼儿教育家。

（一）论幼稚教育的意义和目的

何谓幼稚教育？张宗麟认为，"聚三岁以上六岁以下之儿童于一处，施以有目的之教育，用有组织之方法，此为幼稚园。"他强调幼稚教育有特殊意义，就像盖房子要在基础上下功夫一样，教育也要在幼小时出力气，要改变中国的愚昧落后，就应该教好婴孩。经过实践，他认为幼稚教育无论对人生、对国家、对社会都具有特殊重要的意义。

对于人生的意义，他分析了幼儿时期儿童心理、生理的特点，认为这个时期儿童已能行走，又能说简单语言，因此各种奇特的心理状态逐渐发生。这个时期，儿童所接触的范围，包括自然的、社会的事物，突然扩大，在各种刺激的影响下，必然会引起各种反应，这些均会对儿童的成长发生直接或间接的作用。从生理上讲，这个时期的儿童"最易蹈危险，正如初放之芽，最易被虫蚀"一样。因此，这个时期的教育如何，对儿童生理、心理的影响最深，几乎一生不消。

从儿童与国家、社会关系来看，为养成能为国效力的健康国民，必须重视对幼儿期孩子的养护，使之度过死亡率最大的时期；另外，从小给予良好的教育，在这个时期就养成爱国情感的基础和良好的智能，便可根深蒂固，不宜更改。因此，他断言："吾人倘以国民为必须爱国者，必须为社会服务者，则其教育当自最初之教育开始，此教育为何？即幼稚教育也。"

从幼稚教育在学制体系中的地位和作用来讲，幼稚教育应该是一切教育的起点。他认为，这个时期虽然属学龄前期，但却与其他各期教育有同等重要的地位，应该被正式列入学制。幼稚教育不但与小学前期教育有密切关系，而且还会影响中学、大学，他说："非独小学生，即中学生大学生许多习惯、性情，亦可在幼稚园养成之，如研究的态度，对人的品行等，皆奠基于此。"

从优质教育与家庭教育的关系看，父母由于职业关系不能负子女教育的责任，便托付给幼稚园；就是有闲的父母，对于子女也多是知爱不知教，孩子交幼稚园专门人才管理，还可将教育方法传授给父母；幼稚园还可以促使孩子的母亲们组成母亲会，交流教育子女的经验。

（二）幼儿教育的宗旨

幼儿教育如此重要，本着什么方针培养他们呢？根据这个年龄阶段的特点，他认为幼儿教育的一般宗旨如下。

1）养成有健康、活泼身体之儿童。这个时期"幼儿教育之第一义为谋求儿童之健康"，他认为若徒有知识的增进而身体不健康，是畸形的教育。

2）"养成几种儿童生活上必须之习惯"，如饮食、穿衣、避灾害、对人有礼貌等习惯，都应在这个时期养成。

3）"养成儿童欣赏之初基"。他说："吾人于各种知识等等，不患知之不多，而患无欣赏之能力。有欣赏能力者，正如宝匙在手，随时可以取藏物者也。故幼稚教育不必灌输几多知识，而需培养欣赏之态度。"张宗麟所说的"欣赏"，可理解为儿童的求知欲和善于思考的习惯。

4）"养成儿童能自己发表之能力"。要求发表自己是这个时期儿童的特点，这里的发表能力，包括图画、手工、唱歌、言语等内容，通过这些方面的教育，有利于儿童发表能力的培养。

（三）对幼儿教育全盘西化倾向的批判

张宗麟认为，我国对幼儿教育重要性的认识历史悠久，自古就有"早谕教""教儿婴孩"的传统。但是，近代中国的幼稚教育制度，却是从东、西洋引进的。

更严重的是，有的幼稚园不教育孩子爱自己的祖国，不培养孩子对自己祖国的感情，却热衷于向孩子灌输敬仰上帝的观念，宣传"上帝爱护我们"，张宗麟指出这样的教育只能培养孩子敬重于基督教，是必须纠正的。

张宗麟当时所接触的幼稚园多在南方，特别是江浙一带。沿海地区是我国幼儿教育发展最早的地区，这是教育半殖民地性的一个表现。如何改变这种情况？张宗麟指出，必须办我国自己的幼稚师范教育，要办幼稚教育专科和培养幼师，以提倡中国化幼稚师范教育为目标。另外，结合中国特点，他十分拥护陶行知关于办大众幼稚园、幼稚园下乡、下厂的方针，提倡"幼稚教育运动转向劳苦大众的队伍里去"，推崇陶行知的"幼稚园之新大陆"的思想。

我国的学前教育，前人给我们留下了绚丽的瑰宝。新的时代，随着我国学前教育事业不断向前发展，会有越来越多学前教育的新思想、新理念涌现。

六、我国古代优秀学前教育思想的继承

我国古代优秀学前教育思想在中国传统文化中一直有着深远的影响，虽然时代不同，但这些思想仍然对现代学前教育产生重要的启示和影响。

1）注重品德教育。古代教育家强调幼儿期是品德养成的重要阶段，主张从小培养孩子的良好品德和道德观念。这种注重品德教育的思想在现代学前教育中仍然被重视，许多学前教育机构注重培养幼儿的品德素养和社会行为能力。

2）注重寓教于乐。古代教育家提倡在教育中注重游戏和娱乐，通过愉快的学习体验来激发幼儿的学习兴趣和积极性。这种寓教于乐的思想在现代学前教育中得到了继承和发展，许多学前教育机构采用多样化的游戏和活动，为幼儿创造愉快的学习环境。

3）重视家庭教育。古代教育家强调家庭是孩子最早的教育场所，主张父母应该成为孩子的第一任老师，注重家庭对幼儿成长的影响。这种家庭教育的重要性在现代学前教育中仍然被重视，许多学前教育机构与家长密切合作，共同关注幼儿的成长和发展。

4）古代教育家注重从幼儿时期就根据孩子的个体差异进行教育，尊重每个孩子的发展特点和兴趣爱好。这种个性化教育的理念在现代学前教育中得到了进一步强调，许多学前教育机构注重根据幼儿的个体差异制订个性化的教育方案，满足幼儿的成长需求。

这些教育内容至今仍对中国的学前教育产生深远影响，现代学前教育在继承这些优秀传统的同时，也在不断引入现代教育的理念和方法，以适应社会发展的需求。

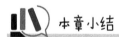 **本章小结**

中国学前教育从 1903 年 9 月湖北幼稚园创建至今已有 120 多年的历史，在 120 多年的发展历程中虽然历经曲折，但还存在着一些问题。目前，我国学前教育取得了令人瞩目的成绩：截至 2022 年，有 4627.55 万的幼儿接受良好教育，有 324.42 万的专任幼儿教师队伍，有先进的教育理念和教学设备，有完备的幼儿教育法规和管理条例，有越来越多的经费投入。总之，我国已经形成全社会重视学前教育的氛围，学前教育事业正在迅猛发展，必将为培养合格的社会主义建设者和接班人做出更大贡献。

思考与练习

1. 中国内地（大陆）学前教育主要的法规有哪些？
2. 中国内地（大陆）幼儿教育机构有哪些主要形式？
3. 中国内地（大陆）学前教育的内容和要求有哪些？
4. 针对中国内地（大陆）学前教育师资培养的现状谈谈自己的看法。
5. 谈谈你对中国内地（大陆）学前教育经费现状的看法。
6. 结合中国学前教育的思想谈谈你对学前教育的认识。

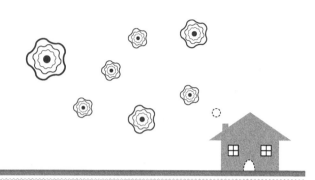

第三章
日本的学前教育

第一节　日本学前教育概况

　　日本地处亚洲东部，是一个由东北向西南延伸的弧形岛国，是亚洲最早进入资本主义和工业化行列的国家。日本人口约为1.2344亿人（2025年3月），主要民族为大和族，通用日语。现行的政治制度和经济制度是典型的资本主义制度，为君主立宪制国家。日本作为一个资源短缺的岛国，第二次世界大战后，在短期内成为世界第二大经济强国，其中一个重要原因就是教育的普及和发展，其教育体系的基础阶段——学前教育也走在世界前列。日本的学前教育在提高国民素质、促进日本经济发展等方面发挥了极其重要的作用。

　　日本的学前教育，从1876年（明治九年）创办第一所幼儿园起，至今已有140多年的历史。在此期间，日本的学前教育从无到有、从小到大、从雏形到逐渐完善，形成了一个比较完整的教育体系。以第二次世界大战结束为分水岭，日本学前教育的发展分为两个时期，战前时期是日本学前教育从无到有、从小到大、逐渐实现制度化的时期；战后时期是日本学前教育从战争灾难中再度崛起，逐渐实现体系化的时期。

第二节　日本学前教育的法规与体制

一、日本的学前教育法规

　　重视幼儿教育立法，以法律为依据实施科学管理，是日本幼儿教育迅速达到世界先进水平的重要原因。日本涉及幼儿保教方面的立法有很多，如《教育基本法》《儿童福利法》《幼儿园教育要领》等，这些法规既保护了幼儿受教育的各种权益，又使幼儿园、保育所的各项工作有法可依、有章可循。

　　1872年，明治政府颁布了日本近代第一个教育改革法令《学制令》，其中在第二篇"学校"的第22章规定，开设幼稚小学，招收6岁以下的幼儿。虽然此项规定并未真正实施，但毕竟是日本近代有关幼儿教育建设方面的一个最早规定。

　　随着社会要求制定专门的幼儿教育令呼声的日益高涨，日本文部省于1899年颁布了《幼儿园保育及设备规程》，这是日本第一部由政府颁布的有关幼儿园的正式法令。

该规程的颁布，标志着日本幼儿教育进入一个新的历史时期。该规程的主要内容是：①儿童入园年龄为 3～6 岁。②每天的保育时间为 5 小时。③每个保姆照料儿童数在 40 人以内。④每所幼儿园招收儿童数以 100 人为限。⑤保育的目的在于"促进幼儿身心的健全发育，培养幼儿的良好习惯，辅助家庭教育"。⑥保育内容为游戏、唱歌、谈话、手技 4 项。⑦园舍应为平房，设有保育室、游戏室和职员室等。⑧保育室的大小，每 4 名幼儿不得少于 3.3 m^2。⑨室内应备有恩物、绘画、玩具、乐器、黑板、桌椅、钟表、温度计和取暖设备等。⑩有关占地、饮水、采光等要求，均参照《小学校令》执行。《幼儿园保育及设备规程》是日本幼儿教育走向制度化的重要开端，在日本幼儿教育史上具有重要意义。直至 1947 年制定《学校教育法》时，日本长期以来基本保持了第一个幼儿园规定的本来面貌。但这一规程并没有将幼儿园列入正规的学校教育体系之中。

幼儿园在过去相当长的一段时间里，一直被作为小学的一部分对待，在教育行政上没有独立的地位。1926 年 4 月 22 日，日本文部省颁布了《幼儿园令》，这是日本教育史上第一部单独的幼儿教育法令。该法令首次明确了幼儿园在日本教育制度中的位置，规定幼儿园教育为学校教育体系中的一环；幼儿园以保育幼儿身心健康发展、培养善良人格、辅助家庭教育为目的；放宽幼儿园的入园规定；废除了对保育时间的规定；对保育内容作了补充等。

1947 年，日本政府颁布了两个重要的教育法案：《教育基本法》和《学校教育法》。其中，《教育基本法》提出了鼓励发展幼儿教育和家庭、社会教育等方面的原则性条款。《学校教育法》第 77 条规定：幼儿园以保育幼儿，创造适宜的环境促进幼儿身体和精神发展为目的。第 78 条详细规定了幼儿园教育要达到的 5 个目标：①为了健康、安全、幸福地生活，培养幼儿的健康和安全习惯，求得身体各项机能的协调发展。②通过让幼儿积极参加幼儿园内的集体生活，培养幼儿的合作、自主和自立精神。③培养幼儿正确理解周围的社会生活和事物，使之养成正确的处世态度。④指导幼儿正确使用语言，培养幼儿对童话、画册等的兴趣。⑤通过音乐、游戏、绘画等培养幼儿的创作兴趣。同年 12 月颁布了《儿童福利法》，规定设立保育所，对缺乏保育家庭的幼儿进行保育，并详细规定了保育所的设置目的、设置者、保姆资格、经费负担和使用等。

1948 年 3 月，根据《学校教育法》的规定，日本文部省公布了《保育大纲》。该大纲作为幼儿教育指南，实际上起到了类似法规的作用。在《保育大纲》中，规定了 12 项保育内容，从而使日本的学前教育进入"保育 12 项目时代"。其总的意图是赋予幼儿以愉快的经验，让幼儿通过实际经验去实现自我发展和完善。

1956 年，日本文部省颁布《幼儿园设置标准》和《幼儿园教育大纲》，标志着日本幼儿教育进入一个稳定发展的时期。其中《幼儿园教育大纲》共由三章组成，第一章为幼儿园教育的目标，第二章为幼儿园教育的内容，第三章为制订指导计划及其经营管理。

1961 年，日本参议院文教委员会通过了振兴幼儿教育的决议，制定并实施了三次"幼儿园教育振兴计划"，旨在通过：①为适龄幼儿提供奖励和补助费。②向幼儿园提供园舍设施完善费、园具设施完善费等一系列措施，创造条件让更多的幼儿进入幼儿园。决议提出：①要采取根本措施，处理好幼儿园教育与保育的关系。②重新研究幼儿园设置基准，以便进一步促进幼儿园的发展。③充分调查公立幼儿园教职员的实际待遇状况，从速采取改善措施。④为便于宗教法人所设立的幼儿园转为学校法人，要采取特别法律措施。⑤采取财政上的措施，以帮助私立幼儿园的经营。1964 年，日本文部省开始实施第一个"幼儿园教育振兴计划"，旨在提高 5 岁幼儿的入园率；1972 年，开始实施第二个"幼儿园教育振兴计划"，旨在提高 4～5 岁幼儿的入园率；1991 年，开始实施第三个"幼儿园教育振兴计划"，以使 3 岁、4 岁、5 岁的幼儿都能接受学前教育。

1990 年，文部省颁布实施新的《幼儿园教育要领》，明确了幼儿园教育的根本——幼儿园教育是通过环境进行的；改革了教育内容的表示方法，改变了以往用"目标"表示内容的方法，将"目标"和"内容"分开表示，使教师能充分理解它们各自的特征、两者的关联及它们与幼儿活动的关联；重新划分领域，将原来的六大领域划分为健康、人际关系、环境、语言、表现五大领域，重点放在幼儿发展上，突出幼儿园教育的特点；修改了教育时间及其表示方法，规定幼儿园一学年的教育时间以周数计算，一般不得少于 39 周，一天的教育时数仍以 4 小时为标准。新的大纲充分体现了教育人本化的显著特点，它把日本的幼儿教育引入新的阶段。

1994 年，文部省、厚生省等几个部门联合颁布了"天使计划"，意在调动全社会的力量，对学前儿童进行教育，形成"育子的社会"。为了确保这一计划的实现，日本政府又相继发布了《紧急保育对策 5 年计划》和《儿童育成计划制定指针》等文件。

1999 年，文部省为了落实《从幼儿期开始进行心灵教育》这一文件，针对家庭教育和地区社会教育的薄弱环节及孩子的生活体验和自然体验的不足，制定颁布了《全国儿童计划》（紧急三年战略）。其中，提出 12 项工程与重大措施，如创立儿童卫视台，向全国儿童进行心灵教育与科技教育；设立"儿童长期自然体验村"，供孩子在暑假期间体验生活；对适合作为孩子游玩场所的水边进行调查、登记、整理，选定并建立"孩子的水边"，供儿童嬉戏与开展"向河川学习"的活动；国立、公立、私立博物馆、美术馆在星期六扩大向儿童免费开放，充实孩子喜爱的内容，尽量让孩子自己触摸、尝试、发现、思考；各都道府县设立 24 小时家庭教育电话热线，广泛开展家教咨询等。

2004 年 12 月，日本中央教育审议会发表了《关于幼儿教育、保育一体化的综合机构》的咨询报告；2005 年 1 月，日本中央教育审议会发表了《关于适合环境变化的今后的幼儿教育的应有状态——为了幼儿的最佳利益》的咨询报告。

2007 年修订的《学校教育法》，调整幼儿园教育的定位，即将幼儿园在教育体系中的位置从原来位于小学、初中、高中、大学、高等专科学校及特殊教育之后，调整到置于小学之前，更符合人们接受教育的顺序。同时，规定幼儿园除了园长、副园长、保育教谕、保育助教谕之外，还可配备营养教谕及事务职员，人员配置更加周详。

2008 年推出的《幼儿教育纲要》，明确教育目标不仅包括智力方面的培养，更注重幼儿健康、人际关系、爱心、合作意识等方面的全面发展。课程设置围绕健康、人际交往、环境认知、语言表达、艺术表现等方面展开，强调各领域的均衡和协调发展。

2019 年实施的幼儿教育免费化政策，覆盖范围包括 3～5 岁儿童，不论家庭收入高低，均可免费入读幼儿园、托儿所等幼教机构；对于 0～2 岁幼儿，免除居民税的低收入家庭可以免费入托，同时提高对公立托儿所的资助标准。

这些法律和法规既保护了幼儿的权益，又使幼儿园、保育所的各项工作有法可依、有章可循。日本的教育立法一方面促进了学前教育的发展，另一方面使国家便于管理，使学前教育的目标得以快速、高效地实现，发挥其对社会发展的巨大作用。

二、日本的学前教育体制

日本的学前教育机构主要有两大类：一类是根据文部省颁布的《学校教育法》设立的幼儿园机构系统，收托 3～6 岁的儿童；另一类是根据厚生省颁布的《儿童福利法》设立的保育所机构系统，主要收托 0～6 岁的儿童。二者在创办宗旨、服务对象、招生年龄、作息时间等方面都是不同的。从法律意义上讲，前者的主要任务是教育，后者的主要任务是保育。但随着社会政治、经济的发展，两者的教育内容都发生了很大变化，有相互融合的趋势。

（一）幼儿园

日本的幼儿园属于学校体系。明治维新以前，日本的幼儿基本上是在家庭中接受教育的。明治维新以后，受欧美国家的影响，日本于 1876 年建立了第一所幼儿园——东京女子师范学校附属幼儿园，此后日本幼儿园日渐增加。1948 年以后，日本幼儿园稳步增长，到 1985 年幼儿园数量接近 1948 年的 10 倍。此后，由于日本出生率下降，幼儿园的数量逐渐减少。

日本《学校教育法》规定：幼儿园是以"养育学前阶段的幼儿，提供适应的环境，以发展健全的身心"为目的的幼儿教育机构，招收 3 岁至入学前的幼儿，通常按年龄分班，用"花""雪""月"给班级命名，每班人数在 40 人以下。

日本的幼儿园有国立、公立和私立之分。国立幼儿园主要附属于大学或国立大学教育系；公立幼儿园由地方政府（市、町、村）设立，多附属于公立小学；私立幼儿园主要由私人或各种法人开办，它受政府当局监督，有时也接受政府资助。国立幼儿园的经费由国家提供，公立幼儿园的经费由地方政府支持，但私立幼儿园则由开设幼儿园的团体或个人负责。一般来说，国立和公立幼儿园的收费较低，而私立幼儿园的收费较高。文部省对幼儿园负有总的责任，它对幼儿园的学制、活动时间、建筑标准、设备、训练、教师人数、校长及课程大纲等做出决定。

需要指出的是，日本的私立幼儿园和国立、公立幼儿园几乎同步发展，并在很长一段时间内，私立幼儿园的比例超过国立、公立幼儿园。据文部省统计，1990 年日本学前教育普及率达 94.5%（仅 5 岁幼儿），这在很大部分归功于日本的私立学前教育机构。1993 年，日本私立幼儿园占 58.2%，在园人数占 79.7%。日本通过立法保障私立幼儿园的发展，使私立幼儿园与国立、公立幼儿园同属国民教育机构的组成部分。它们在机构的组成、教育内容及教学人员资历等方面都是由法令、规章制度规定的。因此，私立幼儿园具有公共性，与国立、公立幼儿园同样担负着为全国幼儿提供教育服务的任务。日本政府还提供资金扶持私立幼儿园的发展。除了拨款为私立幼儿园增加教学设施、缓解其经费的不足、改善办学条件以外，政府还以免税、减税措施对私立幼儿园实施间接经费支持。20 世纪 90 年代，日本的学前教育中私立幼儿园（所）一直占 2/3 左右。

（二）保育所

保育所是为了因家长无法自己照看的孩子而提供的保育兼福利机构。所以，要入所必须出具父母双方都在职、在学等无法照看孩子的证明。它在行政上属于厚生省管辖。

日本最早的保育所创办于 1890 年，当时是由在新潟市创办私立学校的赤泽钟美夫妻出于慈善动机而创办起来的。据日本厚生省统计，1988 年全国共有保育所 22 747 所，入所儿童 1 742 470 人。在籍儿童最多的是 1980 年，达 1 940 793 人，以后则逐渐有所下降，1994 年减少到 1 592 698 人。但 1995 年后又有所增加，到 2002 年，增加到 1 879 349 人。

日本的保育所分为公立和私立、日托和全托，全年开放。保育所的入所年龄是 0 岁至入学前，孩子每日的入所时间是 7:30～9:00，家长来接的时间一般是 17:00～18:00，并可根据家长的需要，延长保育时间至更晚。在 1～2 岁儿童班级，师幼比例大约是 1：3，在 3 岁以上的儿童班级，师幼比例大约是 1：20。教师按照《保育所指南》对儿童施教，保育目标是尽量让孩子感到像在家里一样度过一天。保育所的收费，公立和私立之间没有差别，主要是根据儿童所在家庭的收入和儿童的年龄而决定的，收入越高，交纳的保育费越高；年龄越低，交纳的保育费越高。当然，具体收费标准因所在的市、町、村可能会稍有不同。

20 世纪 70 年代，日本的幼儿数进入顶峰之后数量开始逐渐减少，随之出现了幼儿园的合并、关闭的现象。特别是日本女性纷纷走向社会，许多幼儿缺乏家庭保育，0 岁、1 岁、2 岁的幼儿入园需求尤为显著。由于种种原因，不能进入保育所的"待机儿童"日益增加，进而提出了"幼保一元化"的必要性。但是，由于法律上的种种制约，幼保一元化只停留在部分设施的实践。区别于保育所、幼儿园的第三机关，即综合了保育所和幼儿园机能的"综合设施"被提上了议事日程。

（三）函授课程

日本还有一种独特的学前教育形式——函授课程。1987 年，班尼斯公司创办"可多摩挑战"函授课程，为 6 岁及 6 岁以下儿童开设 5 种不同的课程。例如，为 1～2 岁的儿童提供"微型"课程，为 2～3 岁的儿童提供"口袋"课程等。参加函授教育的各个家庭，每个月都能收到一套录像带、录音带和图书、杂志，鼓励家长帮助孩子观赏卡通人物画、玩文字数字游戏，学习简单的卫生常识和礼貌，如怎样使用洗手间、怎样与人打招呼等，同时学习阅读、写作及算术等基本知识，以掌握一定的文化科学知识和技能。现在，越来越多的日本家庭在孩子上幼儿园或小学之前，就为他们报读函授课程，参加者的年龄也越来越小，已发展到招收 3 岁的儿童。

第三节　日本学前教育的课程与教学

日本幼儿园的新学年一般是从 4 月 1 日开始，到次年 3 月 31 日结束，一学年的教育时间一般不得少于 39 周，一天的教育时数为 4 小时。除了暑假、寒假、春假和国家规定的其他假期以外，通常从星期一到星期六都工作（与学校一样，现在也有每周休息 1 天半或 2 天的），每天从 8:30 或 9:00 至 13:30 或 14:30 左右。日本保育所的保育时间，原则上是每天 8 小时，但受各种因素的影响，保育时间实际上超过 8 小时。保育所没有特别规定一年保育多少天，除了星期日、国民节假日及 12 月 29 日到 1 月 3 日以外，原则上都进行保育。

日本学前教育的
课程与教学

一、日本的学前教育课程

在课程设置上，1948 年文部省公布了《保育大纲》，规定了 12 项保育内容，这 12 个项目是：参观、韵律、休息、自由游戏、音乐、谈话、绘画、制作、观察自然、游戏、健康体育和节日活动。《保育大纲》主张从幼儿的兴趣和要求出发，重视幼儿的快乐生活体验。1956 年文部省修订了《保育大纲》，并改称为《幼儿园教育大纲》，将以往的按项目划分保育内容的传统做法改为按领域划分。根据幼儿园的教育目标，将幼儿教育的内容大致分为健康、社会、自然、绘画、语言和音乐 6 个领域。1964 年颁布的《幼儿园教育大纲》对此又做了修改，强调 6 个领域以幼儿的生活经验为基础组成，这 6 个领域又细分为 137 个事项。1964 年的《幼儿园教育大纲》对读、写、算是忌讳的，认为文字教育、识字、书写等基本训练应当是入小学以后的事情。从内容上看，多属于情感教育，以幼儿的生活经验为基础，不包括掌握文化科学之类的知识内容；教育的目的是促进幼儿身心和谐发展，为培养合格的国民打下基础。

1990 年 4 月，日本开始实施新修订的《幼儿园教育大纲》，规定幼儿园应根据幼儿的年龄特征及幼儿园所在地区的特点制定出符合幼儿身心发展状况的教育课程，将原来的 6 个领域划分为健康、人际关系、环境、语言、表现 5 个领域，并对这 5 个领域的具体内容做出以下规定。

1）健康领域。①通过与教师和小朋友们接触，带着安全感去行动。②通过各种游戏去充分地活动身体。③积极在室外游戏。④对各种活动有亲切感并乐于参与。⑤掌握健康的生活节奏。⑥保持自身清洁，能自己进行穿脱衣服、饮食、排泄等生活所需的活动。⑦理解幼儿园的生活方式，自己去完善幼儿园的生活环境。⑧关心自己的健康，积极开展预防疾病之类的必要活动。⑨懂得危险的场所、危险的游戏方式及遇到灾害等时的行动方法，安全地进行活动。

2）人际关系领域。①体验与教师、小朋友们在一起共同生活的愉快。②独立思考，独立活动。③自己能做的事自己去做。④在与小朋友们的积极交往中去共同体味喜悦和悲伤。⑤把自己的想法告诉对方，并能注意到对方的想法。⑥注意到同伴的优点，体验到一起活动的愉快。⑦注意到有的是好事，有的是坏事，想一想再行动。⑧在与同伴的愉快生活中注意规则的重要性，并愿意遵守它。⑨要爱惜公共玩具和用具，并共同利用。⑩跟那些与自己生活关系密切的社区的老人和其他人有亲密的感情。⑪和同伴一起做事时，有决心做到底。⑫和同伴的交往不断加深，具有同情心。

3）环境领域。①在与自然的接触中，发现其壮观、美丽和不可思议之处等。②通过季节去发现自然与人类生活的关系。③带着对自然等身边事情的关心去进行游戏。④对身边的动植物带着亲切感去接触并给予其怜恤或珍惜。⑤珍惜和爱护身边的东西。⑥怀着兴趣利用身边的物体玩游戏，有创意地边用边想一想、试一试。⑦在生活中注意玩具、用具的结构。⑧在日常生活中关心数量和图形等。⑨对生活常识具有兴趣并关注。⑩通过幼儿园内外的各种仪式活动，对国旗具有亲切感。⑪在日常生活中对简单的标志、文字等产生关注或兴趣。

4）语言领域。①对教师和小朋友们的言语或对话有兴趣，能亲切地去听或说。②对做过的、见到的、听到的或感受到的事情能用自己的语言去表达。③能用语言去表达自己想做的事或想让别人帮助做的事并对不明白的事能够去询问。④能认真听别人讲话，自己说的话也能让对方听明白。⑤理解并使用生活中所需的语言。⑥能亲切地进行日常寒暄。⑦能感受到生活中的语言美及其乐趣。⑧通过各种体验去丰富自己的形象和语言。⑨对小人书和童话有亲切感，带着兴趣去体味遐想的乐趣。⑩关心日常生活中的简单标记和文字等。

5）表现领域。①注意生活中各种各样的声音、颜色、形状、接触和活动等，并以此为乐。②通过接触生活中美的东西和打动心灵的事去丰富幼儿的想象力。③在各种各样的事情中，去体味相互传达感动的乐趣。④将感觉到和想象到的事通过声音和活动等予以表现或者自由地去进行描画和制作。⑤对各种素材有兴趣，动脑筋去玩。⑥对音乐有兴趣，能通过唱歌或使用简单的韵律乐器去体味其乐趣。⑦乐于描画和制作，并在游戏中使用或装饰。⑧用动作和语言等去表现自己的形象以体味演示游戏的乐趣。

1998年文部省颁发新的《幼儿园教育要领》，原规定的教育活动5个领域维持不变，但从为培养生存能力打下基础这个观点出发，改革、充实了教育内容。例如，积极开展促进幼儿身心健康的活动，尤其是加强愉快的户外游戏活动；同时充实并使幼儿在生活中掌握与幼儿期相应的道德性指导；增加社会体验、自然体验等具体的直接的生活体验等。

日本文部科学省于2008年修订、2009年实施的《幼儿园教育要领》，开宗明义地指出"学前教育是为人格终身发展奠定基础的重要因素"，并丰富和完善了健康、人际关系、环境、语言、表现五大领域的课程目标和内容。

2017年，日本正式发布新一期《幼儿园教育要领》（2018年4月1日起正式实施），表明了未来十年日本幼儿园教育课程改革的方向与内容，提出以培养幼儿的"资质与能力"为核心目标，为幼儿的未来发展奠定基础。强调通过幼儿园课程，让幼儿具备适应未来社会变化和终身学习所必需的基础能力与素养，如思考力、判断力、表现力、沟通能力等，提出了"幼儿的十个形象"，以此促进幼儿园、保育所、认定儿童园这三大园所幼儿教育目标和内容的一致化，并使幼儿发展评价系统更加立体化。例如，其中包括

"具有健康的身心和生活习惯的幼儿""具有丰富的情感和社会性的幼儿""具有对周围事物的好奇心和探究心的幼儿"等，从不同维度勾勒出幼儿应具备的特质和能力，为教育教学活动提供了具体的方向和目标。课程内容与实施表现如下。

1）健康领域。注重幼儿的身体发育和运动能力培养，通过各种体育活动和游戏，增强幼儿的体质和免疫力，促进其身体协调发展，同时培养幼儿良好的生活习惯和自我保健意识。

2）人际关系领域。强调幼儿的社会交往和情感表达能力的发展。鼓励幼儿与同伴互动合作，培养他们的沟通能力、分享精神、团队协作精神和领导能力等，同时帮助幼儿学会理解和表达自己的情感，建立良好的人际关系。

3）环境领域。引导幼儿关注周围的自然环境和社会环境，培养他们的观察力、好奇心和探究精神。通过接触自然、参与社会实践等活动，让幼儿了解自然现象和科学原理，增强对环境的保护意识。

4）语言领域。着重培养幼儿的口语表达能力和阅读能力。通过故事、儿歌、游戏等多种形式激发幼儿的语言兴趣，鼓励幼儿积极表达自己的想法和感受，同时引导幼儿阅读简单的图画书和故事书，为日后的语言学习和书面表达能力的发展打下基础。

5）表现领域。关注幼儿的创造力和艺术表现力的培养。提供丰富多样的艺术材料和活动，如绘画、手工、音乐、舞蹈、戏剧表演等，让幼儿能够自由地发挥想象力，表达自己的个性和情感，培养审美能力和艺术修养。

在此基础上，日本又相继颁布了《幼儿园设施配备方针》修订案（2018年4月）、《幼儿园教育手册》（2019年12月）等顶层规划，并从2019年10月起全面落实幼儿教育与保育的无偿化措施。

保育所的保育内容同幼儿园一样，也是按领域划分的。所不同的是，在低年龄阶段，其保育领域较少；随着年龄的增长，保育领域逐渐增多；3岁以后的保育内容与幼儿园基本一致。例如，根据1965年厚生省公布的《保育所保育指南》中规定，15个月以前的幼儿，主要有生活和游戏保育领域；15个月~2岁的幼儿有健康、社会、游戏保育领域；2~3岁幼儿有健康、社会、语言和游戏保育领域；3~6岁幼儿有健康、社会、语言、自然、音乐、造型6个保育领域。

二、日本的学前教育教学

日本没有全国统一的幼儿园教材。它提倡在依据《幼儿园教育要领》的前提下，百花齐放，即各园在考虑不同地区、季节及幼儿特点的基础上，制订幼儿园的教育指导计划。日常的课堂教学时间每天约20~60分钟。幼儿园的课堂教学主要有以下几个特点：①教师制订一日活动计划、不去写课程的详细教案。②没有严密的教学程序和步骤。③教师很少使用教具，而是有效地利用自然环境、自然物进行教学。④课堂上教师讲得少，幼儿练习多，注重幼儿的兴趣，注重幼儿的实际操作。⑤课堂气氛比较轻松、活泼，形式比较自然、灵活。

"不能强迫施教"，这在日本作为幼儿教育的一个原则而广为流传。不管是幼儿园还是保育所，都十分重视根据幼儿发育特点和日常生活经验去进行教育。根据幼儿喜欢游戏和绘画等年龄特征，在愉快的游玩中教给他们各种知识，开阔他们的眼界，培养他们的思维能力。

日本学前教育积极开展各种活动，并重视游戏的重要性，认为在教育实践中应将健康、社会、自然、语言、音乐、绘画等各个领域所表示的事项加以组织，选择和安排符合幼儿园幼儿的经验和活动，并进行切实的指导。

日本学前教育活动一般以"行事"活动为中心。所谓"行事"，是指围绕某一个中心事件，综合各领域内容的特定活动，它是定期或按惯例举行的。"行事"的主要目的在于让幼儿获得某种体验、积累生活经验。幼儿园、保育园一年计划由一系列行事活动贯穿起来，如自4月学期初的入园式、花祭、端午、远足、合宿、秋季运动会至学期末的生活发表会等。行事活动为非日常性活动，但它本身又是幼儿生活的组成部分，并作为重要的教育途径与手段，与日常保育相联系，共同实现预期的教育培养目标。

此外，还有自发自主的活动，这是幼儿的主导活动。日本幼儿每天在园约有3小时以上的自由活动。幼儿园里有各种运动器具，在一些大型运动器具和带有危险性的运动器具旁有教师值班，以保证幼儿的安全。在自由活动时间里，孩子们按自己的兴趣和意愿自由地选择活动方式，如跑、跳、钻爬、攀登，样样都有。有的幼儿玩累了，就到教室里看图书、搭积木、捏橡皮泥、拼插塑。在自发自主的活动中，幼儿的知识经验得到积累，个性及社会性得到发展。

在这些活动中，游戏是主要活动，也是一切活动的基础。因为游戏能够符合幼儿活泼好动的特点，它能以幼儿熟悉的、易于接受的形式实现各个领域的教育目标。日本幼儿教师利用各种资源，积极创设良好的环境，给幼儿提供各种体验的机会，广泛开展室内外游戏活动，使幼儿在体力、智力、情感、意志、态度上都能得到发展。

第四节　日本学前教育的师资培养

日本历来重视教师的素质，幼儿教师被誉为人生的第一个良师益友，是重要的智力启蒙者。幼儿园和保育所的师资条件有所区别。日本幼儿园的教师称"教谕"，和小学教员的标准是一样的。一般应在大学里学完一般教养科目和专门科目，具有视野开阔、专业知识深厚的资质，在文部大臣认定的大学、短期大学或其他培养机构学完规定学分，并取

日本学前教育的
师资培养

得幼儿园教谕资格证书，才能从事幼儿园教育工作。日本幼儿园教师实行教师资格证书制度，有普通资格证书、特别资格证书和临时资格证书三种。在普通资格证书中，幼儿园教师又分为专修、一类、二类三个等级。此外，还有临时委任证书，授予报考幼儿园教师的高中毕业生中的合格者。持临时资格证书的人只能作为助理教养员，在经过一定时间的实践并获得规定的学分以后，可授予正式证书。保育所的教师称"保姆"，应在厚生大臣指定的保姆培养机构学习人文科学、社会科学、自然科学方面的课程，并经保姆资格考试合格后，才能从事保育所的教育工作。

文部省十分重视幼儿教师能力的培养和提高,认为只有高质量的教师才能培养出高质量的人才。1948 年 3 月,厚生省同时颁布了《儿童福利法施行令》和《儿童福利法施行规则》两个法令,具体规定了保育所保教人员的任职资格,以及保姆培养机构的招生对象、应修科目、学分、保姆资格考试的应试资格、考试科目等。1949 年 5 月,文部省颁布了《教员许可法》和《教员许可法施行令》,要求幼儿园教师知识广博,专业知识丰富。学生在修完大学所规定的学分且经过严格的审核考试后,才能取得教师录用资格。1954 年 10 月,颁布《教员许可法施行规则》,详细规定了学分的学习方法、课程的认定、教员培养机关的指定、教员资格检查考核等事项。1988 年修订的《教员许可法》把幼儿园教师的学历水准提高到硕士毕业或必须是大学毕业并修完规定的师范教育课程。1998 年 6 月 4 日通过了修改的《教员许可法》,调整了课程基本结构,新设了选修学科,使课程结构灵活化;转变了教师的标准观:不求教师素质、能力的完备,而求每个教师都具有特长和个性。日本幼儿师资的培养就是在上述法规的指导下,有目的、有计划、有步骤地实施的。

从培养机构看,日本现行的幼教师资培养机构必须是文部大臣认可的可以取得资格证书课程的学校(通称"课程认可学校"),主要有以下 4 种。①研究生院。毕业生具有硕士学位者,可获专修证书。②4 年制大学。毕业生具有学士学位者,可获一类资格证书。③2 年制短期大学。毕业生可获二类资格证书。④幼儿园教师培养所。它们通常由地方公共团体或学校法人设立,招收高中毕业生,学习年限 2 年,毕业生可获二类资格证书。目前,日本全国约有 90%的大学及短期大学都得到课程认可,并开设师资培养课程。从课程设置的范围来说,日本教师培养的课程,除了师范专业偏常规和基础的知识外,还涉及职业素养方面的培养,无论是社会、人文领域的综合知识,还是理解幼儿身心发展规律所应具备的教育学、心理学和教育法的相关知识等,课程所涉及的内容很宽泛。

从培养阶段看,日本学前教育师资的培养分两个阶段进行,第一阶段即职前培养,第二阶段即在职进修,这两个阶段紧密结合。职前培养即学前教育师资在成为学前教育教师之前的学校培养。日本的大学和短期大学(相当于我国的大专)担负着幼儿园教师的职前培训任务,对获得学士学位的普通大学毕业生授予一类资格证书,对获得 62 学分的短期大学毕业生授予二类资格证书。持证者必须参加县(相当于我国的省)里组织的笔试、口试,考试成绩合格后才有资格当幼儿园教师。保育所的保姆必须是从厚生省批准设立的保姆培养学校等毕业,且经过考试取得保姆资格证书者。

学前教育师资培养的第二阶段为在职进修。日本对幼儿园教师的在职进修有严格要求,做到制度化、规范化。日本政府为了不断提高幼儿园教师的资质,建立了在职教师进修制度。日本在 1949 年颁布的《教育公务员特例法》规定:教育公务员为履行其职责应不断地进修;教师在不影响正常教学的范围内,可以脱产进修或者在职长期进修;并将教师的在职教育与获得更高一级的资格证书结合起来。

从培养课程看,日本学前教育师资在大学或短期大学的培养课程有:一般教育科目,包括人文科学领域、社会科学领域(包括日本国宪法)及自然科学领域的一系列课程;

保健体育科目，包括保健体育理论与实技；外国语科目；专门教育科目，包括教育科学教育、教育职业教育及幼儿园专攻课程等。其中，一般教育科目约占总学分的四分之一，专门教育科目约占总学分的二分之一。可见，日本的学前教育课程体现了日本学前教育师资的培养是基础理论与专业理论相结合的专业教育。

第五节　日本学前教育的设施与经费

一、日本学前教育的设施

初创期日本学前教育的机构设施，模仿西洋方式建立，有游戏室、诱导室、园外幼儿诱导室、展览室、接待室、职员室、事务室、杂役室等，非常讲究。1899 年，文部省颁布了《幼儿园保育及设备规程》，使幼儿园的设施设备有了一定的遵循标准。日本学前教育实现制度化以后，1926 年《幼儿园令施行规则》中对幼儿园的设备作了具体规定。这次规定与 1899 年的规定相比，有一些不同之处：如校址应建在"于道德及卫生无害之处"；建筑物应"尽量为平房"；保育室可"根据班数"增加；游戏园地面积要求由原来的每个幼儿 3.3 m^2 改为尽量保证在 3.3 m^2 以上；对未满 3 岁幼儿的保育，增加了"应增加所需设备"等。

后来进入战争时期，幼儿园的设施和设备都遭到了极大的破坏，有的幼儿园被彻底炸平或烧光。战后，随着幼儿园制度和保育所制度的不断完善和充实，其设施和设备也不断得到补充。在 1956 年《幼儿园设置标准》第三章中，有明确规定：

第七条

1）幼儿园的位置要适合幼儿教育的需要，要设在入园和离园安全的地方。

2）幼儿园的设施和设备应适宜于对幼儿的指导、保健卫生及其管理。

第八条

1）园舍原则上为平房。因特殊情况需建二层以上的园舍时，保育室、游戏室、厕所应设在一层。但是，若园舍为耐火构造，又有完善的疏散设备，上述设施可设在二层。

2）园舍和运动场原则上应在一处。

3）占地、园舍及运动场的面积，另行规定之。

第九条

1）幼儿园应具备以下设施和设备。但是，在特殊情况下，保育室和游戏室、职员室和保健室可互相兼用。

① 职员室。

② 保育室。

③ 游戏室。

④ 保健室。

⑤ 厕所。

⑥ 饮水设备、洗手洗脚设备。

2）保育室数不得少于班级数。

3）厕所要具备规定的便器数。

4）饮水设备与洗手洗脚设备要分别设置。

5）饮用水须经证明对健康无害。

第十条

1）幼儿园需具备以下园具和教具。

① 桌子、椅子、黑板。

② 滑梯、秋千、沙场。

③ 积木、玩具、连环画、小人书及其他图书。

④ 钢琴或风琴、简易乐器、留声机和唱片。

⑤ 保健卫生用具、饲养栽培用具、绘画制作用具。

2）前项园具和教具根据班级数和幼儿数应具备必要的种类和数量。

第十一条　幼儿园还应努力完善以下设施和设备。

① 收听广播设备。

② 放映设备。

③ 玩水池。

④ 幼儿清洁用设备。

⑤ 厨房设施。

⑥ 图书室。

⑦ 会议室。

第十二条　幼儿园的部分设施和设备（不包括保育室、桌子和椅子），在特殊情况下，只要不影响教学，可利用其他学校的设施和设备。

有关保育所的设施和设备，在保育所址的选择、建筑物的结构等的基本要求方面同幼儿园的情况大体相同。所有保育所要求建在安全、卫生的地方，其建筑结构应采光、通风良好，要设有防止意外事故的紧急出口等。关于设备，在《儿童福利设施最低标准》第五十条中，就收容 30 名以上婴幼儿的保育所的设施和设备做了如下规定。

1）收容婴儿或不满 2 岁幼儿的保育所，要设有婴儿室或匍匐室、医务室、调配室和厕所。

2）婴儿室的面积，每个婴儿为 1.65 m^2 以上。

3）匍匐室的面积，每个婴儿为 3.3 m^2 以上。

4）婴儿室或匍匐室要备有室内滑台、秋千、椅子、走步器和手推车。

5）收容满 2 岁以上儿童的保育所，要设有保育室或游戏室、室外游戏场、烹调室和厕所。

6）保育室或游戏室的面积，每个幼儿为 1.98 m^2 以上；室外游戏场的面积，每个幼儿为 3.3 m^2 以上。

7）保育室或游戏室要备有乐器、黑板、桌子、椅子、积木和小人书。

8）保育室或游戏室设在建筑物的二层时，要符合下列 A、B 两项条件；设在三层以上时，要符合下列 A～H 各项条件。

A．应为《建筑标准法》（1950 年颁布）第二条第九款所规定的耐火建筑。

B．除室内楼梯外，还需建有《建筑标准法》第二条第七款所规定的，适合幼儿避难为耐火构造的斜路或与此相当的设备，或者建有室外楼梯。

C．上述斜路或楼梯要建在有利于避难的合适位置。而且，保育室或游戏室离斜路或楼梯口的位置应在 30 m 以内。

D．地板和墙壁要使用《建筑标准施行令》第一百一十条所规定的甲种防火材料等。

E．保育所的墙壁和天棚要使用防火材料。

F．保育室、游戏室及其他幼儿出入场所，要设有防止幼儿跌落的设备。

G．要设有紧急警报器或紧急警报设备及向消防机关报警的设备。

H．对保育所的窗帘、地毯等可燃性设备要进行防火处理。

9）室外游戏场要设有沙场、滑梯、秋千。

10）厕所的设置，以每 20 名男幼儿要有大便厕所和小便厕所各 1 个以上，每 20 名女幼儿要有 1 个以上为标准。

上述规定，随着战后日本经济的恢复和发展，逐步得到完善，使保育所的设施和设备并不亚于幼儿园的设施和设备，而且越来越科学化了。

二、日本学前教育的经费

在日本教育中经费充足是特别引人注意的。日本幼儿园教育经费 1955 年为 81.65 亿日元，以后逐渐增长，2002 年为 9983.05 亿日元。日本幼儿园在园人数最多的是 1978 年，达到 2 497 895 人。以后，随着出生率的下降，在园人数逐渐减少，幼儿园的经费却持续增长了 21 年，1999 年达到最高，为 10 025.79 亿日元。与其他发达国家相比，日本政府对学前教育的财政投入并不高，以首都东京为例，2011～2015 年，幼儿园教育经费在学校教育经费中的占比仅为 1.2%～1.3%。日本家庭需要负担高额的学前教育费用，尤其是私立幼儿园，费用较高，学费大约是公立幼儿园的 2～3 倍。

从结构上看，根据《学校教育法》和《儿童福利法》规定，日本的幼儿园分为国立、公立和私立 3 种。国立幼儿园的经费由国家负担，公立幼儿园由地方政府支持，私立幼儿园则由设置团体或个人负责。日本的幼儿园不属于义务教育范畴，幼儿的父母要负担学费。学费的多少要视机构的性质而定。国立、公立幼儿园相对费用较低，私立幼儿园相对较高，有时相差数倍。政府对私立幼儿园经常进行补贴，对低收入户也进行一定数额的入园费用补贴。

从日本幼儿园经费总体来看，有两个特征：一是经费投入逐步增长，无论从绝对数字看还是从增长的百分比看，或是从在教育经费中所占的比例看都有较大增长；二是日本教育经费来自中央、地方和学校法人等。在各级教育中，上述比例大不相同。

日本的保育所，因为兼有福利机构的作用，所以无论公立、私立，与幼儿园相比，在享受国家补助方面，是比较得天独厚的条件的。例如，日本政府为特定年龄段的儿童提供部分或全部的学费补助，3～5 岁的儿童，无论家庭收入情况如何，所有孩子在幼儿园、保育所（托儿所）和认定儿童园的教育和保育费用都可以减免；0～2 岁的幼儿，低收入家庭的孩子可以享受免费的托育服务，这主要适用于免缴居民税的家庭。

关于家长负担的保育费，根据入所婴幼儿家庭收入的多寡而有所不同。1958 年日本政府制定了一个比较稳定且合理的标准。这个标准就是根据入所婴幼儿家庭收入的情况，将其分为 A、B、C、D 四等。A 等为收入拮据家庭，免收保育费；B 等为经济不宽裕家庭，少收保育费（但自 1963 年开始，B 等也免收保育费了）；C 等为中等收入家庭，又将其分为 3 种类型，分别缴纳不同的保育费；D 等为收入较好的家庭，进而又划分为 12 种类型，分别缴纳不同的保育费。

第六节　日本的学前教育思想

一、井深大的幼儿教育思想

井深大（1908—1997 年），日本当代著名企业家、教育家，日本索尼公司创始人之一及名誉会长。他从商界功成身退之后，热衷于研究早期教育问题，产生了一种在幼儿教育上有所作为的想法。井深大创办了"幼儿教育研究会"，对孩子的母亲进行教育，并发明了许多刺激婴幼儿智能发育和情操培养的切实可行的方法，为日本经济奇迹的创造输送了无数人才。

日本的学前教育思想

（一）早期教育非常重要

井深大认为，人的能力与性格在 0～3 岁的幼儿期逐渐基本形成。换言之，人在初出娘胎时都是一样的，资质的良莠，实际上依后天的教养而定。长大成人后才想成为天才，那是不可能的事，因为人在 0～3 岁时期，其能力与性格大多已经基本形成。

（二）早期教育应当从品德培养开始

井深大强调，早期教育应当从人品的培养开始，而不应该放在知识与能力的培养上。他说："我强烈地感到迄今的教育仅把教育的焦点集中在智力方面，只追求了人的一半的教育，而忘却了人的精神的培养或树人的另一半教育。"他认为，如果教育者仅从增强智力的目的出发去实施幼儿教育是极为错误的，因为这种早期教育也许能让儿童成为某一专业方面的所谓"英才"，但他们却不可能成为社会所需要的人才。他说："教育的最重要之处并非是培养以知识为中心的能力，而应从培养精神、培养品德开始。"他强烈呼吁儿童早期教养者"要把忘记的另一半教育置于首位，而可以把智力教育放在第二位"。

（三）论早期教育的方法

1."一流家庭"造就"一流人物"

一个人在成年后会成为什么样的人，很大程度上是他在幼儿期受母亲"意识"影响的结果。令人遗憾的是，从现实情况来看，母亲却很少注意这种意识的灌输，等到孩子有了自我意识，能独立自主之后就来不及了。因此，"一流"人物必须在"一流"家庭里接受熏陶。

2. 教育与金钱无关

孩子的教育不是单靠金钱与时间就能达成的，而是要靠父母的爱心与努力才能实现的。如果没有父母的爱心与努力，是很难使孩子的潜能得到充分开发的。

3. 与其他孩子多交流

井深大通过许多实例证明，从早到晚与母亲亲密接触，对婴儿是一种良好的刺激。但是，他进一步观察发现，对于婴儿的身心发展来讲，不能仅限于这种母子之间的单线接触，还应让孩子多与自己的兄弟姐妹或其他婴儿进行多线交流，而且后一种交流可能更为有效。事实上，让婴儿多与外界接触，不但可以促进孩子智能的发展，而且有利于培养孩子的协调性和社会性。在缺少人际交流环境中长大的孩子，无论在性格上还是在智能的形成上，都会遇到很大的障碍。

4. 为幼儿提供"可以看得见的场所"

幼儿智力的发达程度，因其生活环境是否有刺激而有显著差别。不要把刚出生的宝宝放在满是雪白天花板、雪白墙壁、隔离一切外来声音的宁静房间里抚养。全无刺激的环境，对婴儿是有害无益的。大人应该下意识地给予宝宝各种刺激，诸如表面粗糙的、尖形突出物，或轻的、重的物品等。

5. 画线练习可以锻炼集中注意力

井深大认为，画线练习可以锻炼孩子集中注意力。同时，通过随便画曲线或直线的练习，也可以为将来写一手好字或画好画打下良好的基础。他认为幼儿所画的线是有感情的，孩子每时每刻的心理状态都与线或点息息相关，孩子的心理活动都原原本本地反映在画里或线上。因此，不能评价画的好与坏，而要看是否充分表达了孩子的心理活动。此外，画画不仅仅是手指的活动，还与大脑的活动密切相关。幼儿是否能愉快地、不厌其烦地画线，将关系到幼儿大脑的发育，也是锻炼幼儿集中注意力的第一步。

6. 关注孩子感兴趣的事并将兴趣持续下去

井深大认为，在幼儿阶段，孩子对某种事有兴趣，都是受母亲的影响。既然如此，母亲对孩子所做的事，就不可以漠不关心。因此，对幼儿所感兴趣的事物，做父母的能否很快发觉，并发表出予以支持的反应，这对幼儿维持长久的兴趣具有重要的意义。要让孩子的所有兴趣都均衡发展是不可能的。尽管我们不知道哪一种兴趣最后会变成孩子长久的兴趣，但做父母的还是应该尽量多地给孩子一些机会，让孩子在广泛的兴趣中，试试哪一种兴趣可以持续下去。

7. 玩具不宜多

井深大的研究指出，拥有太多玩具的小孩，性格比较散漫，容易精神不集中，见异思迁。玩具一个接一个，兴趣也会跟着瞬息万变。幼儿的玩具不必太多，哪怕只有一种，他也能变换各种方式来玩。井深大认为，帮助幼儿发展种种创意，才是做父母的最大义务。所以，幼儿的玩具不宜过多，且应该把能够有"完成的喜悦感"的玩具给他们，以满足他们内心的创造欲望。

8. 让孩子进行锻炼

与体格和灵巧有关的运动，确实较易受到遗传因素的影响，但如何运用这些能力，那就要看出生以后的锻炼了。例如，游泳、赛跑、跳高之类的运动，即使承袭了最合适的遗传体格，但如果不经过相当的训练，也无法将这种遗传能力发挥出来。相反，体格稍差一点的孩子，若能在幼儿期作适当的训练，反而能够施展超水准的潜能。另外，运动神经要趁孩子脑组织尚未完全发育时，就让孩子锻炼，这样才容易学习，且进步也快。任何运动，着手学习的时间越早，技艺的精湛程度就越高。

9. 带孩子到户外去

大自然是孩子学习的宝库。在大自然中，有无穷的力量可以吸引孩子的注意力。户外活动能拓展孩子的智慧与能力，要让孩子实际去看、去听、去模仿。

10. 不要"骂惯"孩子

井深大认为，以母亲为主的身边所有的人，应懂得给予孩子深切的理解和关心，这才是幼教的根本。0～3岁的孩子，对外来刺激具有惊人的敏感吸收力，如果每天反复不停地给予同样的刺激，那种刺激就会固定在他们的大脑中，变成一种"能力"；反之，如果在"模式时代"，一再地给予不良刺激，孩子就会养成"坏的能力"。起步方向如果错误，就不可能顺利到达目的地，过程中就算发现了错误，想要重新步入正轨，也是难上加难。

11. 溺爱的危害

幼儿期，母亲在应该严加管教的时候，却没有严加管教，把教养的责任推给幼儿园与学校，结果培养出胆小懦弱的孩子，自然理所当然了。孩子的任性也是父母培养出来的性格特征之一。作为父母，一般是不愿通过责备的方式培养孩子的。不过，你打算严格培养，却往往在不知不觉中形成了对孩子的溺爱或助长了孩子的反抗心理。

12. 父亲的重要性

父亲是家庭中的"社会代表人物"，是表现母子关系这个动物性关联所没有的"制度"与"规则"的人。父亲在家庭教育中的意义，要等孩子稍大后需要精神教育和社会性教育时才会凸显。因此，和谐的家庭气氛，是由父亲和母亲共同营造出来的。

二、铃木镇一的幼儿教育思想

铃木镇一（1898—1998年），日本著名的小提琴家和音乐教育家，曾担任日本才能教育研究会会长等职。他抱着"以科学的方法使每个孩子的潜能最大限度地开发"的信念，立志对孩子进行"天才"教育，创立了"铃木教学法"，从而在日本乃至全世界培养出了大批的"天才"儿童。

（一）能力并非遗传

铃木镇一认为，遗传有遗传法则，能力有能力法则。能力与遗传法则无关，能力是在不断适应生存环境的过程中获得的。铃木镇一曾说："在人的能力上根本不存在特定素质这东西。"每个孩子除了身体条件有所不同外，他们所处的环境，如家庭结构、父母与孩子的关系、兄弟姐妹的关系、家族的阶层关系，以及气候、风土、文化等也不同，因而对孩子的影响也不是一样的。在这种错综复杂的环境中，孩子的能力也是千差万别的。素质不是天生的，也没有天生的天才。

（二）能力是生命机能的别称

在《早期教育与能力培养》一书中，铃木镇一表达了一个坚定不移的信念：能力是生命机能的别称。也就是说，人的生命力适应环境条件会发挥出强大的力量，这种力量通过训练会产生能力。谁都具有旺盛的生命力，否则就不能在社会上生存。从这点来看，能力得不到培养的原因有两个：①存在抑制旺盛生命力的环境条件。②没有促进旺盛生命力得以训练和提高的环境。因此，只要有生命，谁都有开发正确判断事物的能力，即使身体及其他感觉器官有缺陷，但在孩子生命中还蕴藏着不断弥补其缺陷的各种能力的可能性，其可能性激发不出来，应该归咎于教育工作者的无能。

（三）家庭是培养孩子能力的重要条件

孩子从出生那天起，在生命的作用下，就会不断提高其适应社会环境的能力。任何孩子的培养都离不开父母，0岁婴儿的教育是从父母创造出的环境中开始的。父母所创造的环境——家庭，是培养孩子能力的最重要条件。除此之外，没有比家庭更好的条件了。因此，家庭日常生活应该是欢乐的、充满爱心的，这是首要条件。因此，创造夫妻之间互相尊重、互相帮助的良好家庭环境乃是实施幼儿教育的出发点。

（四）环境影响能力

幼儿适应环境的能力非常强，适应环境而产生的生理反应、生命机能反应乃是一切生物所具有的本能。因此，在幼儿适应环境能力强大时，让幼儿接受良好的教育，其教育内容就会深深地铭刻在幼儿的脑海中，终生难忘。

把人的能力归结于先天条件的差异，这是非常荒谬的。所有文化方面的能力，完全不是靠遗传因素从人体内部产生出来的，而是适应外部环境条件后逐渐培养起来的。如果说因遗传而造成人的素质优劣的话，那只是获得能力、形成不同能力水平，即适应环境的水平和速度的快慢而已。

（五）性格就是能力

孩子一生下来，根本不存在什么直爽或孤僻的性格。所谓的性格，是孩子的生命力在适应环境的过程中逐步形成的。换句话说，性格是孩子的生命力作为生存能力而表现出来的一种状态。铃木镇一认为，不同的性格既不是天生的，也不是孩子独创出来的。当孩子的生命力作为现实生活能力得不到充分锻炼时，孩子就会觉得自己与现实生活相脱离，很难去适应。其结果就是孩子原有的那种直爽、乐观、开朗、温柔和刚强的性格得不到体现，反而出现了与原有性格不太一致的不良性格。所以，性格本身多少都会有些改变，而且会不断地改变。对与现实生活环境不相适应的孩子来说，应该采取使孩子心情舒畅、易于接受的办法来进行教育。另外，对孩子的优点要予以表扬，只有发扬优点才有利于克服缺点，使孩子的性格向正确的方向发展。

（六）从容易的事情开始

铃木镇一认为，无论多么困难的事情，只要从简单会做的事做起，不断地反复训练，总有一天孩子会感到有些难事也是容易做成的，这不仅是技能的训练，更是自信心的培养。铃木镇一把初级阶段的指导方法要点做了如下归纳：

——从少量的、会做的内容开始；

——经过训练，达到自如运用内容；

——把运用自如的内容中不正确的部分纠正为正确的；

——注意不断培养能力；

——再增添少量同等程度的内容；

——完成的速度出现差异，能力开始萌芽；

——要把前面学过的内容和新内容结合起来训练；

——要不停地训练，使前面的内容学得更好，新的内容得到纠正；

——前面的内容要学得更加熟练，新内容达到灵活运用；

——在实现的基础上，再增添新内容。

与以上指导方法相呼应，铃木镇一提出了如下能力训练方法：

——给他们几次同样难度的内容，用处理的速度和完成的好坏程度来判断孩子能力的发展状况；

——若能力掌握熟练的话，再增加一些难度较大的内容；

——能出色地完成已学过的内容后，要为培养其他才能、提高应用能力及下一步处理能力做好准备；

——教育者若以推进教学计划为目的，那必然会失败。换句话说，只有在注意培养能力的基础上，才能推进教学进度；

——若有更好的训练方法来培养应用能力的话，那必然会产生能力的飞跃，指导者的作用就在于是否注意到这种飞跃，是否推进了与这种飞跃相适应的教材改革。

这些培养能力的要点不只是技术，更重要的是人的精神，否则人的更大能力就得不到发挥。这是铃木镇一毕生所获得的能力开发的核心所在。

（七）"玩"中学

孩子都喜欢玩游戏，选择孩子喜欢的游戏，通过反复让孩子练习来增长其能力，这是才能教育方法的一个重要特点。幼儿教育就是让孩子始于游戏的欢乐中，以此引向正确的方向。对孩子来说，没有"练习"的自觉性。只要是喜欢的游戏才愿意做，这是孩子的禀赋。如果孩子不愿意做，家长也不要责备，而是要进一步寻找孩子喜欢练习的方法。

（八）不任意指责，而是给予具有希望的表扬

孩子有许多幻想，其中隐藏着实现的可能性。一味地责备不仅会让孩子失去信心，而且孩子会逐渐被培养成因设法保护自己而产生反抗心理的孩子。因此，给予具有希望的表扬，会调动孩子学习的积极性，让孩子从"要他做"变成"他想做"。除了表扬以外，还应该在给予希望的表扬的方式上下功夫，让孩子充满自信和热情。

（九）与孩子交心

父母要耐心听孩子讲话，还要与孩子"交心"，这样孩子和父母才能共创一个共享快乐的世界。如果父母只是以"听你的""陪伴你"的姿态出现，就会使孩子感到自己得不到父母的理解。只有把耐心听孩子讲话作为日常生活的一部分，父母才能渐渐地看清楚孩子的世界，并能从中发现乐趣。

 本章小结

日本的学前教育发展至今，已有 100 多年的历史，目前已居世界领先地位。日本的学前教育体制健全，实施保教二元制，立法规范，先后颁布了《教育基本法》《幼儿园教育要领》等一系列法规，为日本学前教育的良好发展提供了有力的保障。日本学前教育的课程设置在《幼儿园教育大纲》中有明确的规定，目前分为健康、人际关系、环境、语言、表现五大领域，其日常教学注重轻松自然，积极开展各种活动，并重视游戏的重要意义。日本学前教育的师资培养整体化、连续化，分职前和职后两个阶段，并有众多的培养机构。日本历来重视教育投资，教育经费充足，其幼儿园设施和设备非常完备。此外，日本井深大的早期教育思想和铃木镇一的"天才"教育思想在世界产生了广泛的影响。

 思考与练习

1. 日本学前教育的特点是什么？
2. 日本重视学前教育的举措有哪些？
3. 日本学前教育的内容包括哪几个方面？
4. 日本是如何培养学前教育师资的？
5. 日本学前教育教学活动的特点有哪些？
6. 你认为日本学前教育的设施和设备完备程度如何？
7. 简述井深大的幼儿教育思想。
8. 简述铃木镇一的幼儿教育思想。

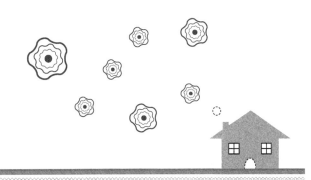

第四章
韩国的学前教育

第一节　韩国学前教育概况

　　韩国全称大韩民国，位于亚洲大陆东北部的朝鲜半岛南半部，东、南、西三面环海，呈温带海洋性季风气候。韩国人口约 5100 万人（2023 年 7 月），全国通用韩国语，是个多宗教的国家。

　　1879 年，韩国建立了第一所幼儿园——釜山幼儿园，但该园招收的是日本儿童。1909年，韩国儿童开始有机会进入罗南幼儿园接受教育。韩国幼教工作者认为，1916 年兴建的中央幼儿园，由于它的创办者、施教者都是韩国公民，受教育者是韩国儿童，因此它才算是韩国幼儿教育的真正起始。1948 年，韩国摆脱了殖民统治，开始走上独立发展的道路。随后，政府也日益重视幼儿教育事业的发展，致力于提高幼儿的入园率。1978年韩国的幼儿入园率为 53%，1993 年为 65%，到 21 世纪初 90% 以上的适龄幼儿都能够入园接受学前教育。20 世纪 90 年代以来，政府加快了幼儿教育事业发展的步伐，幼儿教育发生了巨大变化。针对城市和乡镇幼儿教育事业发展的不平衡、公立幼儿园和私立幼儿园发展的差异性等具体情况，韩国政府采取了一系列行之有效的措施。例如，逐年增加教育投资，广泛设立幼教机构，以扭转乡村幼儿园、公立幼儿园发展滞后的局面。为了进一步推动韩国幼儿教育事业的发展，提高幼儿的入园率，韩国政府又制订了一个宏伟计划，决定扩大对幼儿教育机构经费投入的比例，从 1997 年占教育经费的 0.9% 增加到 2005 年的 5%，以使 90% 以上的适龄幼儿都能够入园接受教育。截至 2020 年，韩国有 8705 所幼儿园，其中公立园 4976 所；保育机构 35 352 所，其中公立保育机构 4958所。根据韩国统计厅的数据，接受保育教育的学龄前儿童增加迅速。

第二节　韩国学前教育的法规与体制

一、韩国的学前教育法规

　　1948 年韩国独立以后，政府始终关注学前儿童的教育，并通过立法的形式加以保证。在 1949 年的《教育法》中，含有幼儿园的条款指出幼儿园属于学校教育制度之一。1962 年，文教部颁布了《幼儿园设

韩国学前教育的
法规与体制

施基准令》，下令关闭不合格的幼儿园，以免对儿童的身心健康造成不良影响。1969 年，又颁布了《幼儿园教育课程令》，规定幼儿园要对儿童进行社会、艺能、自然、语言及健康等方面的教育。1979 年，文教部对《幼儿园教育课程令》进行了修改。1982 年，制定了《幼儿教育振兴计划》，颁布了《幼儿教育振兴法》。1996 年，总统咨询机构——教育改革委员会，提出了学前教育改革方案，旨在把学前教育纳入国家资助和管理的公共教育体系，使所有的适龄儿童都能享受学前教育；教育改革委员会还提出要制定一项《幼儿教育财政保证方案》，以从根本上解决学前教育经费不足的问题。2004 年，颁布了《幼儿教育法》，并在该法中明确规定，幼儿在入小学前可免费享受一年学前教育，否则将视为违法；低收入家庭可以获得政府幼儿教育补贴，其中，有未满 5 岁幼儿的城市家庭或双胞胎子女家庭（一家四口者），每月平均收入低于 38 万韩元，以及农渔村家庭（也是一家四口者）每月平均收入低于 353 万韩元者，都能获得 58 000 韩元的教育补贴，从而解决了低收入家庭幼儿的入园困难问题。截至 2023 年，《幼儿教育法》已经历了 30 次的修订与完善。

韩国学前教育法规的完善与其儿童观的发展变化有着密切的关系。韩国人深刻地认识到每个儿童都是决定民族未来的公民，成人必须加倍爱护儿童的身体和心理，竭力为他们创造美好的环境，保证他们的健康成长。具体来讲，应注意以下几个问题：①把儿童看作是一个社会的人、有无穷价值的人。②家庭和社会都要爱护儿童、教育儿童。③要为儿童提供能够进行愉快学习和游戏的环境。④不要给儿童施加额外的学习压力。⑤在危险情况下，首先要救助儿童。⑥在任何时候都不能把儿童当作试验的对象。⑦满足儿童正当的生理需要，给身体或智力残疾的儿童以更多的帮助。⑧使儿童在充满爱的氛围中成长，培养他们好奇的天性和良好的道德品质。⑨把儿童培养成国家的好公民，使他们能为人类的发展、文化的繁荣做出贡献。

二、韩国的学前教育体制

韩国的学前教育分两个渠道管理：①教育部管理公立、私立幼儿园，其功能侧重于教育方面；②福利部管理游戏室、儿童之家等幼教机构，其功能侧重于保育和托儿的方面。

幼儿园是韩国实施学前教育的正规机构，招收 3～5 岁儿童，一般按年龄分大、中、小班。由于韩国妇女婚后大多不再工作，幼儿园多数是半日制的，幼儿上午在幼儿园学习，中午回家吃饭，下午在家由妈妈安排学习和活动。幼儿园也为妈妈有工作的孩子开设全日制的班级，教师全天组织幼儿活动。此外，还有一些临时性的幼儿班。

韩国幼儿园从 20 世纪 80 年代起得到了很大的发展。据统计，1990 年，韩国幼教机构有 8354 所（其中公立 4603 所）；1995 年，幼儿园数达到 8960 所（其中公立 4417 所），保育机构数 9085 所（其中公立 1029 所）；2015 年，幼儿园数 8930 所（其中公立 4678 所），保育机构数上升到 42 517 所（其中公立 2629 所）；到 2020 年，幼儿园数 8705 所（其中公立 4976 所），保育机构数 35 352 所（其中公立 4958 所）。从上述内容可见，幼儿园数量和保育机构的数量都有了较快增长，私立幼儿园在韩国学前教育的发展中占有非常重要的地位。韩国政府为了保证民间办幼儿园的保教质量，建立了由行政部门、科研机构、主管单位等组成的联合评价小组，定期对各幼儿园的保教质量进行综合评估，确定等级，并将所评定的幼儿园等级与幼儿园的收费标准严格挂钩。同时，将评估的结果通过新闻媒介公之于众，形成各幼儿园的竞争局面，以促进保教工作的发展。

为了方便家长就近送子女入园，政府规定居民住宅区、地方自治团体、女工企业、事业单位都有设置幼儿园的义务，包括利用当地的公共设施、农会会馆、居民会馆、社会福利馆开办幼儿园，为幼儿服务。此外，一些私人财团也大力发展幼儿园。这些幼儿园分别由文教部或内务部管理。

学前教育机构除了幼儿园以外，还有附设在小学的免费学前班、儿童之家、儿童房、儿童外语班、儿童美术班、儿童计算机班、儿童音乐班、天才儿童教育学校，以及设在宗教机构中的学前班、巡回教育等多种形式。

第三节　韩国学前教育的课程与教学

一、韩国的学前教育课程

韩国学前教育的
课程与教学

根据 1999 年韩国发布的《全国幼儿园课程》指南，幼儿园教育被视为奠定儿童全面发展的基石，旨在帮助儿童获取日常生活中所需的基础技能和积极的生活态度。幼儿园教育的目标有 5 个：①促进身心和谐发展。②培养生活习惯与社交能力，引导儿童建立良好的日常生活习惯，并教导他们学会合作及与他人和睦相处。③培养鼓励自由、有创意地发表自己看法的能力，形成幼儿自己对周边事物的独立看法。④强化儿童的语言学习，使他们能够恰当地使用语言进行交流。⑤尊重儿童的好奇心，鼓励支持其探索未知世界。

为了实现这些目标，韩国幼儿园课程设计涵盖五大综合领域，即健康领域、社会交往领域、艺术表现领域、语言领域和探究领域。这种全面而系统的教育方法不仅关注儿童的知识积累，更重视其整体素质和个人潜力的开发。

1. 健康领域

健康领域的目标是：①通过各种身体和感知运动经验发展儿童对自己和周围环境的基本认知能力。②通过各种体育活动，发展儿童的基本运动技能，增强体能。③通过获得与健康和安全有关的知识、技能，培养儿童健康安全的生活习惯。④通过参加各种愉快的体育活动保持儿童的心理健康。

这一领域的具体内容为：①感知技能和身体认知：运用感官，对身体和身体活动进行自我认知。②基本的运动能力：开展动力性运动；开展静力性运动；开展操作器械的运动；开展各种身体活动。③健康：个人盥洗；对身边环境的清理；整齐的衣着；正确的饮食习惯；适当的睡眠；疾病的防治；保持正确积极的生活态度。④安全：安全地游戏；遵守交通安全规则；认识危险情况并能适当采取措施预防环境污染和自然疾病。

2. 社会交往领域

社会交往领域的目标是：①学会良好举止、遵守规则、生活节俭。②在积极的自我认知基础上，制订计划并实施，有自我约束的态度。③通过了解人际关系，培养与他人合作与和睦相处的态度。④培养儿童对社区生活的兴趣，发展其适应社会的技能与技巧。

社会交往有 5 个分支领域，教育内容为：①基本生活习惯：举止良好；遵守规则；生活节俭。②个人生活：对自我有积极的思考；学会自我控制；自己计划和完成任务。③家庭生活：与家庭成员和睦相处；与家庭成员合作。④群体生活：理解和尊敬他人；理解和遵守公共准则；理解社区工作和合作的重要性。⑤社会现象和环境：培养对周围环境的兴趣；培养对不同场合的兴趣；培养对经济生活的兴趣；培养对环境的意识和环境保持的兴趣；培养对韩国象征物和传统的兴趣；培养对其他国家和文化的兴趣；培养对信息资源、资料的兴趣。

3. 艺术表现领域

艺术表现领域的目标是：①通过探究客体和自然中的艺术元素，培养儿童的好奇心。②让儿童在各种活动中表达思想感情，发展他们的创造性表达能力和美好情操。③让儿童欣赏自然和各种艺术品，培养儿童的审美能力。

这一领域包括 3 个分支领域，教育内容为：①探究：探究声音；探究形状；探究运动。②表现：制造各种声音；唱歌；演奏乐器；绘画；设计和制造；有动作的表达；综合表达；戏剧表演。③审美：欣赏音乐、舞蹈、戏剧表演；欣赏自然和造型艺术；尊重艺术表达；熟悉韩国的艺术传统。

4. 语言领域

语言领域的目标是：①发展专心听和理解语言的能力。②提高口头表达自己思想情感的能力。③通过了解文字培养对阅读和书写的兴趣。④培养对听和说的良好态度。

这一领域包括 3 个分支领域，教育内容为：①听：听别人说；听并理解词语和句子；听故事、诗歌和歌曲；培养对听的良好态度。②说：发音正确；说单词和句子；讲述个人的经历、思想、感情；讲话要符合场合；培养对说的良好态度。③对阅读和写作的兴趣：理解口语和书面语的关系；对文字和词语感兴趣；对书本感兴趣；懂得别人大声朗读的意思。

5. 探究领域

探究领域的目标是：①培养儿童科学地思考自然现象和自然环境的能力和态度。②通过实物操作，培养儿童的数理逻辑思考能力。③以创造性的方式考察儿童的日常生活问题，并用各种策略培养儿童解决问题的能力。

这一领域包括 3 个分支领域，教育内容为：①科学探究：了解自己的身体；对生物产生兴趣；了解自然现象；观察物体和物质；对工具和机器产生兴趣。②数理逻辑探究：分类和排序，理解基本的数的概念；掌握日常生活中的基本测量；理解基本的时间概念；理解基本的空间和形状概念；掌握日常生活中的基本统计。③创造性探究：对周围环境感兴趣，并进行探索；以灵活的、创造性方式思考。

近年来，韩国的学前教育工作者越来越重视培养幼儿的个性品质和专业技能，这一趋势促使特色幼儿园和特色班的涌现，如幼儿计算机班、幼儿音乐班和幼儿美术班等。受到全球幼儿教育发达国家多元文化教育理论和实践的影响，韩国教育界认识到语言不仅是文化传承的媒介，也是沟通交流的关键工具。因此，从小对幼儿进行英语教育变得尤为重要。在此背景下，教授英语课程的幼儿园在韩国迅速增加，家长们对于孩子的英语教育投资意愿强烈，即便学费昂贵，也愿意为孩子的英语教育买单。对于那些尚未设立专门英语班的幼儿园，也普遍增加了每周至少 1 小时的英语教学时间，以适应这一教育需求的变化。

二、韩国的学前教育教学

韩国幼儿教育界经过探索与不断改革，已使幼儿教育具有鲜明的本国特色。韩国的幼儿教育曾一度采用美国的教育模式，结果使许多儿童成了"生活在韩国的美国儿童"。这种状况引起了韩国政府和幼儿教育界的关注，并持续对幼儿教育进行了改革，较好地将美国教育思想、教育方法中的合理部分与韩国的实际糅合在一起，形成了具有韩国特色的幼儿教育。其主要特点如下。

（一）"开放式教育"已成为幼儿教育的主要模式

一是开放的时间安排。在开放式教育模式下，韩国幼儿园的日常活动安排以儿童的自由选择为主，集中指导活动为辅。这种时间安排允许儿童根据自己的兴趣和节奏安排活动，从而促进其自主性和自我管理能力的发展。二是开放的空间设计。韩国幼儿园的空间设计以儿童的需求为中心，活动室被划分为多个功能明确的活动区域，每个区域都配备了与区域目标相适应的教学和游戏材料。这种设计鼓励儿童根据自己的兴趣和需要自由选择活动，进行自主学习。三是开放的心灵交流。在韩国幼儿园，教师尊重儿童的活动选择，并支持他们通过集体讨论来决定活动内容。这种师生互动建立了一种平等、民主、互相尊重和信任的关系，为儿童提供了一个无拘无束、自由探索和创新的环境。

韩国幼儿园强调从小对儿童进行科学启蒙教育，将现代科学技术与社会关系纳入课程内容，以此促进课程内容的现代化和儿童科学素养的培养。

（二）"仁性教育"是韩国最有特色的学前教育课程

"仁性教育"作为韩国最有特色的学前教育课程，旨在应对现代社会中个人主义、自由主义和实用主义文化所带来的挑战。这种教育模式致力于培养幼儿的基本生活习惯、自我调节能力，以及对社会知识和态度的尊重。面对青少年不良行为、校园欺凌和暴力等问题，韩国教育部积极寻求解决方案，强化"仁性教育"作为其教育改革的核心。通过这种教育，韩国旨在培养儿童的道德观念和社会责任感，以减少社会问题的发生。韩国的幼儿教育围绕健康、社会、表现、言语和探究 5 个生活领域展开。特别在社会生活领域中，重点培养幼儿的基本生活习惯、自我调节能力，并教授社会知识和态度，强调尊重自己和他人，以及共同生存的重要性。由此，韩国提出现行各教育课程领域的教育目标，加强基本的有关生活方面的知识教育。尊重幼儿的要求、兴趣和个性，开展以游戏为中心的教育，使幼儿全面发展。重点指导内容为：①培养日常生活必需的基本生活习惯和态度。②培育自我思考和调节行动的能力。③培养能与他人建立良好关系及独立生活的能力和态度。④关心地区社会，认识环境的重要性，自觉保护生存环境。其中，最重要的目标是掌握基本的生活习惯和与他人形成良好的关系。

（三）民族的自尊教育和传统文化教育在韩国学前教育中占有特殊地位

韩国学前教育注重培养幼儿的民族自尊心，这一点在孩子的日常活动中得到了体现。例如，孩子在入园和离园时手持韩国国旗，这不仅是对国家的象征性表达，也是对"爱韩国，做世界一流韩国人"教育理念的实践。这种教育方式在幼儿心中注入了深刻的民族自豪感和文化认同感。韩国幼儿园将民族自尊教育与传统文化艺术教育紧密结合。许多幼儿园将韩国传统乐器和民族舞蹈纳入必修课程，以此让幼儿从小接触并学习民族传统艺术。这种教育方法不仅传承了本国传统文化，也丰富了幼儿的艺术体验和审美情趣。例如，折纸活动在韩国幼儿园中是一项重要的民族传统艺术活动。通过每周安排的折纸课程，幼儿园旨在开发幼儿的设计能力和审美能力，同时培养他们对美的感知能力和表现能力。折纸活动不仅锻炼了幼儿的动手能力，也让他们在游戏中体验到了传统文化的魅力。

（四）注重日常生活中的启蒙教育，各领域教学强调通过日常生活来进行

韩国的幼儿园将游戏和娱乐活动与幼儿的日常生活经验相结合，为孩子提供了丰富的学习体验。这种教育模式不仅增强了孩子的实践技能，也促进了他们对文化传统的理解和尊重。一些幼儿园还特别设立了礼仪室，配备了传统的韩式家具和服饰。在这样的环境中，教师引导幼儿学习茶道等传统礼仪，通过亲身实践教授幼儿如何以恭敬的态度待人接物。这种教育方式不仅让幼儿体验了韩国的传统礼仪，也加深了他们对民族文化的认识和自豪感。其他幼儿园则设立了家政活动室，鼓励幼儿参与烹饪等家务活动，如制作小糕团子。在教师的指导下，幼儿不仅学会了基本的生活技能，还学会了分享和招待他人的本领，这些活动有助于培养幼儿的独立性和责任感。教师还积极利用社区资源（如带领幼儿参观韩国国立民俗博物馆）进行爱国主义教育，增强幼儿对本国历史和文化的认识和认同。此外，通过参观美术馆和参与绘画活动，使幼儿的审美能力和创造力得到了提升。

韩国幼儿园的教学对每一个课程领域的活动都强调要结合其他领域共同进行，关注幼儿的态度情感，强调幼儿主体性、创造性的发展。例如，健康领域的教育活动要结合其他几个领域进行；而探究领域中的创造性探究是同语言、表现等课程领域联系起来实施的。

第四节　韩国学前教育的师资培养

在韩国，教师被尊为"国民的典范"，享有崇高的地位。教师被全社会所敬重，教师的社会地位和工资也比一般社会成员高得多，还享有其他国家不曾有的特殊权利。

一、韩国的学前教育师资现状

韩国学前教育
的师资培养

在韩国，学龄前儿童的教师分为幼儿教师和保育教师两种。幼儿教师由教育部进行资格认定和管理，保育教师由保健福祉部进行资格认定和管理。幼儿教师和保育教师所属的部门不同，其学历标准、培育机构、培育时间、教育课程、资格条件及其名称也完全不同。

保育教师负责0～6岁儿童的保育工作。根据《婴幼儿保育法》的规定，只有毕业于大学（包括专科）或同级以上学校幼儿教育或儿童福利专业的人，或毕业于高中或同级以上学校，并持有保健福祉部部长授予的保育教师国家资格证的人，才有资格从事保育工作。

幼儿教师主要负责3～6岁儿童的教育，分正教师（一、二级）和准教师。根据《中小学教育法》的规定，幼儿教师必须毕业于大学（包括二、三年制和四年制）的幼儿教育专业，取得规定的教育和教育职务学分，或者在教育研究院或指定的研究院获得硕士学位者。然而，要从事教育工作还必须参加国家统一组织的幼儿教师资格考试，获得资格证书后才能被聘为幼儿园教师。私立幼儿园教师必须毕业于大学幼教系，毕业时取得资格证后，再通过考试选拔优秀人才，或是其他幼儿园中有五年以上实践经验的骨干教师调入。私立幼儿园的教师由民间团体管理，通常由宗教团体按照政府的有关规定管理。每个幼儿教师在工作中每隔三年必须进入政府创办的教育培训机构接受脱产培训一年，其费用均由政府承担。韩国对幼儿园的园长和园监也规定了标准，除了一般教师应具备的条件之外，还要求教师"学识渊博，德高望重"。由于韩国政府重视师资的培养与训练，幼儿教师整体素质较高。

韩国的教师跟其他职业一样，对资格有严格的规定。由于教师是专业性职业，社会要求教师有专业的能力和素质，同时为了提高教师的社会地位，需要建立一种教育制度。教师的资格和资格标准是在初、中等教育法、高等教育法和教育公务员法里规定的。由于韩国对教师资格采用法制管理，因此无资格者不能当教师，或者虽然有资格证书，但没经过教师任用的途径，也不能当教师。在韩国，取得教师资格证书的方法有考试鉴定和非考试鉴定两种。按照资格的种类可分为新教师资格和上岗资格两种。考试鉴定由教师资格鉴定委员会行使，是针对幼儿教师而言的，包括学历考试、技能考试和口试3部分；非考试鉴定由教育人力资源部行使，被鉴定对象是幼儿园园长。

二、韩国学前教育师资的职前职后教育

韩国幼师教育课程的内容大致分为教育领域、专业领域和教职领域3个部分。①教育领域的课程是研究学问、培养学术人才的必备课程。②专业领域的课程由确立自身教育哲学的核心课程组成。具体而言，该领域由儿童发展课程、幼儿教育营运项目与计划必备课程、幼儿教育课程设计发展及教学学习等课程组成。③教职领域的课程是培养学生对各种学校教育问题的判断力和素养，使学习者形成成熟人格，具备对教育活动、社会地位的综合性眼光和判断能力，使教师获得对自身职务行为的反省能力。课程中还包括使准教师积累重要经验的教育实习。教育实习分为事前实习、正式实习和事后实习3个阶段。

培养学前教师的任务主要由大学承担，从1995年开始，韩国政府主要采取两大举

措来提高幼教师资队伍的质量。一是重视教师的职前教育。在大学增设幼儿教育专业，适当扩大招生比例。合理配置课程，为学生开设了许多专业理论课，如"儿童发展""幼儿教育论"等，以打好学生的教育理论基础；设置了操作性较强的课程，如"幼儿社会教育""幼儿语言教育""幼儿音乐教育""幼儿美术教育"等，使学生能学以致用；还增加了选修课，如"特殊教育""社会关系论"等，以培养学生的兴趣爱好，发展学生的综合能力。二是加强教师的在职培训。缩短培训周期，将过去的教师工作 5 年才有一次的轮训机会，改为现在的教师工作 3 年就有一次轮训机会；延长培训时间，把过去的教师半年培训期增加至现在的 1 年培训期。

为了稳定幼儿教育师资队伍，不使幼儿教育事业中最宝贵的人才资源流失、浪费，韩国政府在 1993 年着力于提高幼教工作者的待遇。据统计，1994 年公立幼儿园教育工作者的人均收入较上年增长了 21%。

第五节　韩国学前教育的设施与经费

一、韩国学前教育的设施

韩国学前教育的
设施与经费

从外表来看,韩国幼儿园的房屋及场地建设并不比我国大多数幼儿园更好，甚至显得过于简单。但是幼儿园的内部设施十分完备，活动室内活动丰富多彩，资料、图书及教具、玩具齐全。教具、玩具大多数是利用废旧物品,由教师和幼儿一起动手制作的。幼儿园的场地十分宽敞，场地上有大片的沙地、草坪和土坡，有各种大型的运动器械。

韩国幼儿园的环境创设富有特色。除了有完善的设施、设备外，幼儿活动室都很大，一般每班有 100 m² 左右。家庭化、生活化的环境布置，既有强烈的现代意识，又体现了民族特色和文化特点，对幼儿的想象力、创造力的培养起到潜移默化的教育作用。每个教室都设有 10 多个活动区，幼儿可以自由地选择活动的内容，可以到美术区去画画，也可以到数学区学习；可以在娃娃家、建构区玩，也可以到各自然角、科学发现角去探索。各个活动区域的布置，完全从幼儿的需要出发，有利于幼儿的学习、探究和操作。如音乐区，陈列了各类乐器，有沙球、腰鼓、音色瓶等，多数是由幼儿自己利用废物和其他材料制成的，可以随意摆弄；用五线谱装饰的桌子、音乐节奏图片等，让幼儿充分操作练习，感受乐理常识，指导幼儿学习，比较实用。娃娃家的布置更加贴近幼儿的生活，小床可睡，小沙发可坐，家具有民族的、有西洋的，各种生活设施都十分温馨且有趣。这种宽松和谐的生活环境是师生共同讨论、共同参与、共同创设的，对孩子创造能力和健康人格的培养都产生重要的影响。

二、韩国学前教育的经费

为满足不同家庭经济背景的需要，不同类型的幼儿园其收费标准也不一样。公立初等学校附设幼儿园，其经费渠道和公立学校一样，幼儿教师待遇和初等学校教师待遇也一样。公立幼儿园收费较低，主要满足低收入（一般为 4500～15 000 韩元不等）家庭需要，所收经费上交教育厅，教育厅下发教师工资和幼儿园经营的费用，以及退休教职工的退休金。私立幼儿园经费完全由收费解决，由于收费高，主要满足中等以上收入家庭的需要，其收费标准为 80 000～180 000 韩元不等，国家不补贴，也不规定统一的收费标准，而由幼儿园根据社会的实际需要进行市场调节。

此外，韩国建立了财政支援制度。韩国政府根据各地方财政收入和幼儿保育状况，分别规定了各地方政府拨款支援本辖区内各幼儿园办园的财政支援标准线，建立由地方政府按比例负担幼儿园经费的制度，保证幼儿园经费的落实。从 1999 年开始，政府在全国实行低收入家庭 5 岁儿童的教育费补贴制。2004 年将补贴范围扩大到 3～4 岁儿童，并对两个孩子以上的家庭提供教育补贴。这些措施增加了贫困家庭儿童接受学前教育的机会，以便建立一个更为公平的教育环境。

针对 0～2 岁在保育机构接受教育的儿童，韩国政府实行保育费政府全额补贴。根据 2021 年最新标准，半岁到 1 岁半儿童每月补贴48.4 万韩元，1 岁半到 2 岁半儿童每月补贴 42.6 万韩元，2 岁半到 3 岁的儿童每月补贴 35.3 万韩元；针对 3～5 岁的学龄前儿童实行教育和保育统合型公费教育。从 2012 年开始，针对满 5 岁的儿童推行统合型免费学前教育，不管儿童是在公私立保育机构，还是在公私立幼儿园接受教育，都按照要求开设统一的课程，韩国政府给予全额补贴。2013 年又覆盖到满 3～4 岁的儿童。这一政策在 2021 年的标准是每月 24 万韩元。

本章小结

韩国学前教育从 1948 年开始走上独立发展的道路，随后韩国政府采取了一系列措施，颁布了一系列法律法规，如《教育法》《国立幼儿园课程设置计划》《幼儿园教育课程令》《幼儿教育法》等。韩国的学前教育分两个渠道管理，教育部管理公立、私立幼儿园，其功能侧重于教育方面；保健福祉部管理游戏室、儿童之家等幼教机构，其功能侧重于保育和托儿方面。韩国幼儿园课程包括 5 个综合领域：健康领域、社会交往领域、艺术表现领域、语言领域和探究领域，在教学中强调各领域之间的融合。韩国学前教育师资管理严格，整体素质较高。韩国建有财政支援制度，以增加教育的公平性和提高适龄儿童的入园率。

思考与练习

1．查阅相关资料，简述韩国人的儿童观对其学前教育的影响。
2．韩国重视学前教育的举措有哪些？
3．韩国学前教育的内容包括哪几个方面？
4．韩国是如何培养学前教育师资的？
5．韩国学前教育教学活动的特点有哪些？
6．试比较韩国与我国的学前教育投资与设备状况。

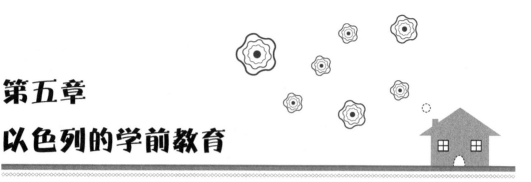

第五章
以色列的学前教育

第一节　以色列学前教育概况

以色列位于西亚的巴勒斯坦地区，人口 1000 万人（2024 年 12 月），境内居民主要为犹太人。公元 1～2 世纪，处于罗马帝国统治下的犹太人被驱逐出迦南（今巴勒斯坦地区），流落到世界各地；但在宗教的维系下，犹太民族并未消亡。1948 年 3 月，根据联合国 1947 年通过的巴勒斯坦分治决议，犹太人在巴勒斯坦地区重新建国，定名为"以色列"。此后，世界各

以色列学前
教育概况

地的犹太人掀起了大规模的移居以色列的移民潮，以色列成为世界上唯一以犹太人为主体的国家。

一、以色列学前教育概述

随着以色列国的建立，国家面临着人口结构高度复杂化的挑战。新移民群体涵盖了文化教育水平较低的人群和西方发达国家中受过高等教育且经济条件优越的人群，这些具有不同文化背景和社会经验的新移民需要在新的国家环境中相互适应、共同生活。为促进社会融合，尤其是帮助年轻一代克服文化差异，形成统一的国民认同感，并激发其对国家建设的热情，以色列政府将教育，特别是幼儿教育，视为国家发展的核心战略之一。建国初期，以色列政府颁布了义务教育法，规定自 5 岁起儿童需接受正式教育，此举实质上将幼儿园教育纳入了义务教育体系。针对那些被定义为"处境不利"的儿童（主要指来自贫困家庭的新移民子女），政府实施了一系列支持性政策和措施，旨在减少不平等现象，以确保所有儿童都能获得优质教育资源。尽管政府高度重视幼儿教育的发展，但基于对国内多元文化和各阶层需求复杂性的深刻理解，政府并未采取一刀切的管理策略；相反，以色列政府积极动员各种社会资源，鼓励社会各界参与和支持幼儿教育的发展，力求通过多样化的方式提升整体教育质量和公平性。

以色列的学前教育分为两个阶段：托儿所（日托中心）和幼儿园。托儿所接收 2～4 岁的幼儿，幼儿园接收 6 岁以前的幼儿。根据以色列 1949 年制定的《义务教育法》，幼儿园最后一年为免费的义务教育。以色列的学前教育机构按照开办主体的不同，可以分为国立幼儿园、市立幼儿园、集体所有制幼儿园和私立幼儿园四类。前两种幼儿园都是

公立幼儿园，由国家或地方政府投资兴办和管理。在国立幼儿园中，有一种幼儿园称为国立宗教幼儿园，属于国立宗教教育系统。这种幼儿园完全由国家投入，并同其他国立宗教教育机构一样，享有自治的权力，并具体由教育部门的宗教教育局负责管理。集体所有制幼儿园是由农村地区的集体农庄基布兹（Kibbutz）和莫沙夫（Moshav）创办的。私立幼儿园既包括犹太教极端正统派宗教党派办的宗教幼儿园，又包括世俗社会团体和个人办的幼儿园。

在以色列，私立宗教教育体系下的幼儿园，在遵循国家设定的最低课程标准的前提下，有资格获得政府提供的教育经费支持。以色列学前教育领域的一大特色是由妇女组织创办并运行的托儿所（日托中心）及幼儿园，它们在提供早期教育服务方面扮演了至关重要的角色。以色列的学前教育体系由两个独立但互补的子系统组成：希伯来教育系统和阿拉伯教育系统。希伯来教育系统面向犹太人子女，使用希伯来语作为教学语言；而阿拉伯教育系统则服务于阿拉伯人子女，采用阿拉伯语进行教学。通常情况下，这两个教育系统的幼儿园是分开设立的，仅在少数民族杂居的特定区域内，才存在两个民族的幼儿共同就读于同一所幼儿园的现象。

二、以色列的学前教育机构

以色列学前教育机构的设立呈现多元化的倾向，主要有以下几种类型。

（一）幼儿园

幼儿园招收 3～6 岁儿童，由教育部管理。幼儿园有两种形式：一是非义务幼儿园，由地方机关、妇女组织、私人团体开办，招收 3～5 岁儿童，按照父母收入状况收费；二是义务幼儿园，招收 5～6 岁儿童，执行义务教育法，保教工作者的工资由教育部和地方政府机构发放。幼儿园教师主动参加在职培训，以取得更高的学历。

（二）基布兹幼儿教育中心

"基布兹"一词源自希伯来语，意为"集体定居户"，其成员大多来自欧洲。早在以色列建国之前，这些群体便已陆续抵达巴勒斯坦地区，并形成了所谓的"基布兹运动"。这一运动高度重视社区内幼儿的教育与发展，致力于为大约从半岁断奶期开始的婴幼儿提供系统性的正式或非正式教育。在基布兹社区中，断奶后的婴幼儿通常被安排到由 4～5 名儿童组成的小组中，并接受照顾。这些小组中的看护者可能是婴儿的母亲或是被称为"代理母亲"的专职人员。当儿童达到 3 岁时，他们将进入保育班，在此阶段，专业的教师团队会负责孩子的情绪、社交及认知能力的发展与培养。这种独特的教育模式反映了基布兹对个体成长和社会融合之间关系的深刻理解，体现了其致力于构建一个既支持个人发展又强调集体价值的社会环境的理念。

（三）私立保育学校

私立保育学校招收中产阶级家庭（多为欧洲移民）3～4 岁子女，由家长资助设立并维持。约有 60%～70% 的中产阶级家庭子女进入此类机构接受保育。

（四）公立保育学校

公立保育学校是 20 世纪 60 年代初由教育部在地方市政部门协助下开设的免费幼教机构。主要招收贫困新移民（多来自穆斯林地区）的 3～4 岁的幼儿。此类机构发展迅速，到 20 世纪 60 年代末，已接收 60%以上有关移民的子女。

（五）儿童照料中心

儿童照料中心是由中央劳工联盟开办的福利机构。其目的是资助需要特别帮助的职业劳动妇女或其家庭。此类机构接收所有学前阶段的儿童。

（六）日托中心

日托中心主要为 3 岁以下的婴幼儿提供照顾和教育服务，其开办主体多样，包括地方政府、妇女组织及私人机构。此类机构在支持家庭育儿需求方面扮演了重要角色。特别是在 20 世纪 90 年代初期，有 64%的 2 岁幼儿参加了日托中心的项目，这一比例反映了社会对早期教育服务的需求及认可度。为了确保高质量的保育与教育环境，日托中心高度重视保教人员的专业发展。保教人员积极参与各类培训课程，旨在不断提升自身的专业知识和技能，从而增强服务的质量。

三、以色列的儿童保护政策

近年来，以色列长期处于紧急状态之中，为了保障师生的人身安全与心理健康，以色列教育部投入了大量资源（包括人力和物力），实施了一系列关键措施：拨款建设避难所和安装防护栅栏；雇用并培训专业安保人员以确保校园的安全；增加配备心理学教师的数量，加强对学生的心理支持。此外，教育部还致力于扩展心理辅导的覆盖面。

各种志愿者组织也积极参与这一综合援助网络。同时，学生志愿者接受专门训练，学习如何有效地支持身边经历不幸的同学。以色列教育部下属的心理咨询服务中心提供专业的心理健康服务，构建了一个多层次的支持体系，旨在减轻经历不幸的学生的负面心理影响，并促进他们的全面健康发展。通过多方面的努力，教育部力求营造一个更加安全、稳定的学习环境，帮助学生克服困难时期带来的挑战。

第二节　以色列学前教育的课程与教学

一、以色列学前教育课程与教学方法

以色列的学前教育课程与教学方法深受欧美主要教育及心理学流派的影响。早在建国之前，犹太人社区的幼儿园便引入了福禄贝尔、蒙台梭利及德可乐利的综合教学法。这些教育思想为当时的幼儿教育注入了多样化的教学实践。与此同时，基布兹运动在教育理念上更多

以色列学前教育的课程与教学

地受到欧洲精神分析学派和儿童中心论的启发。这种教育模式强调以儿童为中心，注重通过自发性的活动和游戏来促进儿童的情感宣泄、心理升华及创造力的发展。游戏被视

为一种重要的教学工具，帮助儿童在自然状态下实现全面发展。在小学低年级阶段，设计教学法被广泛采用，并结合格式塔心理学作为指导理论之一。

在现今以色列的幼儿教育机构中，有两种教学方法被广泛应用。一种是"直接教学法"（directive teaching method），这种方法特别适用于处境较为不利的儿童群体。它依赖于结构化的教材、严谨的课程规划、明确的任务设定及教师的积极引导，旨在为幼儿提供丰富的智力刺激，帮助他们获取知识，促进全面发展。另一种是"强化教学法"（intensive teaching method），它是将传统教育特色的直接教学法与现代教育理念的进步教学法相结合的一种综合教育策略。这种教学方法不仅融合了传统教育中对基础知识和技能的重视，同时吸收了现代教育中鼓励探索、强调个性发展的特点。

二、以色列学前儿童家庭教育的指导

（一）学前教育机构对家长的指导

学前教育机构通过开展多种活动、利用不同的形式对家长进行指导，具体如下。

1. 召开家长会

教师向家长讲解儿童发展的规律和特点，解答家长的疑难问题，传授制作玩具的经验，增强家长的教育意识，提高家长的教育技能。

2. 创办黑板报

教师借此向家长介绍日托中心或幼儿园的教育内容和方法，获得家长的理解和配合。

3. 开放图书馆

教师提示家长在托幼机构的图书馆里享有和教师同等的权利，可以借阅自己感兴趣的任何教育儿童的文献资料。

4. 组织讨论

教师引导家长在民主平等的气氛中，对儿童成长发育的各种问题尽心讨论、交流，形成共识。

5. 参与活动

教师鼓励家长参加各种活动。例如，在图书馆里当图书评论员、故事讲解员，参与培养儿童阅读兴趣的活动；在玩具馆里和儿童一起玩玩具、做游戏，从活动中理解游戏的价值，学会组织儿童的游戏。教师允许家长在任何时候来园观察孩子的活动，以更好地了解孩子的年龄特点和个性特征。

（二）社区对家长的指导

社区学前教育服务是保证家庭经济贫困儿童接受良好早期教育的有效途径，以色列的社区重视儿童的早期发展，重视父母参与儿童的教育，其社区对学前教育的服务作用体现了一种资源共享、人才共享的新型观念。

社区内有博物馆、艺术中心、社区活动中心等提供儿童活动的场所，还有资讯中心等供幼儿教师获取信息、寻找与制作教材教具、相互交流的地方。

1. 充满艺术氛围的博物馆

以色列的博物馆不仅为孩子提供了视觉上的享受，还鼓励他们动手实践和动脑思考。在这些博物馆中，工作人员与志愿者共同协作，指导孩子欣赏艺术大师的作品，并展示各种绘画工具的用法及其效果。孩子可以根据个人兴趣选择自己心仪的艺术作品进行深入探索，并通过临摹或使用不同工具来创作作品，发挥自己的想象力。博物馆特别设计了开放式的体验环境，不设置桌椅，减少了成人指令的干预，让孩子能够自由地以自己喜欢的方式进行活动和创作。此外，许多在博物馆工作的成年人并非正式职员或教师，而是利用业余时间前来担任志愿者的专业人士。

2. 专业化、多样化的社区中心

以色列拥有多种专业服务中心，为社区内外的幼儿园孩子提供专业的指导和支持。这些中心包括艺术教育中心、音乐教育中心及社区活动中心。艺术教育中心和音乐教育中心配有具备专业知识和教育技能的指导人员，专注于培养孩子的艺术和音乐欣赏能力，以及通过艺术形式表达情感的能力。孩子可以在教师或家长的带领下前往这些中心进行学习。同时，这些中心的专业人员也会到不同的幼儿园进行巡回教学，减轻了幼儿园教师在特定艺术领域需要具备专长的压力。社区活动中心则提供了丰富的设施，如图书室和健身房等，为孩子在幼儿园之外的学习和娱乐活动创造了条件。这里多样化的活动形式和充足的活动空间及材料，确保孩子能够得到全面的发展。

3. 功能齐全的资讯中心

资讯中心的工作人员，通常是幼儿教育专家或指导者，负责搜集和整理教育资源，同时，幼儿园教师也会分享他们在教学实践中发现的有价值材料。教师们使用这些资源后，会将实际效果及改进建议反馈给资讯中心，帮助中心持续更新和优化服务。除了提供丰富的文字资料外，资讯中心还展示了大量用于教学活动的教具和学具，并介绍其制作与使用方法。工作人员会与来访的教师共同探讨如何更有效地利用这些材料，激发更多创新的教学方法。此外，资讯中心还提供其他参考资料，如介绍如何围绕孩子日常生活中的常见问题或兴趣点设计教学活动，包括活动的具体策划和所需材料的准备等。

社区对家庭教育进行指导是通过以下两个教育方案来完成的。

1. 为 1～3 岁幼儿服务的方案

社区挑选或推荐专业协调员和专职家访员来实施这一方案。专业协调员和专职家访员都要定期接受方案的专门培训，一个专业协调员负责几个专职家访员，每个专职家访员负责十几个家庭。专职家访员第 1 年每周要进行家访，第 2 年每 2 周家访 1 次，目的在于使家长认识到孩子通过游戏成长的重要性，帮助家长学会与孩子一起游戏，提高孩子的能力。此外，专职家访员还要帮助家长组成小组，半个月活动一次，大家共同讨论孩子成长中的各种问题。

因为该方案只要家庭承担材料费，其余费用全由政府负担，加上它确实能提高家长的教育技能，促进孩子身心的健康发展，所以很受家长的欢迎。

2. 为 3～6 岁儿童服务的方案

该方案为期两年，实施过程中，主要依靠社区内专业的家庭访问员，针对社会经济地位较低的家庭，提供每两周 1 次的上门指导服务。这些家庭访问员的任务是向家长介绍家庭教育的重要性及其具体内容，协助家长营造有益于孩子成长的家庭教育环境，并通过游戏化的方式让家长学习如何使用教材进行教学，提高其教育子女的能力。

此外，家庭访问员还会推动建立家长互助小组，鼓励成员间每半个月开展 1 次交流活动，分享育儿心得与经验。该方案要求家庭承担一定比例（三分之一到一半）的费用，但确实能显著提高家长的育儿技巧，促进孩子的全面发展，因此受到众多家长的欢迎和支持。这样不仅确保了项目的可持续性，也促进了教育资源的有效利用和传播。

第三节　以色列学前教育的经费

一、以色列学前教育的投资体制

以色列学前教育的经费

以色列的学前教育体系涵盖托儿所（日托中心）和幼儿园两个阶段。其中，托儿所主要面向 2～4 岁的儿童，而幼儿园则接收 6 岁以前的儿童。在以色列，妇女组织在学前教育领域扮演了重要角色，创办了大量的托儿所和幼儿园，为幼儿提供了必要的照顾与早期教育，较好地推动了该国学前教育的发展和普及。

从 2002～2003 学年的学前教育普及率来看，以色列全国 2 岁幼儿的入学率为 22.7%，3 岁幼儿的入学率为 91.7%，4 岁儿童的入学率为 91%，5 岁儿童的入学率为 99.9%，其中希伯来（犹太）教育系统 5 岁儿童的入学率为 100.7%（5 岁儿童入园率超过 100% 的原因是一些家庭在 6 岁时才将孩子送到幼儿园接受学前教育），阿拉伯教育系统 5 岁儿童入学率为 97.4%。2002～2003 学年度，在希伯来教育系统中，市立和国立幼儿园有幼儿 295 488 人（占 96%），私立幼儿园有幼儿 12 569 人（占 4%），共计 308 057 人。在阿拉伯教育系统中，只有 839 人上私立幼儿园（占 1%），其余 77 841 人（占 99%）上市立和国立幼儿园，共计 78 680 人。

以色列的幼儿教育体系主要由公立幼儿园构成，这些幼儿园由中央政府和地方政府共同支持和管理。自 1949 年《义务教育法》颁布以来，规定了幼儿园最后一年为义务教育，这奠定了学前教育投资体制的法律基础与基本原则。根据分工，中央政府负责公立幼儿园的教育经费、课程开发、教材编写及师资培训；地方政府则承担幼儿园的建设、维护、设备购置及日常管理职责。市立幼儿园和托儿所的主要资金来源是地方政府，不过中央政府也会提供相应的教育资金支持。此外，一些宗教党派，如阿古达特·以色列党和沙斯党所设立的私立宗教幼儿园，在符合教育部设定的基本课程标准的前提下，也能得到政府的部分资助。对于其他由民间团体或个人创办的幼儿园，政府同样会给予一定的财政补贴，以确保教育质量与普及度。

二、以色列学前教育的投资规模与水平

以色列政府高度重视学前教育，持续增加对该领域的资金投入，使得其学前教育经费处于世界领先水平。实际上，以色列在教育上的支出仅次于国防开支，占 GDP 的比例超过 8%，这一数字超越了许多发达国家，包括美国。孙二丽和郑立 2015 年在《科学·经济·社会》期刊上发表的研究指出，2004 年以色列教育部的总预算为 247 亿新谢克尔，其中约有 20 亿新谢克尔专门用于学前教育，占比达到总预算的 8.4%。

在学前教育经费的分担上，中央政府和地方政府是主要的投资者，其学前教育投入占整个学前教育投入的绝大部分。以 2000 年为例，当年全社会学前教育投资总金额为 3794 亿新谢克尔，其中中央政府投入占 31.1%，地方政府投入占 46.2%，政府非营利机构投入占 10.9%。这 3 项都可归入政府投入，总计占学前教育经费投入的 88.2%。私人非营利组织投入占 5.4%，其他投入占 6.4%。家庭在学前教育中的投资包括在"其他投入"之中，而"其他投入"在全社会学前教育投入中所占的比例很小，1990～2000 年平均比例为 6.5%左右。

20 世纪 90 年代末以来，以色列政府采取了积极措施大力发展学前教育，不仅显著增加了对该领域的财政支持，还高度重视幼儿园和托儿所师生的安全与身体健康。为此，政府投入大量资金用于建设避难设施、安装防护栅栏，并强化安全保卫措施及心理咨询服务，旨在为幼儿提供一个既安全又健康的教育环境。

三、以色列学前教育经费的保障

（一）教师工资的保障

在以色列，公立幼儿园的教师及教辅人员属于教育部直属员工，其薪资直接由教育部发放。教育部通过全国六个行政区办公室及一个专门负责农村地区和定居点教育的分部，对教师的选拔、培养及雇用进行全面管理，并依据政府给予学前教育的总预算来决定下一年度师资职位的数量。市立托儿所的教师则由地方政府雇用并承担其工资与福利。私立幼儿园和托儿所（日托中心）的教师薪资由各自的开办者负责。

幼儿园教师的薪酬体系基于集体谈判机制，即教师工会代表教师与政府协商确定工资标准，具体薪资根据职位、工作年限及学历等因素确定。此外，《工资保护法》（1958年）、《病假工资法》（1963年）和《最低工资法》（1987年）等一系列法律为教师提供了坚实的法律保障，加上教师工会的有效维护，确保了幼儿教师享有稳定且公平的薪酬待遇。

（二）幼儿园校舍修建、维修、设备购置等经费的保障

1949 年颁布的《义务教育法》明确了学前义务教育的资金来源由中央政府和地方政府共同承担，为幼儿园基础设施建设、维护及教学设备购置等提供了坚实保障。根据分工，以色列的地方政府主要负责幼儿园的修建、维护和设备采购等投资，成为学前教育资金的主要提供者。然而，在地方政府面临财政挑战时，教育部会介入并提供必要的财务支持。

尽管法律规定了中央政府和地方政府的职责划分，但以色列中央政府对学前教育的重视程度远超法律所规定的范畴。特别是在农村地区和新建立的移民社区，中央政府不仅直接出资建立幼儿园，还为3~4岁儿童提供免费的学前教育服务，确保每个儿童都能获得早期教育的机会。

四、以色列学前教育投资的特点

（一）通过增加教育投入，提高学前教育的普及率

以色列并没有满足于幼儿园最后一年的免费义务教育，而是努力将整个幼儿园阶段的教育都办成免费教育。教育部的投资不仅用于幼儿园最后一年的免费义务教育，也用于非义务教育阶段的学前教育。其中，用于义务教育阶段的经费占1.5%，而用于非义务教育阶段的投入占教育部学前教育投入总经费的3.8%，远远超出教育部对义务教育阶段学前教育的投资。

（二）充分发挥地方政府的办学积极性

在以色列，各行政区的教育局负责学前教育机构的规划与管理。为促进学前教育的普及，中央政府通过财政补贴的方式支持地方政府，特别是用于非义务教育的发展。此外，针对新建移民区及地方财政遇到困难的地区，包括少数民族地区的学前教育机构，中央政府提供了专项经费以保障这些地区的学前教育设施建设和日常维护。这种资金支持不仅有助于保护地方政府办学的积极性，也有助于提高学前教育的质量。

（三）全社会都支持学前教育

在以色列，儿童的成长与发展被视为社会的核心任务，这一理念深刻地融入国家和社会的各个层面。无论是家庭、社区还是政府，都积极致力于为儿童创造一个充满支持与机遇的成长环境。特别是在学前教育领域，以色列展现了其独特的投入和创新。以色列的各类文化机构，如博物馆、社区中心及资讯中心等，均扮演着关键角色，它们通过提供科技教育和艺术教育资源，不仅丰富了幼儿园的教学内容，还为教师提供了宝贵的辅助资料。与此同时，家长的积极参与也为幼儿园的教学活动增添了活力。值得注意的是，在以色列的住宅区内，即便土地成本高昂，儿童游乐场的建设也从未被忽视。这些游乐设施往往是新小区中最早完成的项目之一，它们的存在极大地扩展了幼儿园教学的空间边界，使户外课堂成为可能，孩子因此有机会在自然环境中学习和探索。

此外，以色列政府积极倡导并支持社会各界参与学前教育事业的发展，鼓励宗教团体、社会组织乃至个人开办学前教育机构，并给予必要的财政支持。尽管这类私立机构的数量相对较少，且学费高于公立幼儿园，但它们对提升学前教育普及率及多样性具有不可替代的意义。

本章小结

以色列作为中东的一个小国，西临地中海，东依戈兰高地，是亚洲和非洲之间的陆上交通要道。以色列虽然国家小、人口少，但却是一个十分重视学前教育且学前教育发展水平较高的国家。本章主要从以色列学前教育的发展状况、课程与教学、设施与经费等方面介绍了以色列学前教育的发展。

思考与练习

1．以色列幼儿教育机构的设立呈现多元化的倾向，主要有哪几种类型？

2．列举以色列学前教育机构通过开展多种活动、利用不同形式对家长进行指导的方式。

3．简要说明以色列学前教育投资的特点。

4．简述以色列社区学前教育服务。

5．以色列学前教育有哪些值得我们借鉴的地方？

第六章
美国的学前教育

第一节 美国学前教育概况

美国全称美利坚合众国，地处北美洲中部，东濒大西洋，西临太平洋，北接加拿大，南靠墨西哥及墨西哥湾。所属阿拉斯加州位于北美洲西北部，夏威夷州位于中太平洋北部。美国人口约 3.41 亿人，移民潮造成其人口在语言、种族及文化方面具有多元性。

美国历史上第一所幼儿园是由德国移民玛格丽特·迈耶·舒尔茨于 1856 年在威斯康星州的沃特敦（Watertown）开办的。这所幼儿园深受福禄贝尔幼儿教育思想的影响，并一直开办到第一次世界大战期间。这所幼儿园虽然没有直接对美国的幼儿教育产生很大影响，但它唤起了伊丽莎白·皮博迪对幼儿园的兴趣。1860 年，皮博迪开办了美国历史上第一所英语幼儿园，并在推进美式幼儿园民族化方面做出了重要贡献。1873年，美国幼儿园教育开始纳入公立学校系统。1901 年，公立幼儿园在数量上已经超过私立幼儿园。

但在 20 世纪 50 年代以前，美国的学前教育尚未引起人们的足够重视，也没有相应的法律法规来加以保障。从 20 世纪 60 年代起，美国学前教育的地位发生了根本变化，不仅开始实施其颇具影响的补偿教育计划，而且再次兴起蒙台梭利运动。与此同时，关于儿童早期智力开发的研究也有了新的进展，这促使美国联邦政府及广大家长以最大的热情和更多的财力、物力和精力去实施儿童的早期教育，以便更有效地去开发儿童的智力。

目前，美国的幼儿教育机构种类繁多，公立、私立并存，但没有一个全国性的幼儿教育与保育的政策架构，各州也未建立一个一致性的标准，所以幼教机构品质差异大。美国存在一个观念，即幼儿应由母亲在家抚育，每个家庭被视为经济上自给自足的单位。这使得美国约有 60% 的 6 岁以下幼儿既未进入公立幼儿园，也未进入私立幼儿园，这些幼儿有的由母亲在家自己照顾，有的请亲戚带，也有的送到居民保姆处。

随着美国妇女就业率的提高，美国幼教机构需求量增加，加上有关大脑的研究，发现幼儿教育对于幼儿未来学习与成人时的生产力具有正面的效益，美国才逐渐认识到幼儿工作人员的在职训练及专业成长对幼儿教育与保育品质的重要性。

美国幼教改革的另一个新动向是开展早期读写教育。美国的主流幼教机构或教育方案，如 High/Scope 及 Head Start 等，坚持用符号代替文字进行教育。这最终导致美国儿童阅读困难，学业成绩不佳。因此，提高全美儿童整体读写能力，进而提高国民整体文化素质，也是令美国在 21 世纪保持世界领先地位的必然要求。2001 年，布什政府强烈批评 High/Scope 及 Head Start 等美国主流幼教课程忽视读写教育，拉大了贫富家庭儿童读写能力差距，明确表示要非常重视儿童的早期读写教育，拉开了旨在全面提高美国儿童整体读写能力并最终提高其综合国力的幼教改革序幕。

美国的学前教育课程多样，且具有清楚的哲学基础，其中主要以皮亚杰和杜威的教育思想为主。美国的学前教育目标明确，立法和执法严格；重视特殊幼儿、贫穷及少数民族幼儿的受教育机会。

第二节 美国学前教育的法规与体制

一、美国的学前教育法规

美国在第二次世界大战爆发时，于 1941 年通过了《兰哈姆法案》，规定联邦政府和地方政府拨专款资助与战争有关的工厂设立幼儿教育机构。

美国学前教育的
法规与体制

第二次世界大战以后，美国政府在 1956 年通过的《社会安全法案》修正案中，提出了为职业妇女提供托儿服务的方案。

1958 年，美国政府通过了《国防教育法》，该法案强调教育应该从孩子抓起，应该重视天才儿童的选拔和教育，对幼儿教育的发展起到了一定的推动作用。

1965 年，美国政府通过了"向贫穷宣战"的《经济机会法案》。根据该法案，联邦教育总署在 1966 年开展了旨在帮助贫穷幼儿的"开端计划"，以实现"教育机会均等"。在美国若干全国性的学前儿童保育与教育计划中，这是持续时间最长、影响最大的计划。该计划旨在向贫困家庭的 3～5 岁儿童（以三四岁为主）与残疾幼儿免费提供学前教育、营养与保健。从 1965 年起由联邦政府与地方当局合作实施，延续至今。1981 年出台的《开端计划法案》肯定了"开端计划"对于美国学前教育发展的意义，表明了联邦政府财政投入对于促进学前教育公平发展的重要性。由于认识到 3 岁前孩子发展与教育的重要性，1995 年又提出了"早期开端计划"，把教育服务对象延伸到贫困家庭两岁孩子。30 多年里，"开端计划"累计培育了约 2000 万名幼儿，帮助广大家长提高了教养水平，训练了大量的教师与助手，开展了一系列科学研究，制定了一系列教育标准，成效显著，对美国学前教育事业的发展起到了重要的作用。

白宫于 1970 年和 1981 年两次做出决定，把发展托幼事业作为国家最重要最迫切的需要之一。1979 年，美国国会通过了《儿童保育法》，1990 年通过了《儿童早期教育法》，同年还通过了《儿童保育和发展固定拨款法》，该法于 1995 年做了修订。1998 年关于"克林顿总统的儿童保育倡议"指出，要在 5 年内为美国工薪家庭提供 75 亿美元的儿童保育补贴，为给员工提供儿童保育服务的企业提供税收抵免。联邦政府从

1991 年起每年拨付各州发展托幼事业专款，1991 年拨款 7.71 亿美元，1995 年为 9.346 亿美元，为国家的托育事业提供了财政保障。

布什总统于 1990 年召集全国 50 个州的州长研究制定了《美国 2000 年教育目标》，提出了六项全国教育目标，其中第一项是：所有美国儿童都要有良好的学前准备。它的基本内容是：到 2000 年，美国所有儿童都要做好入学准备；所有的残疾儿童和处境不利的儿童都能受到高质量的与其发展相适应的幼儿教育，以便为入学做好准备；每个家长都应成为儿童的首任教师，每天花一定时间帮助幼儿学习；要使家长都能够接受这方面的培训，并得到必要的支持；要使儿童都能得到足够的营养和医护，以便保证在入学时有健康的身体和大脑。克林顿总统将六项全国教育目标增加到八项，提出《美国 2000 年教育目标法》草案，于 1994 年获得国会通过，成为正式法律。全国教育目标提出后，美国各级政府纷纷制订计划和措施，与社会各方协力推动教育事业的发展。2009 年前后，奥巴马政府采取"振兴经济，教育当先"的执政战略，颁布并实施"0～5 岁教育计划"，兑现"为全美每一个儿童提供世界一流教育"的承诺，全面提升"开端计划"与"早期开端计划"，调整儿童保育发展拨款计划，为低收入家庭儿童提供资助。2015 年 12 月签署通过了《每一个学生成功法》，继续推进学前教育改革。

根据 1990 年国会通过的《儿童保育和发展固定拨款法》，联邦政府从 1991 年起每年拨予各州发展托幼事业专款，以弥补地方经费这方面的不足。国会于 1988 年与 1990 年两次修订《社会保障法》，增加了向低收入家庭提供孩子入托补贴的条款。1992 年这方面经费支出为 15 亿美元。另外，联邦政府拨给各地的发展社会服务事业的经费，约有 1/5 用于支持早期保育与教育。2011 年，美国教育部宣布投资 5 亿美元开展"力争上游——早期学习挑战"项目，把资金投给竞争获胜的州，促使各州把注意力更多地转向早教系统结构的完善，均衡照顾更多儿童的利益。奥巴马政府提出《全民学前教育》，计划在 10 年内拨款 750 亿美元普及 4 岁儿童教育。

美国国家教育研究政策委员会与政府有关部门经过三年的广泛调查与认真审议，于 1997 年制定了《教育研究国家重点》，以适应新世纪的需要，大幅度提高教育水平，增强国家实力。在公布这一文件时，还发表了《致美国人民的公开信》。《教育研究国家重点》有七项，第一项重点是："改进幼年儿童的学习与发展环境，使所有孩子都能入幼儿园，以便为入学做好准备并能在初等与中等学校学习取得良好成绩。"文件说明中强调学前教育及其研究的重要意义，指出："如果国家让儿童早期失去了机会，那么以后对大孩子的教育投资就不可能达到预期的效果；如果忽略了 5 岁以前孩子的学习与教育，那就无法提供教育改革合适的道路图。"文件还提出必须着重研究的一系列课题。

1998 年克林顿总统提出幼儿教育五年计划，主要内容包括：增加对"开端计划"的投入，扩充招收名额；加强与扩展师资培训，帮助儿童保育工作者达到认证资格，设立专项奖学金，资助与鼓励立志从事于幼教工作的学生。

值得一提的是，美国对学前教育科研非常重视，并通过立法进行保障。美国立法保障学前教育科研的经验包括：明确政府及其相关部门在促进学前教育科研中的重要职责；保障学前教育科研经费，重点项目重点投入等。例如，《早期学习机会法》《不让一个儿童落后法》《教育科学改革法》《入学准备法》等多部教育法对其学前教育科学研究，特别是联邦政府及其相关部门在促进学前教育科研发展中的职责，从多个角度进行了法律规定。

二、美国的学前教育体制

美国因为宪法未赋予联邦政府管辖教育的权利，因此，没有一个全国性的幼儿教育与保育的政策架构，各州也未建立一个一致性的标准。简言之，美国幼儿教育与保育没有系统可言。综观而言，现在有 3 个独立并列的次系统在运作着，它们分别是：Head Start 系统，对象是贫穷幼儿；市场导向，购买服务性质的系统，亦即私立系统，对象为 0 岁到义务教育前接受幼教机构和家庭服务的幼儿；公立学校系统，对象为 5 岁的儿童。

在以上 3 种系统之下，存在多种学前教育机构类型，每种类型又有不同的表现形式，大体可分为以下几种。

（一）学前教育中心

学前教育中心有公立和私立之分，主要招收 2.5～5 岁儿童，为儿童进入幼儿园和小学一年级做好准备。有的学前教育中心带有家长合作的性质，由家长创办和管理，雇用家长来做孩子的保教人员，实行民主治园，家长有责任把中心办好。有的学前教育中心为低收入家庭的儿童服务，在儿童还没有进入幼儿园之前，就对他们实施教育。还有的学前教育中心由教会资助开办，由于它强调儿童基本技能的训练等，迎合了一部分居民的需要，在学前教育机构中占有一席之地。

（二）幼儿园

美国的幼儿园附设在人口为 25 000 人以上的城镇小学校里，作为公立设施免收学费，招收 4～6 岁儿童，主要为 5 岁儿童服务，重点是向儿童进行学前教育，发展儿童的良好习惯，培养儿童与他人合作的精神。通过游戏、讲故事、音乐和律动、美术和手工等活动，促进儿童各方面的发展，为儿童进入小学一年级做好准备。美国幼儿园的种类很多，除以上所说的幼儿园外，还有前幼儿园、初级幼儿园、高级幼儿园、发展幼儿园及蒙台梭利幼儿园等。其中，前幼儿园主要服务于 4 岁儿童，主管单位是州政府；发展幼儿园，面向那些接受过 1 年以上特殊教育训练的 5～6 岁儿童；蒙台梭利幼儿园，则是运用蒙台梭利的理论对儿童进行教育。

（三）幼儿学校

幼儿学校有公立和私立之分，主要招收 2～4 岁儿童。幼儿学校以半日制为主，旨在为母亲不外出工作的儿童服务，做好入园准备。许多幼儿学校注意让儿童在游戏情景中主动学习，但也有的幼儿学校让儿童学习幼儿园的课程，对儿童进行教育训练。由学院和大学创办的幼儿学校，则具有实验性质，注重研究学前教育活动和方法，成为幼教师资培训的基地。

（四）日托中心

日托中心招收 0~6 岁的儿童。大多数儿童的父母外出工作，日托中心作为一种社会机构每天开放 10~12 小时，重点放在照顾儿童上，一般来说教育方面的内容较少。这种类型的学前教育机构在美国发展非常迅速，而且种类也很多，如家庭日托中心、父母协作日托中心、小组照顾日托中心、"提前开始"方案中心、临时性日托中心、上学前放学后日托中心等。其中，家庭日托中心主要在家庭中为一些儿童提供服务，每个家庭通常只接收 4~5 名儿童，在自然状态下对儿童进行监护、关心，为儿童提供全方位的服务。全美家庭儿童保育协会的成立促使家庭日托中心成为学前教育机构的一个重要组成部分。

此外，还有入学预备班、早期补偿教育中心、儿童玩具图书馆等学前教育机构。入学预备班是为儿童进入小学一年级做准备的，进班的主要是那些在幼儿园里没有取得什么进步的 5~6 岁儿童。早期补偿教育中心是为低收入家庭的儿童服务的，帮助他们战胜贫困，做好入学准备。儿童玩具图书馆大多设在教堂、图书馆、购物中心、学前教育中心、交通工具里，为学前儿童、父母及学前教育工作者提供游戏、玩具和其他能用于学习的材料，费用由父母、社区志愿者、使用者等承担。

为了保证学前教育机构的质量，美国幼儿教育协会对学前教育机构的规模和师幼比率提出了具体的要求（表 6-1）。儿童年龄越小，班级规模也要越小，师幼比率也就越低，唯有这样，保教人员才能给予每个儿童充分的关心，满足他们的各种需要。

表 6-1　学前教育机构教师和儿童的比率

儿童年龄	师幼比率									
	6 人	8 人	10 人	12 人	14 人	16 人	18 人	20 人	22 人	24 人
0~12 个月	1:3	1:4								
12~24 个月	1:3	1:4	1:5	1:4						
24~30 个月		1:4	1:5	1:6						
30~36 个月			1:5	1:6	1:7					
3 岁					1:7	1:8	1:9	1:10		
4 岁						1:8	1:9	1:10		
5 岁						1:8	1:9	1:10		
6~8 岁								1:10	1:11	1:12

多种多样的学前教育机构，使 6 岁以下的儿童都能在一定程度上享受学前教育，提高了儿童的入托入园率。

第三节　美国学前教育的课程与教学

一、美国的学前教育课程

长期以来，美国学前教育界对于学前教育课程的研究和设计存在多种不同的观点和模式，学界承认的至少有 15 种课程模式，这从一个侧面反映了美国学前教育思潮的多样化。美国的学前教育课程从第一次世界大战以后就一直处于变化之中，并且课程越来越科学化，如尊重儿童、重视儿童发展的个性、重视游戏在学前教育课程中的作用等。可以这样说，美国学前教育课程的现代流变是建立在人们对儿童心理、生理科学认识水平上的。

第一次世界大战以后，随着美国幼儿心理和生理研究工作的发展，美国本土的教育理论研究日趋成熟。这段时期幼儿园的主要活动是游戏、故事、音乐之类，少量适合幼儿的简易图画册或识字本，只是使儿童有阅读的要求或兴趣而已；美工和科学常识也列为学习项目，目的是增进幼儿的肢体协调能力和科学素养。幼儿园的任务是培养幼儿良好的社会态度、卫生习惯、独立生活能力、活泼精神和健康体质。教师利用指导、说明和演示，组织幼儿共同参加设计，启发幼儿对活动的爱好，使幼儿通过个人和集体活动扩大经验范围和掌握适应能力。20 世纪 60 年代，针对美国科技"落后"而进行的教育改革，总的来说是不成功的，但幼儿园的教材里增加了一些学科的基础知识，其中以阅读和计算最受重视，个别幼儿园还开始外国语教学。20 世纪 70 年代中期，幼儿园课程变化较大。幼儿园的教育计划非常灵活，它没有什么学科的安排但有学科的内容；基本原则是"做中学"；课程安排首先放在儿童身体、心理、社会、情绪等的成长上。具体表现在以下几方面。①幼儿园课程组织安排灵活。幼儿园并不给儿童某种正式的训练（如实际的阅读教学），但提供儿童上小学低年级的经验。这些经验是：带领儿童到小学环境里去；把儿童的朋友圈子扩大，如加进教师和同伴；丰富词汇；通过看图画故事书发展眼睛由左向右的运动；通过数物体数目及通过看空间关系、大小和次序刺激算术概念和简单技能；通过画、剪及其他眼手协调动作形式（如创造性绘画、律动、音乐、戏剧表演、科学体验等），促进读写发展。这些目标是靠灵活的活动来实现的。②内容加深。幼儿园的传统是关心儿童的学习和发展，它包括对阅读的预备多于关注掌握的内容。现在，幼儿园正在越来越多地加深内容，以求得儿童掌握一些基本学习技能，特别是阅读和语言发展。③注重幼儿的社会道德规范。1989 年，美国"2061 计划"发布，在课程编制上，"2061 计划"建议美国的学生从幼儿园到中学毕业只学十几门课，每门课都综合自然科学、社会科学和数学知识，并训练必要的技能。20 世纪 90 年代，美国掀起了幼儿教育课程标准化运动，提出了关于教育标准化的"构想"，包括英语、数学、科学、历史、地理、外语、公民和艺术 8 门学科。在政府基金的支持下，其他如视觉艺术、音乐、戏剧和舞蹈等艺术教育领域，外语、体育及健康教育领域等，除了强烈争取其平等待遇外，还迅速发展和制定出了"国家标准"。

就目前来看，美国仍然没有国定或州定的课程版本，每个课程方案间的哲学思想和内容有很大的差异性，每个方案内容对幼儿保教活动反映出不同的历史文化传统和哲学关系。有的方案是以幼儿未来学校学习做准备为目标的，这种方案强调读、写、算能力的培养；有的方案是以发展心理学为基础的"幼儿适性发展"之概念为核心来设计方案的内容。比较有影响的课程方案是 High/Scope 和 Head Start。

（一）High/Scope 课程方案

High/Scope 课程方案是以皮亚杰的认知发展理论为基础，吸取现代教育学和心理学的研究成果，建立起的一种颇具特色的幼儿认知发展课程，其主导思想是让幼儿在主动的活动中学习并获得发展。High/Scope 课程主要运用于公立或私立、半日制或全日制幼儿园及其他形式的学前教育机构。在 High/Scope 课程中，幼儿是活动的中心，以主动学习为核心，围绕发展所必需的一系列关键经验，创设学习环境，引发幼儿开展与环境相互作用的活动，从而促进幼儿的学习。

1. 课程目标

初期，这一课程方案最主要的目的是有效地促进儿童认知能力的发展，为其今后的学习奠定基础。后期，则强调以儿童的主动学习为中心，促使儿童的认知、情感、社会性的协调发展。

2. 课程内容

High/Scope 课程内容来自两种资源：幼儿的兴趣和关键经验。关键经验是那些可以观察到的学习行为，它是目前 High/Scope 课程的一个重要组成部分。根据 High/Scope 的阐述，关键经验是对幼儿社会性、认知、身体发展的一系列陈述，它是成人支持、观察幼儿活动并做出计划的指示物，也是评估幼儿发展状况的指标体系；关键经验是幼儿发展必不可少的，又是连续的，不是一次就能发展的；所有关键经验的获得都要依靠幼儿主动地操作物体、与他人交流及经历事情。到目前为止，关键经验已包括创造性表征、语言与文字、自主性与社会关系、运动、分类、音乐、排列、数概念、空间、时间概念共十大项。

3. 课程的组织与实施

（1）课程结构

High/Scope 的课程由兴趣区（自选）活动、小组活动、集体活动等组成。兴趣区活动是幼儿自主活动的过程。由幼儿自己来进行计划、工作、整理收拾、回顾 4 个环节。教师的责任主要是帮助和鼓励幼儿自己学会计划自己的活动，并实现它。计划和回顾环节特别强调语言在儿童思维发展中的作用。小组活动是由 5～8 名幼儿一起完成教师预先计划好的活动。这需要教师根据幼儿的发展需要来精心安排活动内容、操作材料，甚至陪伴。尽管这是由教师组织的，但仍然需要教师鼓励孩子提出建议并让他们以自己的方式去解决问题。集体活动是全班幼儿在同一时间从事同样的活动，以培养他们的集体归属感，提供学习交流和表达自己的思想，尝试和模仿别人的想法的机会，以及观察、了解同伴和自我的机会，应尽可能让孩子成为活动的领导者。

（2）时间安排

8:30～8:50　计划时间。

8:50～9:45　操作时间。

9:45～10:00　整理时间。

10:00～10:30 回顾、吃点心和小组活动时间。

10:30～10:50 户外活动时间。

10:50～11:10 集体活动时间。

11:10～11:20 离园。

（3）教师的角色

1）为幼儿主动学习提供适宜的材料和情境。

2）为积极的社会性交往创设适宜的氛围。

3）鼓励儿童有目的的活动、问题解决和口头反思。

4）依据体现于关键经验中的发展性原则来观察和解释每个儿童的活动。

5）计划并提供建立在儿童的活动和兴趣之上的经验。

4. 课程方案的主要特点

1）以结构化的关键经验作为建构课程的框架。

2）通过环境进行教育。

3）在强调幼儿主动学习的同时，突出教师的指导作用。

4）重视语言在幼儿思维活动中的作用。

5）方案具有较强的操作性。

（二）Head Start 课程方案

Head Start 课程方案是依据行为主义学派的理论和思想建立和设计的课程，其方案目标及课程深受"方案表现标准""表现评量""幼儿适性发展"的影响。

1. 课程目标

1）促进幼儿健康与发展。

2）加强教育家长成为幼儿的主要养育者。

3）提供富于教育性、增进健康和营养的幼教服务。

4）联结幼儿、家庭及社区服务。

5）确保家长可参与决策过程。

2. 课程内容

课程内容包括以下领域：身体健康、认知发展、社会情绪发展、语言发展、读写萌发、算术发展及创造性艺术。

美国各地采用 Head Start 课程方案的幼教机构虽然有着共同目标与课程内容领域，但并没有一个标准的课程模式，而是依照幼儿的发展阶段与语言能力来设计课程。

由于美国学生在国际竞赛上表现不佳，美国政策渐渐偏向强调读、写、算的能力培养，且要求的年龄向下降。例如，在法规上制定了更具体的标准（如会认出 10 个英文字母）来评量及培养幼儿的语言/语文能力。

此外，各州有不同的幼教需求，相关幼教方案应运而生，如北卡罗来纳州的"智能启动计划"法案。此法案由州政府与地方机构合作，目的在于结合商业社群，同时考虑家庭与幼儿在健康、托育及教育上的需求，提高幼教品质，降低工作人员流动率及提升师资。此外，通过"五星级"评价制度来评比幼教机构，绩优机构员工可获得较佳的健保福利、红利及进修机会。但个别服务则取决于家长支出的费用。例如，位于高收入地区的幼教机构可收取较高的费用，用于建设机构来达到高一星级的评比。又如，有的州着眼于贫困家庭的幼儿，为其提供早期干预服务，如芝加哥亲子中心项目，该项目是美国联邦政府资助的仅次于启智计划的学前教育项目，亲子中心从芝加哥州逐步扩展到明尼苏达州的圣保罗和伊利诺伊州的埃文斯顿、诺默尔等地，并获得联邦政府的拨款支持，亲子中心数量大幅增长。

美国幼教领域中的法案尽管内容不尽相同，但各法案大都以社区性或地域性为主，并结合政府和地方力量来解决幼儿教育中的问题。

二、美国的学前教育教学

美国是一个多元化的国家，在学前教育中也反映出这一特点。学前教育机构类型多元化，课程也呈现多元化的情况。正如有的人所说，世界上不存在一种最好的能适应不同文化背景中所有儿童的教育方案。因此，必须正视学前教育多元化的趋势，在学习中发展，在借鉴中完善，使多元化与本土化相得益彰。

美国的学前教育注重在日常生活、区域活动及社会实践活动中对儿童进行综合教育，讲究因材施教、因地制宜。

（一）丰富多彩的日常活动

在学前教育机构的日常活动中，儿童的活动内容和形式多种多样，既有生活活动，又有学习活动、游戏活动；既有动脑活动，又有动手、动口活动；既有集体活动，又有小组、个人活动；既有自由活动，又有教师规定的活动；既有室内活动，又有室外活动。动静交替，劳逸结合，促进儿童身心的健康发展。每个活动的衔接自然有序，孩子几乎没有什么等待的时间，环环相扣。

（二）五彩缤纷的区域活动

活动区是儿童进行特定学习活动的地方，儿童在园的大部分时间都在从事区域活动。美国学前教育机构开设的活动区很多：①戏剧游戏区，儿童在此可开展"医院""表演""家庭"等方面的游戏，男孩和女孩玩平行游戏或合作游戏。②科学区，提供动植物标本、组合与计数材料、鱼缸和金鱼等，给儿童提供主动探索发明的机会。③小肌肉或操作区，儿童有许多机会动手操作和摆弄，如在小木板上用橡皮筋在钉子之间拉出几何图形。④大肌肉区，儿童在室内或室外通过肢体、躯干的动作进行活动，如打保龄球、篮球等。⑤图书区，放置适合儿童的图书，使儿童在舒适、放松的环境中自由阅读，静心听讲。⑥艺术区，儿童对纸或布、羽毛、棉花、毛线、纽扣、肥皂等材料进行加工，创造各种艺术品。⑦积木区，儿童利用积木，搭建自己感兴趣的各种各样的物体，如宇宙飞船、儿童公园、动物园等。⑧计算机区，儿童可以在计算机上学习读、写、算的基础知识，玩游戏，画图，打印材料等。⑨沙水区，儿童使用多种器具玩沙或玩水，了解沙子或水的基本特性。此外，有的机构还安排音乐区、泥塑区、木工区、实验区、烹调区、劳动区等区域活动。

各个活动区的材料都非常丰富，种类齐全，全部开放，陈列在低于儿童身高的无门柜子里或透明的无盖塑料盒中。儿童看得见、摸得着，选用起来很便利。不同的区域，材料不同，特性各异。例如，戏剧游戏区的材料具有平等性和多元性的特征；在"医院"区域里，有护士和医生的外衣、帽子、手套、口罩、听诊器、药箱和各种娃娃；在"家庭"区域里，有适合儿童的桌椅、炉子、冰箱、镜子、橱柜、扫帚、抹布及代表不同种族和文化的娃娃、炊具和餐具；在"表演"区域里，有反映不同文化的男士和女士所用的帽子、围巾、提包、鞋子和外套等。又如，沙水区的材料体现了独特性和新奇性的特点；玩水区的材料除了有会沉或浮的物体、漏斗、喷壶、水桶以外，还有染过色的水；玩沙区的材料除了有装沙子用的杯、碗、盆、铲子以外，还有彩色的沙子。

各个活动区域都是独立存在的，用字条张贴显示。图书柜、玩具柜和操作台是常见的分隔区域的物体。不同的活动区域所处的位置不同，靠近班级门口的地方一般是动态活动区，如积木区、沙水区，远离班级门口的地方主要是静态活动区，如图书区、计算机区。不同的活动区域占据的面积不同，相对来讲，戏剧游戏区、积木区、图书区等占地面积较大，科学区、操作区、计算机区、艺术区等占地面积较小。不同的活动区能容纳的儿童数不同，相比而言，在戏剧游戏区、积木区活动的儿童人数最多，其次是计算机区、操作区，再次是科学区、图书区。

（三）走进社会实践活动

教师注意从儿童的特点和兴趣出发，利用社区丰富的教育资源开展实践活动，为儿童的发展寻找契机和突破口。

1. 动手活动

"听过就忘记了，看过就记住了，做过就理解了"，这是儿童获取知识、掌握知识、运用知识的真实写照。教师经常把儿童带到当地的儿童博物馆，让儿童自己触摸、尝试、探索、发现和游戏，使学习成为一种探险活动而变得趣味无穷、永无止境，儿童的思维更加活跃，想象更为丰富，对周围世界的认识更加深刻。

2. 参观活动

儿童心理的成熟和发展依赖于已建立的表象的数量和质量。教师定期带儿童到当地的各种博物馆，如科学博物馆、美国国家航空航天博物馆、美国国家邮政博物馆、美国国家艺术博物馆、大都会艺术博物馆、波士顿美术博物馆；历史名胜景点，如华盛顿纪念碑、林肯纪念堂；政府机构，如美国国会大厦、白宫、联合国总部等地去参观，不仅丰富了儿童对国家发展和世界文化的感性知识，而且提高了儿童的审美能力。

3. 其他活动

儿童的成长是在生动有趣的活动中完成的。教师有时还带儿童到农场去郊游，到马戏团去看表演，到水族馆去观赏，到公园、街道、广场去散步，以开阔儿童的眼界，增强儿童的体魄，陶冶儿童的情操。

第四节　美国学前教育的师资培养

一、美国学前教师的任用资格

美国学前教育的
师资培养

由于美国教育实行地方分权制，各州对学前教育教师的有关规定并不完全统一，不同的学前教育机构对教师的资格有不同的要求。1994年，美国国家幼儿教育协会把学前教育教师划分为以下 6 种专业水准。①参加过训练，通过个人能力评估；或获得一个学位，受雇于幼儿教育机构，在别人的指导、帮助下进行工作。②成功地完成一年幼儿教育证书教育；或完成儿童发展协会的职业准备教育；或完成系统的、全面的培训课程，直接通过评估，获得儿童发展协会的证书。③成功地完成由国家幼儿教育协会指导的培训课程，获得一个准学士学位；或在一个相关领域，成功地完成准学士学位的课程学习，加上 30 个单元关于儿童发展、儿童教育方面的学习（包括在一个幼儿教育机构进行 300 小时的教育实习）；或成功地证明拥有国家幼儿教育协会规定的准学士所应具有的知识、能力和素养。④成功地完成由国家幼儿教育协会规定的学士教育；或符合国家幼儿教育协会、教师教育协会要求的州证书；或成功地完成其他领域的学士学位，并有 30 个单元以上关于儿童发展、儿童教育的专业学习，包括 300 小时的教育实习（婴儿、幼儿两个年龄段各占 150 小时）；或成功地证明拥有国家幼儿教育协会规定的经过学士学位教育后应具有的知识、能力和素养。⑤成功地完成国家幼儿教育协会规定的硕士学位的教育；或成功地证明拥有符合国家幼儿教育协会规定的硕士学位教育后所应具有的知识、能力和素养。⑥成功地完成哲学博士学位或教育博士学位的教育；或成功地证明拥有国家幼儿教育协会规定的博士学位教育后所应具有的知识、能力和素养。

学前教育师资的不同层次，可以满足各种学前教育机构对师资的需求。例如，美国各州对幼儿园教师资格的要求各不相同，但所有州都要求幼儿园教师具有学士学位，完成认可的教师培训课程，修完规定的科目和教育学分数，以及参加教学实习。如 2000 年美国高级法院判决新泽西州的阿伯特地区必须使其所有学前教育教师到 2004 年 9 月至少达到学士学位，同时州与学区要制订奖学金计划，支持在职学前教育教师的学历升级。有些州还要求幼儿园教师参加技术培训，成绩最低必须达到年级平均水平。一些州要求教师在开始教学之后，在指定的时期内获得教育硕士学位，这通常需要教师在完成学士学位后再学习一年课程。公立幼儿园的教师必须取得教师资格证。然而，许多州发放教师资格证的体制目前都在向以能力为基础的方向发展，这就要求教师除了要通过自己的学科考试外，还要在较长的时期内表现出令人满意的教学能力，而且大多数州要求教师参加继续教育以更新教师资格证。也就是说，要更新教师资格证，需要再上教育课程。许多州之间已达成互惠协议，从而使在一个州获得教师资格证的教师可以在另一个州获得认可。对于那些虽然持有教学相关学士学位但未完成所需教育课程的个人，许多州也提供可选择的资格认证课程计划。目前，全美 98% 的幼儿教师获得学士学位，29% 的教师获得硕士学位，6% 的教师获得博士学位。在公立幼儿园中，幼儿教师全部获得学士及以上学位，保证了美国高质量的学前教育师资。

采用 Head Start 课程方案的教学机构并不要求其工作人员具备传统的教育方面或社工方面的文凭。但美国国会规定，在采用 Head Start 课程方案的教学机构工作的教师，学历须达到大专或大学程度学历。此外，已经获得学士学位，拥有州授予的教师资格证，以及三年或三年以上教学经验的学前教育教师，可以通过参加不同于原来各州的考试来获得国家高级教师资格证书。许多州和学校行政区对持有这种证书的教师提供专门优惠。最常见的优惠措施包括高薪水、报销继续教育费用和证书费用。

二、美国学前教师的职前培养

美国对学前教师的要求越来越高，并成为政府的热点话题。美国学前教育师资的职前培养主要由高等院校附设的教育学院或教育系来负责，包括职业中学、初级学院（两年制）、大学四年制教育和研究生教育几个层次。开设的课程主要有自然、科学、生物、人文、社会、艺术等基础课，以及学前儿童发展、学前儿童健康与安全和营养、学前儿童教育、学前儿童课程、学前儿童的观察记录和评价、学前儿童家庭教育、特殊学前儿童教育等专业课，其间还要进行教育实践，上岗之前还要参加培训等。2005 年，美国国际教育协会对未来教师培育的核心课程提出了建议：充实教师对儿童语言习得、语言使用方面的相关知识，使人文基础课程的广度与专业学科课程的深度并重。

（一）职业中学

职业中学主要是家政职业中学，招收初中毕业生，学习 2～4 门学前教育课程，并要求学生在幼儿园观察、学习如何教育儿童。毕业后即可从事保教工作。

（二）初级学院

初级学院使本社区没有机会、没有能力到外地高等院校学习的中学毕业生能在本社区接受 1～2 年的高等教育。它的主要任务之一是普及高等教育，其办学目的归纳起来有 4 个方面：①为升入四年制大学或学院做准备。②职业教育。③普通教育。④为社区服务。学生毕业后获副学士学位，可担任日托中心、托儿所教师或幼儿园的教师助理，也可继续升入四年制大学。

（三）大学四年制教育

大学四年制教育的目的主要是通才教育。在课程设置方面，与两年制初级学院相似，只是在内容的广度与深度上有所不同。学生毕业后获学士学位，可以担任幼儿园教师或小学低年级的教师。采取学分制，开设较多的选修课，在学习上给学生以较大的自由。重视学生能力的培养。

（四）研究生教育

研究生教育的主要目的是培养专业人才。要求掌握本学科某一方面的专门知识，广泛通晓本学科知识并熟悉相关学科，能对本学科的发展做出某些贡献。假如要想成为一个专业人才，大学本科毕业后还应接受研究生教育。研究生教育包括培养获得硕士和博士两种学位的教育。

三、美国学前师资的职后培养

教师工作以后，也要面临重重考验。新教师任职 1 年后，所在学校的校长组织考评小组，由领导、有经验的教师和新教师本人组成，对其进行鉴定。2 年后由专人按一定标准再对其进行实地考核，内容涵盖个案、学生意见、考试成绩和其他教师的评价等。另外，每一年在职教师还要去大学拿学分，规定不少于 2 门课程，体现了终身学习的理念。

美国学前教师的在职培训注重循序渐进，国家学前教育学院针对保教人员的具体资格，提出了适当的训练目标，使每个保教人员都能在原有水平上有所提高，如表 6-2 所示。

表 6-2　教师资格及提高的渐进过程

保教人员角色	相关的硕士学位	相关的学士学位	相关的准学士学位	儿童发展协会证书
园　长	←	有此学位和3年教育经验		
有经验的教师	←	有此学位和3年教育经验		
教　师	←			
助理教师			←	
教育助手				←

第五节　美国学前教育的设施与经费

一、美国学前教育的设施

美国学前教育机构的设施标准是由各州自行规定的，绝大部分州的教育行政机关，均颁布有幼儿园的指导方针，对幼儿园的园舍建筑、教学设备等都有较为详细的标准规定。

美国学前教育的
设施与经费

（一）园地、园舍

1）建筑以平房为原则。

2）园地应远离交通要道和铁道。

3）园地不受工厂烟气和其他污染物的污染。

4）地势排水良好，适合放置户外游戏设备，可以进行团体游戏，环境景色美好。

5）房间的设计应易于逃离火灾和其他危险的情境。户外游乐场也应易于疏导。

从外部设施来看，美国幼儿园的围墙不高，场地很大，体育设施齐全。平衡木、荡桥及钻、爬、攀登的器械等，大多是用木头或者旧轮胎、废旧铁筒等材料做成的，放置在柔软的沙地或木屑铺成的场地上，安全系数大。球、绳子、塑料车很多，尤其是球类和各色玩具车品种较多，玩沙用具随处可见。在楼道里，整齐地摆放着废旧物品，有旧电话、旧闹钟、废轮胎等。木条、麦草、布条、旧纽扣被制成了生动有趣的卡通形象及幼儿喜爱的美术作品和各种玩具。墙上贴的大多是幼儿用废旧物品撕、贴、涂出来的作品，这些作品虽然粗糙但很可爱。

（二）室内场所

1）会议室和（或）办公室：单独的办公室未必绝对必要。办公室是家长会谈、教师设计、准备教具及一些行政活动的地方。

2）盥洗室或厕所：通常这两个地方合二为一，设在教室内或教室旁边，厕所分为男女两种，大约10名儿童就须设置一个厕所。

3）健康服务区：是一个通风良好的小房子或区域，紧连着教室，用于身体不舒服的儿童休息。

4）储藏室或公共设施室：与班级教室紧连在一起，用来放置纸张、剪贴纸、打印机和其他教学工具。

5）教室：依教学活动的需要分成若干区域。在区域的布置上，应遵循以下原则：①各个区域用不同的家具分隔开，便于幼儿选择活动区；教师可以纵观全局，做到心中有数。②热闹的地方和安静的地方被分隔开，以减少分散幼儿注意力。③所有东西是根据幼儿的身高来设计的，便于幼儿观察和选择。④材料摆在矮的架子上，幼儿能够轻易地拿到它们；架子上有标签，干净、不杂乱，这样材料容易被选择、取放。⑤同样的材料放在一起，这样可以教幼儿对材料进行分类。⑥每一个区域的材料很丰富，以满足不同幼儿的不同需要。⑦不同的材料可以提供不同的经验，作用于不同的感官。

教室一般被分成以下几个不同的学习区域：积木角、家庭角、桌面玩具角、艺术角、沙和水角、科学角、图书角。有的幼儿园还增加了计算机角和烹调角。这样的布置，除了可以进行分区活动外，还可用来进行集体活动，如音乐、讲故事和开班级会议等。各个具体的活动区域可以促使幼儿学习特定的知识，发展特定的技能，同时培养社会性和个性，并且所有的活动区都能培养幼儿的信任感、独立性、注意力和技能技巧。

二、美国学前教育的经费

美国是联邦制国家，美国宪法为法治最高依据，而各州也拥有州宪法，各州政府负责管辖自己州内的各级地方政府。因此，在学前教育经费补助方面，分为联邦政府及州政府两个层级。

（一）联邦政府补助

联邦政府补助保教经费主要是以 3～5 岁低收入家庭的幼儿或有特殊需求的幼儿为对象，负责的部门主要有两个：健康与人力服务部门和教育部。

1. 由健康与人力服务部门负责的补助

由健康与人力服务部门负责的补助如下。

1）"开端计划"与"早期开端计划"："开端计划"的对象为低收入家庭中的 3～5 岁学前儿童，"早期开端计划"的对象是低收入家庭中 0～3 岁的学前儿童。联邦政府提供 80%以内的经费，其余 20%由地方政府、社会力量等提供。

2）幼儿托育与发展基金：提供幼儿托育所需的花费，补助对象为双亲总收入低于各州规定之最低收入的 85%者。

3）补助州政府的经费。

4）其他项目（如食物补助方案等）。

2. 由教育部负责的经费

由教育部负责的经费如下。

1）Title I方案：主要是补助给学校，按经济不利儿童比例数来分配。

2）Even Start 方案：该经费以增进家庭的文学能力为补助目标。

3）其他特教方案。

（二）州政府补助

过去，州政府大幅提升了其在幼儿教育与托育的介入角色，但各州补助的项目与优先顺序有很大的差异性。此外，部分州政府倾向给予合格认证的机构较高额的补助，以鼓励幼教与保育机构朝高品质方向发展，但另一方面，对于有心合格化却无财力的机构却造成反效果。

除了政府补助之外，私人基金会或慈善团体也通过募捐的方式来帮助创新的教学法或鼓励进行此类研究，这些民间力量往往支持一些地区性的创新教育方案。例如，俄亥俄州的坎顿慈善姊妹基金会在两年内募集了 200 万美元，用来资助幼教机构提高教育质量、支持特殊幼教机构、设立资源中心供学前教师在职进修及赞助推动改革者。

在幼儿教育方面，奥巴马政府倾注巨额资金，计划每年投入 100 亿美元，用于幼儿教育项目拨款，以致力于让每一个孩子都获得高质量的学前教育。2016 年美国财政预算计划支出 5 亿美元，专项支持"学前教育发展拨款"，致力于惠及印第安人、少数民族、边疆及其偏远地区，不断加大财政投入力度，充分发挥补偿功能。

第六节　美国的学前教育思想

约翰·杜威（1859—1952 年），美国实用主义教育理论的创始人，他的教育理论不仅对美国，而且对许多国家的幼儿教育产生了巨大而深刻的影响。

（一）儿童观

杜威认为，儿童是具有独特生理和心理结构的人。儿童的能力、兴趣和习惯都建立在其原始本能之上，儿童心理活动实质上就是其本能发展的过程。如果没有促使儿童本身发展的潜在可能性，那么儿童就不可能获得生长发展。杜威强调，儿童身上潜藏着以下4种本能：语言和社交的本能、制作的本能、研究和探索的本能、艺术的本能。在儿童的这4种本能中，杜威认为最重要的是制作的本能。这4种本能会表现出4方面的兴趣，儿童的生长是依靠这些兴趣的运用而获得的。

杜威还认为，儿童与成人在心理上存在很大差别，儿童的心理不是一个固定的实体，而是一个生长的过程。在生长的过程中，天生具有好奇心的儿童能利用环境养成某种习惯，形成某种倾向。为了使儿童更好地生长，关键是提供适当的环境及适当的新刺激，提供儿童生长的条件，使儿童的各种能力不断地发展。

（二）教育本质论

"教育即生活""教育即生长""教育即经验的改造"是杜威教育理论中的3个核心命题。杜威认为，不断发展，不断生长，就是生活。但是，没有教育就不能生活，所以教育即生活。在他看来，最好的教育就是"在生活中学习""从经验中学习"。教育就是给儿童提供保证生长或充分生活的条件，而不问其年龄大小；教育就是儿童现在的生活过程，而不是将来生活的预备。当儿童出生时，教育就在无意识中开始了。这种教育不断地发展儿童个人的能力，熏染意识，形成习惯，锻炼思想，并激发感情和情绪。

（三）关于教学方法

1. 教学五步

杜威认为，思维就是明智的学习方法，教学活动应该要能激起儿童的思维，培养他们的思维习惯和能力。杜威认为，思维的过程可以分成5个步骤：①疑难的情境。②确定疑难的所在，并从疑难中提出问题。③提出解决问题的种种假设，引起观察和其他心智活动及搜集事实材料。④推断哪种假设能够解决问题。⑤通过实验，验证或修改假设。从"思维五步"的观点出发，杜威指出，教学过程也相应地分成5个步骤：①学生要有一个真实的经验的情境——要有一个对活动本身感兴趣的连续的活动。②在这个情境内部产生一个真实的问题，作为思维的刺激物。③学生要获得知识资料，从事必要的观察应付这个问题。④学生必须有条不紊地展开其所想出的解决问题的方法。⑤学生要有机会和需要通过应用检验其观念，使这个观念意义明确，并发现它们是否有效。在这种教学过程中，儿童通过发现式的学习，可以学到创造知识以应对社会生活需求的方法。

2. 从做中学

杜威认为，儿童出生后几乎对每一件事情都要学习，如看、听、伸手、触摸、保持身体平衡、爬、走等。对儿童来说，"做事"本身就是一种最好的教育。教育应该以儿童的本能和冲动为出发点，通过活动（即做事的过程）使儿童得到新的发展。由于杜威相信一切真正的教育从经验中产生，一切学习都来自经验。因此，他所说的"从做中学"，实际上就是"从活动中学""从经验中学"。

（四）关于师幼关系

在儿童与教师的关系方面，杜威强烈批判传统教育以教师和教科书为中心的做法，提出教育活动要以儿童为中心。在杜威看来，教育以儿童为中心是与儿童的本能和需要协调一致的。心理是一个成长的过程，教育必须从心理学上由探索儿童的能力、兴趣和习惯开始，而以儿童为中心正体现了这一点。

杜威还认为，对于教育过程来说，它是儿童和教师共同参与的过程，也是真正合作和相互作用的过程。在这个过程中，儿童和教师两方面是作为平等者和学习者来参与的。因此，杜威在论述教育以儿童为中心的同时，也指出教师不应该采取"放手"的政策。教师应该把儿童的兴趣和需要转变成使儿童发展的手段和使儿童能力进一步发展的工具，既不予以压抑，也不予以放任。教师必须经常耐心地观察儿童，了解儿童的兴趣和能力，注意儿童的哪些冲动在向前发展。只有这样，教师才能进入儿童的生活，才能知道儿童要做什么，以及用什么教材才能使儿童学习得更起劲、更有效果。

 本章小结

美国幅员辽阔，各州民情及需求不一，难以制定在各州使用皆适宜的标准。其国内存在的学前教育机构及形态呈现多样性，进修及研究也由各幼教协会牵头带动，但幼教服务品质及工作人员素质差异很大。美国学前教育的课程呈现多元化的情况，各州采用不同的课程方案。教学上注重在日常生活、区域活动及社会实践活动中对儿童进行综合教育，讲究因材施教、因地制宜；各州对学前教育机构的设施要求也不统一；在经费的补助方面，分为联邦政府和州政府两个层级。此外，杜威的幼儿教育理论对世界许多国家的幼儿教育产生了巨大而深刻的影响。

 思考与练习

1. 美国学前教育的特点是什么？
2. 美国的学前教育机构有什么特点？
3. 简述美国学前教育的课程方案。
4. 美国是如何培养学前教育师资的？
5. 美国学前教育教学活动是如何实施的？
6. 查阅相关资料，简述美国学前教育的投资特点。
7. 简述杜威的幼儿教育思想。

第七章
意大利的学前教育

第一节　意大利学前教育概况

意大利全称意大利共和国，是在 1946 年 6 月 2 日通过全民公决废除了意大利王国而成立的，是一个工业比较发达的资本主义国家。意大利位于欧洲南部，包括亚平宁半岛及西西里岛、撒丁岛等岛屿，北以阿尔卑斯山为屏障与法国、瑞士、奥地利和斯洛文尼亚接壤，东、南、西三面临海。全国人口 5885 万人（2024 年 12 月），主要人口是意大利人，少数民族有法兰西人、拉丁人、罗马人、弗留利人等，主要讲意大利语，个别地区讲法语、德语和斯洛文尼亚语，大部分居民信奉天主教。

意大利的幼儿教育最初大多是由教会的慈善机构兴办的，多数是福利性质的。福利幼儿学校接收的儿童，大多是穷人家的孩子或是孤儿。随着意大利工业化的发展和农村的城市化，家庭妇女走上工作岗位，社会对幼儿园的建设和发展的需求也在不断增加。这时，幼儿园就由原来仅是一种由教会创办的慈善福利机构，转变为进行幼儿早期教育的机构。

这些学前教育机构均接收 3～6 岁的儿童，施以非强制性的学前预备教育，还补充一些家庭的教育活动。随着此后儿童出生率的提高，人们普遍要求发展学前教育机构，根据意大利的历史传统，大部分幼儿教育机构是由私人开办的。

意大利南、北方的经济发展存在很大差异，北方经济发达，南方经济落后，所以在学校的选择上，南方家庭多选择国立幼儿学校，而在北方，则多选择私立幼儿园。但国立幼儿学校的数量仅占全部幼儿教育机构的 50%，远不能满足社会的需求。

意大利幼儿教育发展快，但不平衡。北部和中部经济发达地区的幼儿教育发展很快，入学率也比较高，达到 83%～92%。南方的幼儿教育发展则相对较慢，入学率仅达到 77%～82%。就总体而言，在意大利全国范围内，3～6 岁的儿童净在园率于 2006 年已达到 99%。其中，绝大多数幼儿在小学教育开始的一年前入学接受学前教育，2024 年这个年龄段的幼儿入学率达到 95%。

第二节　意大利学前教育的法规与体制

一、意大利的学前教育法规

意大利在第二次世界大战结束后，为恢复被战争严重破坏的教育，制定了一系列的制度和法令，开始了缓慢而有序的重建工作。在学前教育方面，1945 年意大利颁布了《幼儿及初等教育方针》，并在 1947 年进行了修正和补充，在此基础上又颁布了《公共教育规程》。这些文件都强调，意大利初等教育应以消除未成年公民的愚昧无知、培养儿童青少年及公民的创造精神为最高目标。这些文件对意大利战后重新确立幼儿教育方针，恢复和发展意大利的幼儿教育起到了积极的作用。

意大利学前教育
的法规与体制

20 世纪 60 年代，意大利政府正式立法，颁布第 444 号法令（1968 年 3 月 18 日颁布），并于 1991 年进行了修订（这部法令规定的教育内容有宗教教育、情感教育、精神与社会发展教育、游戏与创造性活动、认知发展、语言发展、艺术与艺术设计、音乐与音乐活动、体育与健康教育等），并将幼儿学校纳入学校教育体制，建立国立幼儿学校。国立幼儿学校、市立幼儿园和私立幼儿园互为补充，国立幼儿学校只收基本餐费，而私立幼儿园较为灵活，可以满足不同家庭的需要。这对规范日益发展的幼儿教育事业，加强国家的管理与控制，对教学内容加以指导发挥了重要作用。

二、意大利的学前教育体制

（一）意大利教育行政管理体制

意大利在中央政府设教育部，主要负责宏观协调工作、制定教学大纲等。全国分为 18 个大区和 2 个自治区。大区有议会和政府，大区和大区以下的国家机构实行两权分立。在大区政府所在的城市，教育部设立了派出机构，代表教育部管理该区域范围内的教育行政事务，俗称大区级教育行政机构，有教育主管（或称为教育巡视员）一人，工作人员 5～6 人。名义上是教育部的派出机构，但在行使教育行政管理权力上是独立的一层机构。大区之下设省，省政府设有教育办公室，省之下设市。

对学校的日常管理，一般是高中由省级管理，初中、小学、幼儿园直接归市级管理。但对于比较重大的教育事项，其权力往往属于教育部或教育部派出的大区级教育行政机构。

（二）意大利学前教育的学制

意大利在基础教育方面实施"3、5、3、5"学制，即幼儿园 3 年、小学 5 年、初中 3 年、高中 5 年。3～6 岁的儿童入幼儿园，幼儿园教育列入基础教育范畴。第二次世界大战后，意大利的学前教育机构沿用战前的学制，分为幼儿学校、幼儿园和保育院。在这些学前教育机构中，以幼儿园为主，接收 3～6 岁的儿童，此外还有日托中心，是专为那些母亲上班工作而无人照管的幼儿设立的。幼儿教育机构有国立、市立和私立 3 种，国立和市立统称为公立幼儿园。以前，私立幼儿园占绝大多数，20 世纪 80 年代以来，国立幼儿园增加，约占总数的 50%，但还远远不能适应社会的需求。下面简要介绍意大利幼儿教育的主要形式。

1. 幼儿园

幼儿园的所有权制分为国立、市立与私立 3 种形式。国立幼儿园内一般有 1～5 个班级，班级人数一般为 23～28 人，幼儿园只在非假期开放，每天开放时间是 8:30～16:30，私立幼儿园、市立幼儿园的开放时间与公立幼儿园相比有长有短，但应保证每周开放时间不少于 24 小时。

意大利的幼儿园与家庭有着密切联系，孩子在国立幼儿园入学，家长必须参加家长夜校，此外，家长还参与共同管理董事会、善事会等，家长可在教育中发挥一定的作用。幼儿家长十分理解、支持幼儿园的工作，具体体现在：对幼儿园没有过分的要求；积极参加幼儿园每两个月组织的一次活动；教育经费不足时，家长会给一些资助，有的资助物品，有的资助食品。

2. 日托中心

日托中心最初是由教会的慈善机构创办的，1971 年意大利通过法律规定，把日托中心转变为国有学前儿童教育机构，还规定设立日托中心的目的在于为上班的母亲提供育儿服务。1983 年，日托中心进一步被划定为满足个人需要的服务机构，资金由国家或当地政府提供，家长则支付 36%的费用。

日托中心为全日制幼教机构，每天开放 9 小时，一般开放 5 天，每年要开放 10～11个月的时间。班额比较小，一般由 10 名儿童组成，儿童按照年龄分班，分班年龄分别是 3～12 个月、12～18 个月、18～24 个月、24～36 个月。每名教师负责 5～7 名儿童，教师每天工作 6 小时，每周工作 30 小时；另外，每周还有 6 小时用于工作计划准备时间、家园合作时间与在职培训时间。

第三节　意大利学前教育的课程与教学

现在，意大利学前教育机构在课程和教学上进行了大量的探索，特别是瑞吉欧项目课程教学体现出独有的特色，正成为一种思想潮流，这里重点介绍意大利瑞吉欧教育体系的课程与教学。在瑞吉欧课程教学中，教师和儿童仿佛在共同执行一项重大的工程项目，但在活动过程中又充满游戏和乐趣。这种课程形式是目前国际上颇为盛行的项目方法（project approach），它构成瑞吉欧教育教学过程的核心部分，它的所有课程教学都围绕这一概念展开。

一、意大利的学前教育课程

（一）项目工作

项目工作（project work），是指根据集体成员预先设计和计划的一般活动方向、主要目的、活动的基本蓝图和任务，以小组的形式运用多种接近客观事物和主观经验的方式、方法，对于真实的生活事件和日常情境中的现象进行长期而深入探讨和表达等而形成的一系列不断重复的螺旋式上升的过程；由此逐渐完整地表达个体或集体的经验和思考，或者圆满地解决问题，明了事情真相；并在此基础上增进儿童的能力，增强他们对于学习和自我表达的良好态度、信心和品质。设计项目工作最直接的目的在于帮助儿童形成对自身环境和所经历事件的更深刻和更完善的理解，而不在于掌握知识技能的多少，或是发展某种心理的技能和品质。

项目工作的项目，一般源于成人的建议、儿童的讨论或一些突发事件（如天气变化、儿童课堂奇思妙想的问题）等，也可以是成人依据教育目标所做的有意识的安排，但不论项目源于何处，每一个项目必须建立在成人对儿童充分观察和了解的基础上，保证儿童有充分的时间思考和探索，并能充分调动他们的兴趣。当然，调动儿童兴趣可以是新颖的，但研究表明，对于日常生活中的意义的充分揭示可能对于儿童具有深刻的价值和趣味。也就是说，儿童更喜欢在熟悉的环境中运用自己已有的知识和经验进行探索学习。在儿童熟悉的项目中，充分发挥自己的主体性，在计划中独当一面，积极地进行具体的观察、收集信息和资料，通过相互间的信息的交流，实现共享和共同发展。

这种项目活动一般持续时间较长，有的长达数月之久。同时，由于它没有任何课程表，也没有任何"大纲"和"检查"的压力，教师并不急于结束儿童积极探索的活动，也不会忙着在不同的活动之间换来换去，儿童有充分的单次活动的时间和总体活动的时间。围绕这种项目工作，瑞吉欧发展出一系列独具特色的课程设计和教与学的方法。

（二）生成课程

项目工作的具体课程形态是生成课程（emergent curriculum）。生成课程，就是强调课程是在一定的情境和中介环节下，根据一定的需要和条件，在具体情况下具体形成的。也就是说，课程不是预先设计好目标、内容和学习活动的方式，也不是让儿童被动地适应教学。它强调教师只应有一般化的、笼统而弹性的目标，而不可以提前设计好每一个项目和每一次活动的具体目标。对这些具体的目标，教师以他们对儿童的了解和先前的经验形成一定的假设，与此同时也形成灵活的、适应儿童需要和兴趣的目标，这些兴趣和需要既可以是儿童在项目进程中自己流露出来的，也可以是教师引导出来的。

生成课程的特点使它依赖于良好的师生关系及社会的广泛参与，特别要求教师为儿童创设富有刺激的环境、材料和设备。课程为儿童的自主抉择、意见的交流和同伴学习提供条件，从而使儿童自己积极地对知识进行建构；而不是预先设计好，让儿童去适应课程的目标。生成课程不仅在儿童成长过程中起着积极作用，而且对教师的成长也发挥积极作用。教师在切身的、平等的参与和观察中，不断地形成和修正自己对于儿童、对儿童的学习、对教育教学的种种先前经验，从而也在项目进程中形成自己的技能、知识、能力和理解。

（三）小组教学

小组教学（small-group teaching），是指项目活动以小组的形式展开，一般是四五个人，有时也可以是两三个人。这样的定额对于一个以相互关系与合作讨论为基础的教育来说十分必要。两个孩子的群体便于他们理解交流的节奏和彼此的调整适应，意识到彼此交往风格的变化和对话主题变化；三四个孩子的不平衡关系，便产生了许多联合和分离冲突的可能性。组员数限制在5人以内，有利于社会认知的建构发展，超过这一数目则互动太复杂，让儿童难以反思、评价并改变其知识，难以在与他人的交流中获得自我认同。

（四）艺术表现——视觉表征活动

视觉表征（visual representation）活动，主要用于培养和发展儿童处理和解决问题的能力，它最为外显的特色在于其作为主要的学习活动方式的视觉表征活动，而不是什么智力开发的方案，并以其活跃成功的艺术教育闻名于世。

对尚处于前运算阶段、以形象思维为主的儿童，他们能通过艺术活动运用艺术"语言"来表达或解决用语言所不能表达或解决的难题，而长期以来儿童运用其心智、借用多种"语言"方式来达到对于其周围环境的深刻理解和见解的现象，一直为人们所忽视。这种视觉表征活动不是一般的艺术教育，它只是为儿童提供一条易于表达与理解世界的途径，只是作为为儿童所熟知的附加"语言"（100 种语言中的一种）融合在其活动中，因为他们还不善于读、写。这并不是说儿童不应当在如何使用工具、材料和表征技术方面获得指导；相反，应当以简单的形式教给儿童必要的技术和方法，以便儿童可以在成人不在场时能独立解决问题。另外，这些活动的产物也不是儿童为了每天放学后带回去的炫耀品，而是师生们、教员们进一步探讨和深化知识的既有价值的教育资源。

（五）象征循环活动

象征循环（cycles of symbolization）活动是一种比视觉表征活动更为一般化的学习活动方式，这个概念概括了该课程实施中的主要特色。人们往往认为儿童的生活历程是线性发展的，但是学习和知识的建构有其自身的规律，其中充满了心智的再操作、反思和多次表征。这种学习和思维的深入，同一个项目主体本身的层层开展和深入相结合，就为儿童的象征循环活动提供了层层深入的空间，儿童利用种种象征手段来表达某次主题经验，向他人发出一定的信息，表示一定的需要。儿童通过象征性的手段，用自己可以理解的"语言"方式向他人表达自己对世界的认识，然后通过与同伴交流、教师提示和自己实地观察探索，获取对世界进一步的认识，并表达这种新的认识。如此循环以至清晰地表达头脑中的观念，或是圆满地解决一个问题。这种象征循环的教学组织和学习活动方式，是合乎教育心理学上所讲的连续性和重复性原则的。

（六）以人际关系为基础的学习与教学

这种灵活的课程是以一种师生之间长期、密切、一对一的相互关系为基础的（瑞吉欧的教师实行三年一贯跟班教学，中间不轮换），幼儿可以从与成人和同伴的朴素关系中获得强烈的认同感、归属感与自信，并进而以更加积极的态度参与学校的一切活动。这一同伴群体凭借独特的思维、交流和行动方式，经由沟通和对话形成特别紧密的关系。

教师作为参与性观察者，通过提问对他所看到的一切做出反应；他注意到那些交往不足的儿童，发起同他们的面对面交流，修改活动的方向，改变他同个别儿童交往的方式和密度。上面提到的四五个孩子的小群体活动，能保证交往的效率，是最有利于人际关系教育的课堂组织形式，在解决冲突、进行调查研究、开展每个孩子预先表过态的活动和自我调整的适应等方面，极有助益。然而，作为这种关系的结果，该模式的幼儿在经由沟通和具体经验的学习上，具有非同一般的优势。

一般学校中的师生谈话大多是为了管理，极少进行真诚的沟通。学校组织如此有序，活动如此肤浅单调，课程时间表如此严格，一直难以产生师生之间深入的对话。所以，谈话的主题无非是日常生活中的纪律常规，且大部分是在非正式活动的时间里；工作活动中的谈话很少，一般是行为主义的口头强化，如"很好""不错""糟透了"之类的评价孩子表现的语言。瑞吉欧认为，个体之间的关系必须有中介，需有共同的兴趣和意义以保证交往的发起和内容的充实。该活动中的师生谈话大多事关活动本身，师生平等参与主题活动和观念的讨论，在师生关系中儿童不是被教训的对象和被表扬的目标，而是学徒；教师也不是母亲或医生的角色，而是以合作者身份出现在项目进程中的专家，此过程中充满了问题的提出和问题的解决活动。在此，儿童受到环境的刺激或教师的引导，超越其日常状态和原有发展水平，去从事富有挑战性的工作，在其中做出种种思考、决策和探索的努力；教师在其中支持和鼓励儿童的兴趣，使儿童全然相信其活动的意义与价值；教师提出问题、给出暗示、提供建议、示范方法，最后儿童能够独立解决问题。这里充分体现了维果茨基的最近发展区理论和现代建构主义的支架式教学（scaffolding instruction）的思想。

二、意大利的学前教育教学

意大利幼儿教育没有统一的教材和大纲，教学主题是由教师在与幼儿的探索中生成的，并围绕这个主题开展一系列幼儿感兴趣的活动，调动幼儿各方面的表达方式，表达对外界的理解。

在每学年开始时，意大利幼儿园的全体教师在一起讨论学年计划。每个班级的教师要针对自己班级不同年龄的幼儿制订教学计划。将不同年龄的幼儿编在一个班级里，便于幼儿模仿与交流，也有利于幼儿学习（如游戏、唱歌、制作等）。对同在一个班级、不同年龄的幼儿要求是不一样的。3 岁幼儿主要是适应幼儿园生活，学习与人交流。游戏时，3 个年龄段的幼儿在一起，3 岁幼儿的游戏比较简单，5 岁幼儿的游戏是有目的的。集体教育活动是同时进行的，如讲完故事后，要求幼儿绘画，3 岁幼儿进行涂色练习，4～5 岁幼儿根据故事内容，进行想象与创造。教师安排任何活动都要与幼儿商量，不能简单下命令。

第四节　意大利学前教育的师资培养

在意大利有专门的师范学校培养幼儿教师，早期幼儿教师是由中等师范学校培养的，学制为 3 年，主要学习语言学、教育学、历史、地理、数学、自然常识、卫生和合唱、家庭经济和家务劳动、塑造和图画、技能训练等。1990 年，意大利通过教育改革法，规定凡从事幼儿教育工作的教师，都应该经过 4 年师范学校专业学习，学习的课程有哲学、心理

意大利学前教育
的师资培养

学、教育学、拉丁语、意大利语、外语、数学、地理、历史、各门教育法、物理、化学、自然科学、体育、艺术、音乐、宗教等，并且必须经过国家统一考试，取得专业证书才能上岗。

下面重点介绍意大利两种最具影响力的幼儿教育体系中的教师：蒙台梭利学校的教师和瑞吉欧学校的教师。

一、蒙台梭利学校的教师

蒙台梭利学校要求教师必须受过专门的训练，获得蒙台梭利教师资格证，它是由蒙台梭利培训中心（非政府单位）培训考核的，以便实现蒙台梭利教育所提倡的教育原则和方法。教师的作用主要是引导儿童的活动和身心发展。为此，蒙台梭利将教师这一名词改称为"指导员"（或"导师"），但教师的作用并不会因此而降低。她说，指导员的作用比一般人理解得要深入、重要得多，因为他要指导儿童的生活和心灵。他要为儿童准备学习的环境，成为儿童的观察者和引路人，而不仅仅是教会儿童一些知识。蒙台梭利认为，教师的精神状态比掌握技能技巧更重要。教师的准备工作不能只靠学习使自己成为一个有文化的人；更重要的是要具备良好的道德品质，如机警、稳重、耐心、爱心和谦逊等，其中最重要的是时刻考虑儿童的需要，要真正爱孩子。教师上课一般使用跪姿或坐姿，直接在地板或地毯上对几个儿童进行教育。

（一）尊重儿童，深入地了解儿童的需要

蒙台梭利认为，教师和儿童的新型关系是互相尊重，时时想到对方的愿望，因此在提出某一课题前，要与儿童进行协商，应当取得儿童的同意。教师往往过分关注儿童的缺点及如何纠正他们的不良倾向或行为，却没有注意自己的缺点和错误。真正的教师不只是努力做一个有道德的人，更要消除使儿童对教师感到不可思议的那些无形的阻力。如果成人对儿童的要求违反了儿童内部发展的力量，那是因为不了解儿童与成人之间的矛盾造成的。因此，教师必须了解儿童的需要，并尽量准备真正适宜的环境来满足儿童的需要。蒙台梭利认为，了解儿童的最大障碍是成人的权威和骄傲。儿童虽然还意识不到这种不公平，但他们会感到精神上受压制，这使他们的反应往往表现为胆怯、说谎、任性，无缘无故地啼哭，不睡觉，甚至过分的恐惧。这些现象就是儿童无意识的防御。假如教师能做到尊重和了解儿童，从他们心理发展的规律中受到启示，便会知道儿童的心理和成人的心理是完全不同的。

（二）用科学家的态度研究儿童

蒙台梭利强调，一个好的教师应当是一个科学工作者。为了要解释儿童的各种欲望和需求，必须科学地研究它们。因为儿童的欲望常常是不自觉的，它是儿童内心的呼声，是按照一种规律显示出来的，并且人们很少懂得这种显示方式。教师应当在适宜的范围任其自然发展，从而观察儿童内心活动的表现。教师不是为自然科学服务，而是为生存的人类服务。教师必须善于观察人的内部生命、人的真实生活，看到儿童的精神状态并对观察过程有乐趣和热情。教师要善于观察儿童的每一种欲望、每一种表现。通过观察，教师可以知道什么时候应当提出新的积极任务。从儿童身上，教师将学习如何使自己成为一个好的教育工作者。

（三）相信儿童、热爱儿童

蒙台梭利说，生命的成长必须有"爱"的感觉，儿童自觉性的自我认识是通过爱来获得的，教师必须让幼儿体验爱。儿童正是因为周围环境有了爱才产生了一种压制不住的冲动，在整个敏感期将自己和周围事物联系起来。这种爱不是一般理解的情绪感觉，而是一种爱的智慧，通过爱来吸取外界事物并建构自己。正是这种爱，使儿童对周围环境有热情和细致的观察，而成人则往往对此表现冷淡，视而不见。

蒙台梭利认为，儿童在情感上更容易趋向于周围的成人。教师在学校的地位和作用已像一个母亲在家里的地位和作用，儿童很自然地求助于教师、信任教师，也需要从教师那里得到爱。她说："教师和儿童之间的积极关系是教育成功的唯一基础。"为此她称"教育为爱的艺术"。教师必须对儿童表示积极热情，对儿童有兴趣，儿童就会有信心接近教师，并接受教师的教导。蒙台梭利还反复强调，教师对儿童要有信心，就像爸爸、妈妈相信一个正常的儿童迟早会学会走路、学会说话那样，相信儿童早晚会表现出真正的天性，对各种不正常的儿童都不能动摇信心。应当看到一个表现不同的儿童的精神状态，并相信当有兴趣的"工作"吸引儿童时，儿童会达到正常化。她号召"要体验从儿童那里得到更大的精神快乐"，这就是教师的最高回报。

（四）耐心等待，不要急于干涉儿童

蒙台梭利认为，教师不应以自己的智慧代替儿童的智慧，应当引导儿童自己进行活动，不要做儿童的仆人，替他们做力所能及的事情。儿童需要发展自己的独立性，如自己选择穿什么衣服、吃什么食物、玩什么玩具等。儿童应该成为不知疲倦的"工作"者，当他们战胜了力所能及的困难时，将会获得快乐。这时，教师就会发现儿童都有要发展的个性。当然，对于儿童有害的表现，应毫不犹豫地去制止。教师的责任不仅在于知道什么时候对儿童的活动加以禁止，而且要尽力避免这种不良行为的出现，这是一件极不容易的事情。对于进步慢的儿童要有耐心，对他们的成功要表示高兴和认可，当发现儿童的动作缓慢时，成人如果代替儿童完成应该由他们自己完成的事情，这将成为儿童获得发展的主要障碍。蒙台梭利对教育工作者提出的格言是：在观察的同时要耐心等待。

二、瑞吉欧学校的教师

（一）幼儿园的人员组成

瑞吉欧幼儿园在人员组成上很有特色。学校没有校长，由学校的主要负责人直接对城市的理事会负责，并与各教研员合作。教研员是该市幼儿教育的课程决策者，他们每个人负责5～6个学校（或中心），主要任务是确保市区0～6岁儿童教育的质量，并整合和协调该幼教体系的行政、技术、教学、社会和政治等影响幼教质量的各种因素。一般来说，一个幼儿园有 3 个班，每个班有两名教师（婴班 12 个孩子，托班 18 个孩子，学前班 24 个孩子），另外还有一个总的艺术教师（接受的是艺术教育，和其他教师一起负责课程的发展和记录）以及几个教辅人员。这里的教师之间没有等级，彼此平等。而且，同一位教师和儿童一起相处 3 年，有利于师生之间、儿童之间形成比较持久和稳定的关系，这为瑞吉欧幼儿教育营造了一种社区的气氛。瑞吉欧幼儿园比较典型的构成如下。

班级：3 个

儿童：75 人

教师：6 人

艺术工作室教师：1 人

厨师：1 人

辅助人员：4 人

（二）教师工作时间

意大利幼儿园在时间的安排上，一般是每年 9 月 1 日开学，到次年 6 月 30 日放假，而教师上班的时间一般是每年 8 月 23 日到次年 7 月 5 日。从星期一到星期五，教师供职时间是 8:00～16:00，额外服务时间是 7:30～8:00 和 16:00～18:20。教师的周工作时间是 36 小时，其中 30 小时和孩子在一起，4.5 小时开会、计划和在职培训，1.5 小时记录和分析。瑞吉欧幼儿园也提供假期服务。各种教职工具体工作时间如下。

第一班教师：8:00～13:48

第二班教师：8:27～16:00

艺术教师：8:30～15:33

厨师：7:45～14:54

第一辅助人员：8:30～16:03

第二辅助人员：9:00～16:03

其他人：12:30～18:54

（三）教师的角色定位

从社会学的意义上说，教师是人类社会为了维持并延续自身发展而筛选出来，并经过特殊培训的一部分成年人。教师与社会缔结了一种契约——承担社会赋予他们的职责，以换取他们的劳动报酬。基于这样一种契约，尽管幼儿园教师与孩子之间多少带有一种类似于亲子之间的情感关联，但从根本上说他们仍然是因为业务关系而被连在一起的。"有备而来"的教师通过与"初掀人生幕帘"的孩子之间的互动，将社会文化、价值观、规范传递给人类社会的新成员，同时引导并促进他们身心健康发展。瑞吉欧的教育者们认为：单纯借助下定义的方式来对教师的角色进行定位难免过于抽象，有必要结合教师的各项工作内容，在一定的背景中——教师与同事的关系、教师与孩子家长的关系，以及教师自己所处的文化背景与他们个人发展历程等，通过对教师在教育过程中的各种行为描述及教师对儿童角色的看法来阐发教师角色的独特之处。

瑞吉欧的教师角色定位总是和以下几个行为领域的内容相呼应的：①促进孩子在认知、社会性、生理及情感方面的发展。②对班级进行管理。③准备环境。④提供保育与指导。⑤与一些重要人士进行沟通，重要人士包括家长、同事、行政管理人员、公众等。⑥寻求自身职业素养的提高。⑦积极参与与维护早期公立教育的政策制定与实施。⑧对每日的教学活动进行系统性的研究，并在此基础上形成课程规划，促进教师自身的成长及在专业方面的发展。这 8 个行为领域基本上可以勾画出瑞吉欧教师的角色形象，但是若要将瑞吉欧教师的独特之处显现出来，则必须对教师角色承担的具体方式进行剖析。

作为社会成员，瑞吉欧教师自身的不断成长是必须的，但相对于家长及社区其他工作人员来说，教师的成长带有刻意追求的味道。尽管瑞吉欧教育体系中对教师的要求非常高，但是意大利幼儿园教师的职前培训并不理想。瑞吉欧教师的培训往往是在职培训，即在担任了教师工作以后，才开始朝做一个称职的教师的方向努力。

接受在职培训的瑞吉欧教师，首先要感到自己和儿童一样有成长的必要，然后尝试把他们在教育过程中积累的经验上升为观念，再对这些观念进行反思，从中筛选出新的观念。这个过程具体操作起来难而又难，一方面，要求教师具备尽可能多的知识，以及将自己的知识融会贯通、灵活运用的能力；另一方面，要求教师具备两种认识：①认识自己成为好教师的关键是把自己的"成人感"悬置，把儿童放入自身的生命成长历程与不同于成人社会系统之中，不仅要了解儿童自身发展的客观状态，而且要熟知儿童对成人的看法。②必须熟悉自己与儿童的恰当关系对儿童发展的重要性，时时注意与儿童建立起亲密、信任的关系，这种信任不仅仅是单向的儿童对教师的信任，还包括教师对儿童的信任。

除了在与儿童的互动中寻求自身的发展和进步外，前面所提及的教师与教师、教师与家长、教师与其他社区成员之间的互动，特别是互惠式的批评也被看作是瑞吉欧教师在承担自己社会角色的过程中必须采用的工作方式。

第五节　意大利学前教育的设施与经费

一、意大利学前教育的设施

在意大利，国立幼儿园一般与小学在一起，它的资金来源有法律保障，设施一般比较齐全，但比较陈旧；市立幼儿园一般独处一地，它与私立学校享受国家津贴，也可通过公共渠道获得资金，设施比较新，也比较好。在意大利，幼儿园之间可共用设施，也可使用政府所建的公共设施。在国立幼儿园，幼儿上学是免费的，只需交纳午餐费；市立幼儿园收取与家庭收入高低相应的费用；私立幼儿园（教会办的除外）的收费最高。市立幼儿园创立时间一般比较长，园舍也多为老式建筑，具有很强的艺术魅力。

意大利的幼儿园（主要指瑞吉欧幼儿园）重视环境的创设，因为环境是文化的一部分，是文化的载体，能反映教育的质量。环境之所以值得推崇，不仅仅因为它能够促进儿童智力和美感的发展，还在于它传递了对处于该环境中的人们的兴趣、权利、需要及能力的尊重——这种对儿童的尊重不是抽象的，而是在具体化的环境上，认为环境对于儿童的情感、语言、认知的发展具有深远影响。教师把学校看作是一个促进社会互动、探索、学习的"容器"，一个有教育内涵，包含教育信息，充满各种刺激，能促进交互性体验和建构性学习的环境。教师甚至说环境是他们所有工作中最可见的一部分，并且非常重视幼儿园周围的环境，幼儿园一般处于社区中间，因为教师的有些教学方案需要儿童走出幼儿园去探索。

幼儿园在环境布置上，充分体现了学习的社会建构理念。首先，在整个环境的设计上洋溢着对美好和谐的关注，对幼儿园文化的基本因素——社会互动的关注。其次，环境反映出儿童所付出的努力和所取得的成果，因为幼儿园到处展示着儿童个体、小组或集体完成的工作成果，其数量和质量构成了学校环境的一个显著特点，同时它是较适合儿童改变学校环境、建构幼儿园文化的一种方式。环境成为两位教师之外的"第三位教师"。其中，所有资料的投放和布置都是精心设计的，以吸引和激发孩子、鼓励孩子对周围环境做出敏锐而积极的反应，同时创造一种人与人交流、人与物交流的环境。可以看出，环境把儿童带入更深层次的学习，有助于孩子开展并完成长期的调查，解决重要的问题。

另外，幼儿园的每个建筑都是向全校开放的，教室和功能房、教室和教室之间乃至学校内部的各个建筑都是通过"中心"（取名为城市中的一个中心广场，主要功能在于提供一个聚会和交流的场所，实乃幼儿园中央的一个过道，连接幼儿园内部各个不同建筑）相互联系。每间教室里有不同大小的空间，有适合不同大小的小组开展合作活动的场所，有供学生独立开展个别交流的安静的空间。每间教室的隔壁都有一个小艺术实验室，可供开展延伸活动，全校还设立了一个大中心艺术工作室——专门供存放音乐或文档、材料等的房间。

艺术工作室是意大利瑞吉欧幼儿园建筑中最有特色的一部分，这是一个允许儿童探索各种语言、各种表达方式的场所，也是教师研究儿童及其活动的一个场所。这里的气氛是自由而宽松的，艺术成为幼儿建构思想和体验的媒介，成为教师自身专业发展的文化载体。艺术工作室的作用表现为：提供充分的复杂的材料和工具，给儿童运用各种表征及在各种表征之间进行转换提供机会，让儿童发现自己擅长用哪种语言进行沟通。另外，它还是沟通家长与学校的媒介——教师借艺术工作室让家长知道幼儿园为孩子所做的一切，以此来获得家长的支持和认可，这就使家长和幼儿园有了交流的媒介，也有助于成人理解儿童工作的过程。对教师来说，艺术工作室还有以下作用：可以对儿童进行深入调查，发现儿童的个体差异及在选择表达方式上的性别差异；可以回顾和反思儿童的工作历程，为教师的记录提供了机会，帮助教师不断地修正自己观察和记录的方法，是与其他教师及提供教研员共同探讨并发展策略的场所，是教师研究和寻求自我发展的场所。

二、意大利学前教育的经费

意大利政府非常重视对教育的投入，形成了从中央到地方都关心和支持教育的局面和加强对教育投入的良好机制，1923 年意大利通过金梯莱法规实施 8 年义务教育。意大利法律规定每个班的人数为 15～25 人，如果班上有残疾儿童，则人数不超过 20 人。

意大利对投入幼儿园的教育经费是以班级为单位计算的。法律上规定，一个班级一般不超过 25 名幼儿。意大利对幼儿教育津贴的补助方式采取照顾低收入家庭的政策，1992 年根据家庭收入分层补贴。例如，月收入在 200 万里拉以下的家庭，每月补助约 22 万里拉；月收入在 200 万～350 万里拉的家庭，每月补助约 17.5 万里拉；月收入在 350 万～400 万里拉的家庭，每月补助 8 万里拉；而月收入 400 万里拉以上的家庭，则每月象征性地固定补助约 0.1 万里拉。1995 年修订后的儿童教育津贴政策，对出生到入小学前的儿童，教育津贴包括机构补助和幼儿教养费补助两部分。国家负责其中 1/2，地方政府负责 1/4，而另外 1/4 由幼儿教育机构自行承担。

意大利在学前教育方面的投入和政策显示了对幼儿教育的重视和努力。通过国家和地方政府的共同承担，以及从公共拨款中获得的资金，意大利能够为幼儿园提供必要的经费支持。2005 年数据显示，意大利学前教育机构的总支出占 GDP 的 0.44%，其中 88.8% 来自公共拨款，仅有 11.2% 来自私人资金。为扩大 2～3 岁儿童的高质量教育服务，意大利在 2006 年通过第 296 号财政法案，实施了一系列项目。2007 年，该国启动了"幼儿园特别计划"，计划在 2007～2009 年间投入 4.46 亿欧元的国家资金和 2.81 亿欧元的地方资金，以建设 5 万所新的幼儿园。2024 年，意大利学前教育的公共支出份额为 84%。

第六节　意大利的学前教育思想

一、蒙台梭利的学前教育思想

意大利的学前
教育思想

玛利亚·蒙台梭利（1870—1952 年）是意大利著名的幼儿教育家和医生，是意大利的第一位女医学博士，蒙台梭利教育法创始人。1897 年开始，她从事了三年智力缺陷儿童的教育工作。1901 年蒙台梭利离开意大利国立特殊儿童学校，开始致力于正常儿童的教育。1907 年 1 月 7 日，在罗马圣洛伦佐区建立第一所"儿童之家"。由此开始，蒙台梭利进行了系统的教育实验，设计了一套教材和教具，提出了一系列的方法，创立了举世闻名的蒙台梭利教育体系。蒙台梭利早期教育法为世界学前教育带来了革命性的变革，赢得了世界各国同行的尊敬和崇高评价：英国《西方教育史》称她是"20 世纪赢得欧洲和世界承认的、给科学带来进步的最伟大的教育家之一"；美国教育家认为，当代讨论学前教育问题，如果没有蒙台梭利教育体系，便不能算完整；德国教育家更不惜赞美之词，"教育史上能像蒙台梭利这般举目众知的教育家并不多见"。从创立第一个"儿童之家"开始，蒙台梭利教育迅速为世界多个国家所接受，迄今为止，完全的和不完全的蒙台梭利学校遍及世界 110 多个国家，世界各国的儿童正在接受与传统教育不同的自主教育。在日益重视早期教育的我国，以蒙台梭利教育思想建立的幼儿园和特色班越来越多，也越来越受到儿童的喜欢和家长的青睐。

（一）蒙台梭利教育的理念和目的

1. 蒙台梭利教育的理念

蒙台梭利认为，人类的一切胜利和进步都有赖于人自身内部的力量，儿童的进步更是如此。蒙台梭利强调儿童内在的、不可怀疑的力量是世界前进的动力；强调教育的注意力是"发现儿童的秘密"，了解儿童"心灵内部世界"和"内在的潜能"；强调教育的作用在于排除那些影响儿童自然发展的各种障碍，使儿童按其自身规律去自然发展；强调教育必须遵循儿童"自然发展和自然表现的法则"；强调教育要"适应儿童的天性"。

2. 蒙台梭利教育的目的

蒙台梭利是一个爱好和平的人，她一生都追求一个持久的、美好的和平世界。因此，曾三次被提名诺贝尔和平奖获得者。她希望用教育来挽救社会的危机，且这个教育的重点不是成人，因为成人受到错误的影响很深，很难从根本上进行改变。然而，孩子是"新人"，他们是教育的起点和希望，所以要形成一个持久的和平社会，必须从孩子开始，培养一代新人类的种子。因此，蒙台梭利说："教育的目的在于帮助生命力的正常发展，教育就是助长生命力发展的一切作为。"

蒙台梭利所追求的教育目标是协助每个儿童形成健全良好的人格，进而成为和平社会的维护者和建设者。她说，我所要达成的发展目标，是包括孩子的全部。我较大的目标是人类种族中的完美性。由此说明，蒙台梭利教育的直接目的是帮助儿童形成健全良好的人格，间接目的是培养一代"新人"。

（二）蒙台梭利教育的十大特点

蒙台梭利是世界著名的幼儿教育家，100多年以来，其教育理念和教育方法一直对世界幼儿教育产生积极的影响。蒙台梭利教育法是以科学的方法为根本的教育，是对幼儿实施素质教育及潜能开发的优秀教育模式，其主要特点有：①以儿童为中心。②不教的教育。③把握儿童的敏感期。④教师扮演导师的角色。⑤完全人格的培养。⑥尊重孩子的成长步调。⑦混龄教育。⑧丰富的教材与教具。⑨摒除单一的奖惩制度。⑩爆发式的教学成果。

蒙台梭利教育尊重孩子的内在需求，让孩子适时、适性的成长，短期内不易察觉成果，但却会在某一时间以爆发式彰显孩子内在的心智发展水平。因此，不要追求近期的效果，不要急功近利。

（三）蒙台梭利教育的主要学习内容

1）日常生活教育。

2）感官教育。

3）数学教育。

4）语言教育。

5）自然科学探索、地理与历史文化启蒙教育。

6）体能、语文、艺术等教育。

（四）蒙台梭利教育的原则

1. 环境适应的原则

蒙台梭利认为，如果家长能够从孩子的成长需要出发，为孩子创造一个真实的、能够提供丰富学习刺激的环境，那么孩子在与环境的互动中，智能和品质的成长必将是很好的。

2. 独立成长原则

儿童成长教育的过程是非成人所能代替的，所以家长要改变"我教你学、我帮你做"的观念，放手让孩子自己去努力完成生命中发展所需要的各项活动并得到锻炼，使孩子要求"我要学，我自己做"。要想让孩子成为独立生存的人，就必须克制自己想要帮助孩子的冲动，给予孩子"最少的指导、最大的耐性和最多的鼓励"。

3. 生命自然发展原则

一个人从出生到生命终结，都有其不可违背的自然成长规律。教育者必须学习每一个时期孩子的心理、生理发展规律，尊重孩子成长的步调，采用符合孩子行为特点的教育方法，最大限度地满足孩子快乐成长的需要，千万不要"拔苗助长"。

4. 捕捉儿童成长敏感期原则

蒙台梭利发现在 0～6 岁，儿童的动作、语言、专注力、秩序感、数概念等各方面的学习、发展都有一个迅速发展的敏感期，如果家长能够捕捉儿童的敏感期进行教育，将会起到事半功倍的效果。

5. 课程教具具体化原则

蒙台梭利发现孩子的认知是通过直观形象的操作获得的，她在教育实践中发明创造了 340 多种教具，发展了孩子的抽象逻辑思维，并学会认识世界的基本方法，变得专注、有序，对学习知识、探索知识充满了无限的兴趣。

6. 混龄教育原则

将真实的社会带入孩子的生活，在以大帮小、以小学大的环境里，孩子的成长将会更快、更全面。

二、瑞吉欧的学前教育思想

瑞吉欧·埃米利亚是意大利北部的一个小城市，以其低失业率、低犯罪率、广泛而高质量的社会服务，以及高效的地方管理机构、城市的富裕而闻名于世。该城市的教育工作者、家长和社区成员共同创立了独特而具有变革意义的教育教学理论、学校组织的方法和环境设计的原则，共同建立了一套幼儿教养体制，并在全世界推广。自 1981 年，瑞吉欧幼儿教育第一次出国到瑞典展出标题为"当眼睛越过围墙"的展览以来，尤其是从 1987 年在美国展出更名为"儿童的一百种语言"以后，瑞吉欧已经成为欧洲幼儿教育的变革中心，也越来越被世界各地的教育者所推崇。40 多年来，这一展览一直游历四方，不断向世界传递一份对儿童潜能的尊重和认可，伴随着人们对瑞吉欧幼儿教育体系越来越多的了解，该体系也越来越得到世界的认可。

（一）瑞吉欧教育理念

瑞吉欧的教育趋向有 3 个方面的传统影响：①欧美主流的进步主义教育。②皮亚杰和维果茨基等心理学家的建构心理学。③意大利学前教育传统及战后左派政治改革。在这三者的交互影响下，瑞吉欧教育理念主要有以下几个方面。

1. 走进儿童心灵的儿童观

以孩子的思维、立场来看待一切；另外，千万不要压抑孩子，应该让孩子充分表现其潜能。瑞吉欧的教育成就应该归功于这种"走进儿童心灵"的儿童观。为此，瑞吉欧采用弹性课程，以儿童为中心，从儿童的兴趣和需要出发，不让孩子生活在成人的包围之中。在幼儿园中，教师必须尽可能减少介入，更不可过度介入，与其牵着儿童的手，不如让他们靠自己的双脚走路。

2. 百种语言

瑞吉欧教育理念把文字、动作、戏剧、音乐等都作为儿童的语言，归纳为：表达语言、沟通语言、符号语言（如标记、文字等）、认知语言、道德语言、象征语言、逻辑语言、想象语言和关系语言等。鼓励孩子通过表达性（如动作、表情、语言、体态等）、沟通性及认知性语言来探索环境和表达自我，认为儿童的自我表达和相互交流特别重要，是儿童探索、研究、解决问题过程中的基本活动。瑞吉欧经验显示，学龄前儿童能够广泛运用各种不同的图像和媒介来表达，以及与他人沟通彼此的认知。

3. "我就是我们"

"我就是我们"，代表一种通过人与人之间的互惠交流，达到超越个人成就的可能性。以另一种方式来理解，幼儿与成人共存于社会文化和社会现实之中，并通过每日的活动参与发展自我。

4. 强调"互动关系"和"合作参与"

"互动合作"是瑞吉欧教育取向的一个重要理念，也是贯穿在整个教育活动过程中的一项原则。"互动合作"包括教师和学习者的互相沟通、关怀和控制的不断循环，以及教育活动相互引导的过程。

瑞吉欧教育主张：儿童的学习不是独立建构的，而是在诸多条件下，在与家人和教师、同伴的相互作用过程中建构的，是在特定的文化背景中建构知识、情感和人格。在互动过程中，儿童既是受益者，又是贡献者。"互动合作"的理念也表现在瑞吉欧的教育幼儿机构的管理方面，认为教育是整个市镇活动和文化分享的一部分。

（二）瑞吉欧教育的基本思路

1. 社区参与管理

在意大利，社区参与被看作是培养市民变革的积极性、保护教育机构不受过度的官僚统治危害并促进学校和家长合作的一条途径。以社区为本的管理方式是儿童、家庭、社会服务和社会之间相互联系的理论和实践的整合。这种管理方式能够适应文化和社会的变迁，能够促进教育者、儿童、家庭和社区的互动和交流。对于儿童个体的成长来说，这四者也是同样重要的。因为儿童是社会人，所有人都应关心和重视儿童的教育，在儿童的教育中，只有多方合作才能发挥教育的一致性和一贯性作用。

2. 学校人员的组成

关于瑞吉欧幼儿园的人员组成，在师资培养部分已经进行过描述，这里不再赘述。

3. 环境的布置

瑞吉欧幼儿园重视环境的作用，把它看作"第三位教师"，特别注意环境的创设和布置，以调动幼儿的兴趣，提供一个幼儿探索与交流的场所。

（三）瑞吉欧教育的主要特色

1. 全社会的幼儿教育：社会支持和家长的参与

社会在育儿方面给予家庭有力的支持，素来是意大利文化中集体主义的一种表现。在瑞吉欧市，0～6岁儿童的保育和教育是一项十分重要的市政工程，享有12%的政府财政拨款，家长在学校中所起的种种实质性作用，本身也是社会支持的一种表现。在全市所有的幼儿学校中，家长都有权参与学校所有环节的一切事物并自觉承担这一责任。

2. 民主与合作：学校管理风格

瑞吉欧学前教育体系是一个以儿童为中心的联盟，是教师与儿童都能获得"家一样感觉"的地方。这些学校并没有我们一般机构中所见的那些行政事务，教师之间也没有任何的层次等级，他们只是平等的共享者与合作者。实行三年一贯制随班教学，以在教师和幼儿之间保持长期稳定的联系。每年学校都有一名在艺术方面受到专业培训的艺术教员。

3. 项目活动：弹性课程与研究式教学

项目活动的基本要素或关键词包括：解决真实生活中的问题，小群体共同进行长期、深入的专题研究等。瑞吉欧没有固定的课程计划，项目活动强调深入而富有实效的学习，决不匆匆忙忙"走过场"。整个教育过程显得自然而流畅。

4. 百种语言：儿童学习与表达的手段

在瑞吉欧看来，幼儿表达自我和彼此沟通的手段，以及教师判断幼儿对于相关的内容是否理解的标志，不应只是人类特有的语言符号，还应包括手势、姿态、表情、绘画、雕塑等一切表达方式。

5．合作学习和反思实践：教师的成长

教师和孩子一样，都不是"训练"出来的；相反，教师是通过进入一个充满各种关系（与孩子、家长、其他教师、教研员等的关系）的环境之中学习的，环境中的这种关系支持教师们合作建构了关于儿童、学习过程及教师角色的知识。教师的成长与孩子的发展被视为一个"连续体"。

6．开放的环境：学校的第三位教师

物质环境的设计布置也是瑞吉欧教育的中心环节，而该环节的一个核心问题就是如何增加环境的开放度和资源的综合利用。教师们将幼儿学校的环境称作"我们的第三位教师"。教师们竭力创造机会，要在学校的每一个角落为儿童提供充分的交往机会，以便于他们进行沟通。瑞吉欧教育不是一种模式或理论派别的附属物，它是特定时代下的生动实践，且是极为成功的实践。

 本章小结

意大利在学前教育发展史上具有重要地位，先后出现了闻名于世的蒙台梭利和瑞吉欧教育体系，瑞吉欧教育体系代表了现代学前教育发展的体系。本章简要介绍了意大利学前教育概况，了解意大利学前教育的法律法规与体制、课程与教学、设施与经费及学前教育的师资培训，重点介绍了蒙台梭利教育和瑞吉欧教育的理念、方法，以便更好地学习、理解和借鉴。

 思考与练习

1．瑞吉欧教育可以给我国的幼教改革特别是幼儿园课程改革提供哪些启示？
2．根据蒙台梭利的幼儿教育经验，试论述对我国幼儿教育实践的影响。
3．试分析比较蒙台梭利教育和瑞吉欧教育的异同点？
4．瑞吉欧教育的主要特色有哪些？
5．蒙台梭利教育的原则有哪些？
6．蒙台梭利教育的特色有哪些？

第八章
英国的学前教育

第一节　英国学前教育概况

英国全称大不列颠及北爱尔兰联合王国，由大不列颠岛（包括英格兰、苏格兰、威尔士）、北爱尔兰和一些附属岛屿组成，总人口约 6826.5 万人（2023 年），官方语言为英语。英国是一个君主立宪制国家，女王是名义上的国家元首，议会为最高立法机关，政府是执政机关。英国在政治上实行民族区域自治，苏格兰和北爱尔兰均享有广泛的地方自治权。因此，其教育行政制度、学校组织法与教育发展各异，缺乏全国一致的教育措施，而尊重各地方的自主发展。其中，英格兰与威尔士地理位置紧密连接且合并最早，同化程度较高；苏格兰与北爱尔兰因地理位置上距离英格兰较远，两个地区的人文发展差异较大，故二者的教育行政也具有较大的差异性。英国中央与地方的教育行政体制，通常以英格兰和威尔士地区为主。

在封建社会时期，英国没有专门的幼教机构，受教育的只限于封建统治阶级，而且完全是家庭教育。18 世纪末 19 世纪初，欧洲发生了一系列革命后，随着大机器生产的产生与发展，英国的早期教育也应运而生。1800 年，英国出现了私立儿童保育机构，由年长的妇女担任教师，称为"保姆"，它是英国早期教育的雏形。1816 年，英国空想社会主义者罗伯特·欧文在苏格兰的新拉纳克的工厂中创立了一所幼儿学校——新拉纳克幼儿学校，接收 1 岁以上的儿童，这是世界上第一所为工人阶级子女创办的学前教育机构，是英国公共学前教育的开始。19 世纪 50 年代，福禄贝尔幼儿园开始在英国生根、发芽。第一次世界大战后，杜威的实用主义教育理论和蒙台梭利的自由主义教育思想对英国的学前教育产生了很大影响，英国的学前教育初步得到发展。第二次世界大战后，学前教育更加受到重视。目前，英国的学前教育是针对 5 岁以下儿童所实施的教育。

第二节　英国学前教育的法规与体制

一、英国的学前教育法规

英国自 1833 年开始实行从国库拨款的教育补助政策。1840 年后，幼儿学校开始从这项政策中受益。同年 8 月，枢密院教育委员会视学官首次发出有关幼儿学校检查项目的训令。提出 34 个项目，包括学校设备、娱乐和身体练习、劳动、艺术模仿、学习音标、自然常识、阶梯教室的教学和纪律等方面。当时欲接受国库补助的幼儿学校，必须接受政府的监督和控制。

1870 年，英国政府颁布的《初等教育法》（也称《福斯特法案》）规定："入学儿童的最低年龄为 5 岁"。1918 年，英国政府颁布了《母亲和儿童福利法》，要求由地方行政当局为幼儿设立保育学校，招收 5 岁以下的儿童。同年，又颁布了著名的《费舍尔法案》。该法案的目的是在英国建立一个包括保育学校、小学、中学和专科学校在内的公共学校系统。该法案要求将小学分为 5～7 岁（幼儿部）和 7～11 岁（初级学校）两个阶段，此外正式承认保育学校属于国民学校制度的一部分，应实行免费入学（伙食费、医疗费除外）。要求地方教育行政部门设立和援助保育学校，但由于经费问题没有得到解决，有关扶持保育学校的规定执行得很差。

1933 年，以哈多为主席的调查委员会对英国初等教育进行调查后，发表了《关于幼儿学校及保育学校的报告》（以下简称《哈多报告》）。《哈多报告》提出：①良好的家庭是 5 岁以下儿童的最佳环境，但同时认为保育学校对城市儿童的发展有重要作用；建议将保育学校定为"国民教育中的理想的机构"；提倡大力增设麦克米伦式的学校、幼儿学校幼儿部附设的保育班。②建议成立以 7 岁以下儿童为对象的独立幼儿学校；指出 5 岁并不是区分儿童重要发展阶段的界限，而向 7 岁以上的少年学校过渡才是其重要发展阶段。③幼儿学校的教师也应遵循保育学校的原理，即注重对 6 岁以下儿童开展户外体育、游戏等自然性的活动和进行会话、唱歌、跳舞、图画、手工等表现能力的训练；对 6 岁以上的儿童才加进读、写、算的正规教育。

1944 年，丘吉尔政府通过了一个重要的教育改革法令，即《巴特勒法案》。该法案以 1918 年的《费舍尔法案》为蓝本，确定了英国现代教育体系的基础。该法案明确指出"以教育 5 岁以下儿童为主要目的的初等学校就是保育学校"，其主要作用是"培养全面发展的正常儿童，主要是进行教育，其次是进行补偿"。该法案规定：2～5 岁的儿童都应该进入保育学校，地方教育当局应该提供保育学校和保育班的经费。此外，该法案还明确规定了保育学校由国家教育部门和地方教育当局管辖。该法案还规定，初等教育由 3 种学校实施：①为 2～5 岁的儿童设立保育学校（这一年龄段不属于义务教育之内）。②为 5～7 岁儿童设立幼儿学校。③有的地方如果设立 5～11 岁的初等学校，则可在校内附设保育班，招收 3～5 岁的儿童。

《巴特勒法案》把保育学校或保育班的设置规定为地方教育行政当局不可推卸的义务，但未能将保育学校和幼儿学校连贯起来的思想形成制度。幼儿学校仍作为义务教育的最初阶段包括在初等教育之中。幼儿教育以 5 岁为界被割裂开来。

1966 年的《普洛登报告》、1972 年的《教育白皮书》都对英国的学前教育起到极大的推动作用。1966 年，教育咨询委员会委员长普洛登女士发表了一篇报告。该报告在"第九章　为义务教育前的幼儿提供教育设施"中，呼吁大力发展英国的幼儿教育，尤其是在教育不发达的地区。她提议：①大量增加幼儿教育机构，希望到 1980 年时 3～5 岁的儿童都能进入幼教机构。幼儿教育应以 20 人为一组划分成一个"保育集体"；1～3 个保育集体组成一个"保育中心"；它们可以与保育所或者儿童中心的诊疗所结合起来。所以，保育集体每 60 人应配备各种资格的教师，每 10 人至少配有 1 名修习两年培训课程的保育助理来担当每天的保育工作。每周保育 5 天，分上午部和下午部。②在公立保育机构得到扩充之前，地方教育当局有权对非营利私立保育团体进行援助，以资鼓励。③最理想的是将包括保育集体在内的一切幼儿保育机构都统一在各个收容儿童的设施及小学的领导之下，同时在制订新的地区计划和老区重新规划时，也充分考虑幼儿教育。④在幼儿教育活动中增加教育因素。凡接受政府资助的幼儿教育机构应接受教育科学部门和地方教育当局的双重管辖。⑤努力提高幼教机构的设备和师资，提高幼教师资的素质。⑥应向贫困家庭的儿童和有语言障碍或潜在学习困难的儿童提供接受学前教育的机会。

1972 年 12 月，教育科学大臣萨切尔发表的一份白皮书《教育：扩展的架构》中指出：政府已决定实施对 5 岁以下儿童进行教育的一项新政策，这将是自 1870 年开始实施从 5 岁起实施义务教育以后，第一次有系统地迈出更早地开始教育的步子。教育白皮书肯定了《普洛登报告》中具有实践意义的建议，并制订了实施计划，打算 10 年内实现幼儿教育全部免费，并扩大 5 岁以下儿童的教育。为此，提出以下要求：①要调动各方面的积极性。除政府外，还要依靠地方教育行政当局的周密规划，以及自由团体、教师、家长的大力协助。政府努力扩充保育学校，使 4 岁儿童入园率达到 90%，3 岁幼儿入园率达到 50% 的目标能在 20 世纪 80 年代完成。②确保有相当数量的教师队伍。必须在进一步改革大学幼儿教师培训课程的同时，对非正式教师进行特别训练。③政府为实现上述计划提供必要的经费援助。政府拨给幼儿教育的经费在 20 世纪 80 年代增加到 1972 年的 5 倍以上。④政府将优先考虑为那些因居住环境等其他不利因素而有保育需求的 3～5 岁儿童提供全日制设施。全日制设施的扩充目标是：能接收全国幼儿人口的 15%。⑤当地政府应努力和社区民间团体合作，使保育学校改革能落实在民间。⑥将保育学校的师幼比降到 1：13。⑦加强保育学校与父母及幼儿之间的沟通。⑧保育学校将具有及早教育、及早辨别儿童问题和需求的功能。

英国的学前教育事业在《普洛登报告》和教育白皮书的推进下有了很大的发展。到 1978 年，3 岁儿童接受保育教育的已占该年龄组的 15%，4 岁儿童达到 53%，半日制保育学校和保育班约占全部保育设施的 3/4。

1996 年，英国新工党政府制定政策，要求所有 4 岁儿童就读 1 年的学前教育。

1998 年 3 月，英国政府推出了"国家儿童照料战略"，该战略的主要目标是扩大就业、改善学前教育服务质量和为家庭提供更广泛的支持。该战略的主要内容包括扩大照料服务、提供基金、改善 0～3 岁幼儿早期教育服务质量等，使家长能放心地就业，借以促进经济发展。1998 年 5 月，英国教育与就业部、社会保障与妇女部联合向国会递交了《应对儿童保育挑战》绿皮书，新工党政府将此定为"全国儿童保育战略"。

1998 年，为了确保每个儿童都有一个良好的开端，保证家庭有一个较好的未来，建立强有力且比较安全的社区，使人们得到较好质量的儿童保育、早期学习和家庭资助，英国政府发起了"确保开端"计划，旨在改善包括出生前在内的儿童及其家庭的健康和福利状况，使其做好入学准备。"确保开端"计划的目标有 5 个：①促进社会性和情感发展：通过增进亲子依恋来加强家庭的维系，同时对儿童的情感和行为困难给予鉴定，并提供相应的支持。②促进健康发展：通过父母对孩子的抚育来促进儿童出生前后的健康。③促进儿童学习能力的发展：通过提供高质量的环境和儿童教养来促进早期学习，还提供刺激性适宜的、愉快的游戏，并对有特殊需要的孩子提供早期鉴定和支持。④加强家庭和社区建设：使家庭参与社区建设中，以保证计划的延续，同时创造摆脱贫困的途径。⑤增加生产操作能力。

就这方面的成就而言，从 2004 年 4 月起，如果其父母认为需要，所有的 3 岁儿童都能获得免费的部分时间学习。

2002 年，英国政府制定了"2006 教育计划"，规定 2002～2006 年英国幼儿教育的目标是：①让所有 3～4 岁的儿童都能接受幼儿园的早期教育。②制定《全国幼儿保健策略》，确保每一位父母都能获得幼儿保健机构的帮助，使幼儿保健与早期教育、学校教育和家庭教育相互补充。③建立社区幼儿园，延长幼儿园学习时间，确保更多的家长（尤其是单亲家庭的家长）有时间工作，为儿童提供范围更广的服务。④制订"可靠开端"方案，为生活在弱势地区的未来父母和不满 4 岁儿童的家庭提供更多更好的服务。

2003 年 9 月，英国财政部发布了《每个儿童都重要》这一儿童绿皮书，针对青少年和儿童、家庭服务提出改革建议，如帮助每个儿童都有机会发挥其潜能；通过解决儿童贫困问题，改进早期教育和儿童保育等。

英国 2004 年出台的《儿童法》和 2006 年出台的《儿童保育法》均重申了"整合服务"这一改革理念，并为进一步建立、健全政府职能，明确相关重要部门和相关责任人的职能和职责，为实施整合服务所需的机构重组和跨部门合作机制提供法律支持。例如，《儿童法》要求各地方当局任命一名儿童服务主管和一名儿童服务要员，统一负责当地儿童教育和社会服务的相关事宜。《儿童保育法》明确指出，学前儿童服务应包括儿童早期教育和保育服务、与幼儿及其家长或准家长相关的社会服务、卫生保健服务、就业与培训服务、信息提供及其他支持性服务；明确界定地方当局在建构合作关系和领导相关合作伙伴方面的职责，将地方当局、基础保育信托、地方战略健康局、特别就业中心置于互惠职责中，旨在通过这些机构的通力合作，实施整合式的学前儿童服务。

英国政府 2005 年颁布"早期奠基阶段"规划、2006 年颁布《儿童保育法》、2007 年颁布"儿童计划"、2012 年颁布《学前教育方案儿童发展事项》、2017 年颁布《早期奠基阶段法定框架》，将英国的学前教育改革不断向前推进。

二、英国的学前教育体制

英国的学前教育在宏观管理体制上实行国家、地方、学校三级管理。国家负责制定幼教的方针、政策、法规、制度，地方负责国家政策法规的贯彻执行，学校负责日常事务的具体操作。由于学前教育的开办部门不同，英国的学前教育机构可分为以下几种类型：①由社会福利部门开办的，如日托中心、托儿所、社区中心婴儿室等。②由教育部门开办的，如托儿所、幼儿学校、幼儿班、小学附设托儿所等。③由卫生保健部门开办的，如日托中心、游戏小组等。④由私人或团体开办的，如托儿所、幼儿学校、教会托儿所、游戏小组、亲子小组、儿童保育中心等。从功能上讲，可分为教育型和照料型两大类。如此种类繁多的学前教育机构可以使英国幼儿家长根据自己的需要进行选择。

2002 年年底，"儿童早期教育和保育办公室"与"确保开端"计划合并，由"确保开端办公室"统一负责儿童早期教育、保育及确保开端项目的相关事宜。2003 年，教育与技能部设立儿童、青少年和家庭部长，负责除儿童保健外几乎所有的儿童服务事宜。至此，涉及学前儿童保育和教育的中央层面的行政整合基本完成：行政职责统一于教育部门，形成一个聚焦学前儿童发展的决策机构。2007 年 6 月，当时的布朗政府将原有的教育与技能部一分为二，分别组成儿童、学校和家庭事务部与创新、大学和技能部。儿童、学校和家庭事务部将在负责以往学前教育职能的基础上，从儿童实际需要出发，"制定有关儿童和青少年的政策，统筹政府各部门关于青少年和家庭的措施"，积极推动儿童、学校和家庭相关政策的协调发展。

在地方层面，受合作和治理理念的影响，英国地方当局的许多职能通过与私营部门、自愿团体或其他公共团体合作来履行，如教育行动区、健康行动区、儿童早期发展和照料的合作协调组织及儿童信托等。近年来，地方当局在强调多方合作的同时，将同儿童服务相关的职能进行整合，并通过"建立一个强有力的管理、报告、统辖、合作和检查程序"来提高工作有效性，以确保儿童五大发展目标的达成。

（一）保育学校和幼儿班

保育学校是独立的幼儿教育机构，由教育部门开办，招收 2～5 岁的儿童。幼儿班附设在小学里，招收 3～4 岁的儿童，进行 1～2 年的学前教育，儿童就近入学，以半日制为主，全日制为辅。幼儿入学与否，一般由家长决定，有关当局不加任何干预，多为半日制，幼儿在校时间或为上午，或为下午。保育学校和幼儿班的开设、经费和教师聘用，均由地方教育行政当局负责。在公立保育机构中，由具有与小学教师同样资格的教师担任教育任务。保育学校的规模不同，从 40～120 名不等，幼儿与教师的比例为（1∶10）～（1∶13）。保育学校和幼儿班没有正式课程，教育计划、教学内容和方法则由保育学校和保育班的校长负责制定和执行，教学内容从幼儿的实际需要出发设计课程。由幼儿自己选择日常活动，以游戏为主，为幼儿提供安全、轻松的环境，为其进入小学做准备。

（二）托儿所

英国的托儿所分为日间托儿所和寄宿托儿所。托儿所在社会福利机关登记立案，主要招收 2～5 岁儿童，儿童依据家庭经济情况交纳费用。托儿所一般只能收 30 名儿童。幼儿与保育人员的比例是 1∶13。近年来，社会安全和健康部、教育和科学部共同发展联合性的保育托儿机构。目前，全国儿童之家和儿童局也参与支持这种联合性的保育托儿机构。托儿所根据以下标准优先选择儿童：①高度危险儿童，包括非意外伤害所造成的严重障碍儿童、复杂问题家庭的儿童。②中度危险儿童，包括单一家长的儿童、祖父母照顾的儿童、处境不利的儿童、家庭文化刺激贫乏的儿童、生理有缺陷的儿童等。

（三）日托中心

日托中心由卫生部门领导，属社会服务性质，主要招收由社会救济部门送来的或因母亲外出工作无人照管的 5 岁以下的幼儿，由保姆负责保育工作，以照顾为主要目的，一般由地方当局、企业单位及私人团体开办。公立和私立的日托中心都必须接受地方社会福利部门的定期检查，只有在教师资格、环境设计等方面符合要求以后，才予以招生、开办。日托中心全年开放，儿童在日托中心的时间为 8:00~18:00；按儿童年龄分班，不同年龄班的规模不同，幼儿与教师的比例也不同。在 0~3 岁年龄班，最多只能有 6 名儿童；在 3~5 岁年龄班，最多只能有 10 名儿童。幼儿与教师比从 1∶3 到 1∶4 或 1∶5。

（四）学前教育中心

学前教育中心为父母及儿童提供良好的设备，有些还成立妈妈娃娃班、游戏小组和其他一些非正式的托儿班。它们提供看护和养育的服务。工作人员包括一名合格教师、几名受过专业训练的护士、有时还有一名社会工作人员和一名医护人员。例如，父母婴儿小组，以前是母亲婴儿小组，后来由于父亲的参与而发展成为父母婴儿小组，为 3 岁以下的幼儿提供服务。大多数父母婴儿小组每周活动 1 次，每次 2 小时。父母和孩子在一起做游戏，保教工作者和家长（如孕妇、父母、祖父母等）或其他对幼儿教育感兴趣的人共同讨论教育子女的问题，分享彼此的教育经验。

（五）游戏班

游戏班作为正规学前教育的过渡性辅助机构，为家长们参加义务工作和学习育儿方法提供了理想的场所。它的主要目的在于向儿童提供丰富的、有促进作用的游戏活动，使儿童得到健康发展。

游戏班多为半日制，每周活动 2~3 次，每次活动 2~3 小时。游戏班里重视自由游戏，鼓励参加户外活动，在没有合适场地的情况下，活动也可在室内进行。每个游戏班由 1 名负责人、1~2 名助手管理，家长可自愿参加保育工作，协助管理。在大部分游戏班里，至少有一名工作人员从事过儿童工作或受过有关专门训练。在少数游戏班中，有一名正式合格幼儿教师。每个游戏班的儿童一般不超过 40 名。游戏班的活动场地多设在租用或借用附近的公共设施中，如公园、俱乐部、教堂、学校空余教室等（但也有少数例外，如有的地方教育行政当局筹集资金，开设游戏室供幼儿游戏班使用）。

游戏班虽然未被列入国家正规学前教育机构，但由于其发展迅速，社会效益显著，在很大程度上缓解了由于正规保育设施不足而带来的社会问题。因此，政府对游戏班的广泛设立给予了充分的肯定和积极的支持。教育当局为幼儿家长和游戏工作人员开设了专门的课程，并列入"开放大学"的课程之一，为游戏班组织提供了向公众进行广泛宣传的机会，同时表明了政府愿意同游戏班组织合作的积极态度。

（六）家庭保育

家庭也可以开办保育机构，这是英国幼儿教育的一个特色。这种家庭必须符合健康、安全标准，经地方社会服务部注册后方有资格开展保育活动。近年来，英国十分重视对家庭保育的管理，如资助保育者的培训、成立国家儿童保姆协会等，以提高儿童保育者的素质。承担家庭保育工作的家庭全年全日开放，由主妇担当教育自己孩子和别人孩子的任务。只允许照看 3 名 5 岁以下的儿童（包括自己的孩子）。

（七）联合托儿中心

为了父母的工作方便，英国还有一种幼儿教育机构，即联合托儿中心，招收 0～5 岁的儿童，全年开放，每天从 8:00 至 18:00，父母可根据工作需要接送孩子。该机构还设有父母屋，鼓励父母积极参加中心的活动，使保育和教育有机结合。

第三节　英国学前教育的课程与教学

一、英国的学前教育课程

英国学前教育的课程与教学

英国于 1988 年由资格审查及课程规划机关（Qualification and Curriculum Authority，QCA）制定的国定课程，为 5～16 岁学生教育的依据。2000 年颁布了《基础阶段教育（3～5 岁）课程指南》，首次在基础阶段教育设立了国家统一的课程。该课程目标包含以下项目：个人、社会和情绪的发展；对于学习具有正面态度及倾向；社会技能；注意力及持续度；语言和识字；读和写；算术；对世界的认识与了解；身体发展；创造力的发展。

根据以上目标，又规划了以下六大课程领域。

（一）个人、社会和情绪的发展

对学习有持续的兴趣和动机；有信心尝试新的活动，能在熟悉的团体中谈话并表达自己的观点；保持注意力，能集中精神并在必要时保持安静；对自己的需要、观点和感情有自觉性，并能察觉别人的需要、观点和感情；对自己国家的文化和信念产生尊重，同时能尊重不同文化；对重要经验有适当反应，并能表达各种适当的感情；能与成人和同学形成良好关系，和谐共处；了解对与错，且知道原因；能自己穿脱衣物，并能处理个人卫生事宜；能自行选择要玩的活动，并找出相应的资源来完成；能了解自己的言行对他人的影响。

（二）语言和识字

在游戏和学习过程中，喜欢使用口语和文字来沟通；会去探讨和尝试声音、文字和书写；喜欢听人讲，并对故事、歌曲和其他音乐、韵律和诗歌有反应，并能编出自己的故事、歌曲、韵律和诗歌；使用语言来想象和创造出角色和经验；能用口语来组织、排序，理清思维、观念和事件；能持续地注意听，对所听到的内容能有相关的评论、质疑或行动加以反应；扩充词汇，能探讨新字的意义和读法；能将所听到的内容正确排序，能使用从故事中听来的句型；能清楚地说并适当地与听者互动，如礼貌地打招呼，说"请""谢谢"等；能将字头和字尾听、说清楚，包括字里的子音；能将声音与字连在一起，指出和念出字里的母音；能自己读出常用字和简单句；能知道英文的读法是从左到右，由上而下；显示出对故事的基本元素有所了解，如主要人物、事情发生的顺序、开场白及在非小说中如何去回答何地、何人、为什么等问题；尝试用书写来达成各种意图，使用不同形式来表达，如列表、故事和指示；能写自己的名字和其他事物，如标签和标题，并能造简单的句子，有时也用标点符号；能应用听到的语音来拼出简单、有规则的字，并能试图拼出更复杂的字；能握铅笔并写出可以辨识的字母，大部分都能写正确。

（三）算术

在熟悉的场合能说出和使用数字；对日常生活中的事物能从 1 数到 10；认得数字 1～9；对于两种量的比较，能用"更多""较少""更大""较小""更重""较轻"来区分。在实际活动和对话中，能用到加法和乘法的字眼；在 1～10 之间的数字，能说出比一个数字大 1 或小 1 的数（即邻近的数字之比较）；开始使用加法来结合两组东西，并用减法来"拿走"；能用"圆圈"或"更大"来描写固体及平面体的形状和体积；能用日常用语来描写位置；能用已有的数学概念和方法来解决实际问题。

（四）对世界的认识与了解

能用适当的感官来了解周围的事物；能将看到的事物区分成有生命的、无生命的；能提问为什么事情会这样和将会变成怎样；能选择适当的材料来组成各种物件，且能依据不同情况来修改；选择适当的工具来达成所要组合的目的；了解日常科技的用途，并使用资料、沟通和科技玩具及计算机来帮助学习；能将自己、家人和所认识的人，以及生活中过去所发生的事和现在所发生的事加以区分；对自己所居住的环境和自然世界进行观察，并指出其特征；开始认识自己和他人的文化和信念；对自己的环境进行了解，并能说出喜欢哪些特点和不喜欢哪些特点。

（五）身体发展

有自信、有想象力和安全的行动；能控制自己及完整地行动；对空间、自己和他人有所知觉；认识到维持健康的重要，及知道如何保持健康；当做动作时，知道对身体的改变；能使用各种大大小小的设施；能在平衡和跳跃的设施上爬上爬下；能安全地使用各种工具、器物和建筑工具，且越来越能加以控制。

（六）创造力的发展

能在 1 m 以内探讨颜色、形状和空间；了解及探讨声音如何被改变，从记忆中唱出简单歌曲，听出熟悉的音乐和旋律，并随着音乐起舞；对于所看到、听到、闻到、摸到和感觉到的事物有不同的反应；将想象利用艺术和设计、音乐、舞蹈、假想的角色扮演、行动、设计和制造器物、各种声响和乐器来表达和沟通他们的观点、思考和感觉。

二、英国的学前教育教学

英国的学前教育采取三学季制，分别为秋季（9月到11月）、春季（1月到3月）、夏季（4月到6月）。不同的学前教育机构，儿童入园与离园的时间、在园时间的长短均有所不同。英国学前教育机构的教学有以下特点。

（一）教学活动偏向以儿童为中心

教师把每个儿童都看作是有个别差异的个体，应当为每个儿童提供发展的机会。比较有代表性的活动是区域活动，这是学前教育机构对儿童进行教育的重要途径。英国保教人员认为环境是儿童发展的第三位老师，因而十分重视幼儿园整体环境的布置和班级特色环境的创设，并通过区域活动来充分发挥环境的潜在教育价值，以满足每个儿童发展的需要。所见的活动区有图书区、科学区、计算机区、绘画区、家庭区、建筑区、数学区、玩水区、玩沙区、木工区、体育区、种植区等，使儿童可以从自己的兴趣爱好出发，自由参加某个活动区的活动，发展个性品质。同时，在每个活动区，教师还为儿童准备了不同的活动材料，以适应儿童的发展水平。例如，在图书区中，教师提供了各种阅读材料，儿童可以按照自己的阅读兴趣、水平加以选择，以提高阅读能力。

英国的学前教育注重儿童的全面发展，所采取的教育方法无不配合儿童的需求，并且提供完整的机会让儿童发展学习。儿童经常从事的活动有科学、故事和诗歌、音乐和律动、戏剧、数学、创造、建构、设计和技术、玩沙和玩水、多用途的操作材料、烹饪等。在丰富多彩的活动中，儿童增长了见识，发展了才能，获得了体力、认知、情感、社会性、审美等各方面的知识经验和技能技巧。例如，幼儿学校的"开放教学"在英国有多种名称，如"开放教育""非正规教育""非正规教学""完整日"等。开放教学的课程包括智能、艺术和体能等活动。教学形式不分年级，也不搞分科教学，没有固定的教材，提倡儿童的自由活动和探索，让儿童在丰富多彩的活动中获得知识、培养能力。每个儿童根据自己的兴趣、能力与动机，充分利用学校所提供的一切资源。此时，教室成为工作室，儿童可以独立或成群地从事活动。开放教学包括源源不断的构想、语言发展和其他的学习经验，因此使教育成为一种连续不断的进展过程。

（二）游戏是儿童最基本的活动

英国学前教育课程的基本哲学是"游戏"。对儿童来说，工作与游戏没有什么区别，儿童的学习是以游戏为基础的。高质量的学前教育是建立在游戏之上的，游戏应成为每日活动中的一种基本活动，不应一味地强调为小学学习做好准备，而减少儿童的游戏时间，剥夺儿童最有价值、最适当的学习体验和童年的欢乐。此外，教育家还指出，成功的游戏不是完全自发的、无组织的活动，而是需要教师去精心准备游戏环境、材料、设备，丰富儿童的经验，参与、评论儿童的游戏，鼓励儿童自己发现问题、解决问题。2000年的《基础阶段教育（3～5岁）课程指南》肯定了游戏对于儿童学习与发展的重要性，但提出了"精心设计的游戏"这一新的概念来区别于传统的自由游戏。"精心设计的游戏"这一概念更强调教师的作用。关于教师应如何为儿童提供游戏材料、指导儿童的游戏，随着脑科学的发展，也有了新的认识。许多研究人员指出：男性在空间思维能力测验中占优势是源于孩提时期的游戏定式，经常玩积木、卡车、火车的孩子比经常玩娃娃、过家家的孩子更可能提高空间思维能力；女孩式的玩法使儿童能更好地发展语言技巧。

（三）通过音乐提升儿童的创造性

英国研究人员指出，从3岁开始对儿童教授莫扎特或贝多芬的音乐，能有效地提高儿童的学习成绩。即使每天只弹10分钟的钢琴，幼儿智力测试的成绩也会大幅度提高。因为对幼儿进行音乐训练，能使其受到各种刺激，并对刺激做出反应，这就在大脑中建立了暂时神经联系，促使大脑更好地识别空间和时间模式，对提高儿童思维的独创性具有长远的积极影响。因此，在儿童的日常活动中，要注意利用音乐来对儿童进行教育。

（四）推行计算机教育

英国的教师和家长不仅将计算机视为一种方便快捷的工具，而且将对其的掌握视为儿童必备的一种技能。几乎每个班都配有一台计算机及与机型相配套的学习软件，儿童可以自由地上机操作。计算机教育方面主要达成3个目标：为儿童创设信息技术活动的机会、发展儿童交流与处理信息的能力，发展儿童控制与设计信息的能力。计算机软件的内容，既有娱乐性较强的娱乐软件，也有适合各科教学或与各科教学相关的教育软件。计算机不但教儿童英文、数学、科学，还能带儿童唱歌、画画、下棋、走迷宫等，极大地激发了儿童学习计算机的热情。计算机教学的方法主要采用游戏法，也就是说，计算机教育是从游戏开始的。例如，儿童在书写单词时，常把字母写错或写反，如果有计算机帮助就可以克服这样的错误。因为只要一写错字母，计算机画面上的小宠物就会说"你写错了"，接着还会告诉儿童正确的写法。又如，让儿童学习不同物品的制作材料，屏幕上可显示一把木制小椅子、一个玻璃杯、一件雨衣，另有木制品、玻璃制品、塑料制品的英文字样。儿童通过操作将它们对应起来。计算机屏幕上的每样东西都有"多媒体"的特点，如花儿会开、铃儿会响、公鸡会叫、猴子会荡秋千等。儿童通过玩各种不同的教育游戏，掌握了不同品牌机的性能、特点，熟练了鼠标、键盘操作，理解了计算机语言。

（五）定期开办大型专题教育活动

大型专题教育活动对儿童某一方面的发展具有独特的价值，通常是一年进行一次。例如，庆丰收大会，有利于培养儿童热爱劳动、珍惜劳动成果的品质；运动会，有利于激发儿童对体育活动的兴趣，增强儿童的体质。在庆丰收大会上，儿童既可以从家里带来直接与丰收有关的各种东西，如糖果、水果、面包、蔬菜、罐头等，也可以带来间接与丰收有关的东西，如浇灌植物、清洁物品、将物品摆放在桌上、聆听教师的讲解，体验丰收的喜悦。在运动会上，每个儿童都有机会参加自己感兴趣的项目，如托着乒乓球向前行走，在草坪上进行比赛；在运动会前夕，每个儿童还可自愿参加"运动会日程表封面图案设计"的竞赛活动，把自己所画的图案用作运动会日程表的封面。

（六）积极开展游览活动

英国学前教育机构十分重视利用家庭和社区独特的教育资源，来拓展学前教育的空间，促进儿童的更好发展。保教人员和家长经常有目的、有计划地带领儿童去博物馆、动物园、公园、儿童游戏场、书店、超市、商店、农场、运河等地方参观游览，以扩大儿童的视野，丰富儿童的感性知识，培养儿童探索世界的能力。由于外出活动比在园内活动具有更大的危险性，各个学前教育机构不仅在注册时要求家长签字表示同意让孩子外出活动，而且在每次外出活动之前还请家长签字以示同意。此外，学前教育机构还注意控制外出活动的规模和师幼比率。

第四节　英国学前教育的师资培养

一、英国学前教师的任用资格

英国学前教育
的师资培养

在英国，学前教育机构要求保教人员必须具有一定的专业知识、技能、能力和态度，平等对待、尊重所有儿童，而不论其家庭背景、性别、种族、宗教信仰和文化。英国从 1944 年颁布的《巴特勒法案》就开始大力加强师资培训工作，同时举行教师资格证书考试。在 1998 年的《教师：迎接变化的挑战》绿皮书的基础上，推出了一系列改革教师教育的新举措，不断严格幼儿教师的任用。

成为一名合格的教师有 3 种途径：一是年满 18 岁的英国青年，至少有两门功课（主要是数学和英语）得了"A"级，经过任何学科的三年学位学习，再加上一年或两年的教育学研究生资格证书学习就可成为一名合格教师；二是大学本科四年教育学学习；三是经过三年的教师证书学习班学习。

想成为保育助理的学生要在扩充教育机构修满两年保育人员训练课程后，取得参加考试资格，考试合格后获取幼儿护理考试委员会（Nursery Nurse Examination Board，NNEB）证书。托儿所的保育护士和保育助理的任用以修完 NNEB、PCSC（社会护理初级证书）等课程，参加考试获得证书的人为主。学前游戏小组通常任用修完经认可的学前游戏小组课程的人为学前游戏小组指导人。

学前教育工作者都持证上岗，但证书的种类却多种多样，如 NNEB，即 0~8 岁儿童健康和教育的两年课程的毕业证书，许多教师持有的证书属于此类；PLA（Pre-school Learning Alliance，学前教育联盟），相当于 DPP（Diploma in Pre-school Practice，学前教育文凭），即 2~5 岁儿童发展和教育的 1 年课程证书；CERT ED（Certificate in Education，教育证书），即初等教育的三年课程证书；CCE（Certificate in Child Care and Education，儿童护理与教育证书）相当于 NVQ（National Vocational Qualifications，国家职业资格证书）level 2（初级），即 0~8 岁儿童保育和教育的 1 年学院课程证书，以及 DCE（Diploma in Child Care and Education，儿童护理与教育文凭）、MCW（Maternal and Child Welfare，母婴健康福利）证书等，有些人还拥有 BAHons（早期教育课程 360 学分）证书或 B-ED（360 学分）教育学士学位证书。这和英国推行国家职业资格证书制度是相适应的。英国在师资方面采用"学徒制"，英国学前教育行业的资质主要是通过职业教育实现的。为确保幼教从业者都经过良好培训，且具备教育 0～5 岁儿童的能力，他们必须获得教育部规定的学前教育从业资格证书。

二、英国学前师资的职前培养

英国学前教师的培养与小学教师的培养相同，由教育学院、多科技术学院教育系和艺术训练中心实施。在英国约有 3%的教育学院开设了学前教育系。地方教育当局对教育学院的招生对象做出具体规定：具有良好的性格和身体、入学前曾有半年至一年从事学前教育的实际工作经验、年满 18 周岁、具有高中毕业文凭等。

在教学中对各种幼教理论兼收并蓄，尽量向学生介绍各种学派的教育思想。在研究实际问题时，博采众长，从各派理论中吸收有益因素进行探讨。英国学前教育师资所学的课程十分广泛，一般有 3 个部分：①普通教育课程，包括英语、数学、宗教、体育、教育学、心理学、社会史、教育史等。②职业教育课程，包括幼儿教育法、幼儿保健法、游戏等。③教学实习，为帮助学生了解并胜任未来的教师工作，课程中还安排了教学实习，内容包括如何观察儿童、如何照顾儿童及如何组织儿童活动等。例如，在一至两年的教育学研究生资格证书教学过程中，学生要进行 16～18 周的教学实习。学生毕业后，尚须经过一年的实习考核，合格者方由教育部颁发合格教师证书。保育学校教师的任职资格与小学教师相同。

保育助理在扩充教育学院所学的 NNEB 课程主要内容有：儿童照顾和发展（理论与实践）、儿童的健康和照顾、家庭社区服务、一般科目、沟通和创造艺术、环境研究、家庭和社会。实习时间占比为 40%，修业期限为两年（2000 小时）。

学前游戏小组指导人的专业训练计划在各个地方当局并不一致，但基本上以 1975 年国家颁布的《学前游戏小组指导人基础课程训练纲要》为训练计划基础，在扩充教育机构开设两年制的训练课程。课程内容由 6 部分组合而成：家庭和儿童、儿童和学前游戏小组、学前游戏小组和社区、儿童发展及组织学前游戏小组的实际和行政、成人和儿童、家庭和社区的关系。训练时间则根据地区不同而有一些弹性变化。

三、英国学前师资的职后培养

为了不断更新保教人员的专业知识，提高保教人员的教育能力，英国学前教育机构都做出了保教人员在职必须定期参加专业培训的决定。有的学前教育机构要求教师制订个人的职业发展计划，有的学前教育机构还规定了培训日，培训日机构关闭，不对儿童开放，以保证教师有足够的时间和精力参加培训。

教师的在职进修，与他们日后的晋级和加薪是相互联系的。因为晋级的主要依据是教师的学历水平、教学能力和教学质量。1992 年，英国政府发布教育白皮书，规定新任教师要有 1/5 的时间用于进修，正式教师每 7 年轮流脱产进修一次，力求在任何时间内，有 3%的教师能够带薪进修。因此，在职的学前教师同样享受此规定。由于英国学前游戏小组的指导者中有不少未接受过专门的职业训练，英国的学前游戏小组协会委托扩充教育机构和空中大学积极在各地兴办学前游戏小组指导者的在职培训。时间由几个星期至一年不等，结业时颁发证书。

学者们认为，要做好学前教师的在职培训要注意理论联系实际，要对教师进行教育教学方法论的培训，这对于儿童的发展和学习具有重要意义。很多学校常年提供资金鼓励教师到大学的短期幼教培训班学习或参加省、市的各种幼教会议。例如，若在时间上发生冲突，则学校一般想办法帮助解决代课问题，甚至由学校领导亲自代课。学前教育机构聘请幼教专家学者到学校给教师和家长做讲座或现场指导教师教学，组织教师参加其他学习。教师还可参加英国早期儿童教育协会等机构开办的暑期学校，掌握指导学前教育实践的基本原则，了解儿童的现有能力，认同特殊儿童的需要，设计合适的教学方案和适当的教学计划，提高实际教学能力。教育和科学部与地方当局及其督学直接组织在职教师的进修工作，包括同教师中心领导和学校领导商定在职进修计划；安排和审批在职教师的进修经费，为教师进修创造条件；组织各种教学手段的培训（如电子计算机和视听教学等）。

为了使更多的学前教育工作者受到专业教育，提高师资队伍的水平，学者们认为，首先，要认识学前教育是一个重要的教育阶段，应为该阶段的儿童提供具有研究生学历的师资；其次，要注意理论联系实际，是教师指导学前教育实践的基本原则；再次，要对教师进行教育教学方法论的培训，对于儿童的发展和学习具有重要意义；最后，要使教师认识到家长的重要性，学会与家长协作。

第五节　英国学前教育的设施与经费

英国学前教育的经费来源大体有以下 4 条途径。

1）地方教育当局。英国中央政府拨款至地方教育当局，由地方教育当局按不同机构儿童的人数和年龄，拨给相应的款项，其规律一般为人数越多，资金越多，资金随儿童年龄递增而增长。

幼儿教育经费主要来自国会所核发的一部分税收金额。65%的经费由政府支出，分配给地方教育行政单位，不足的由地方教育当局从地方税收抽额补助。托儿所的创办与维护由法定与自愿团体共同负责，构成所谓的"双重管制"。其经费或完全来自英国政府或地方教育当局，或接受公款补助。政府对学前游戏小组也给予资金的支持，如在 1973年发布的通知中，将官方对学前游戏小组的资助作为规定，鼓励各级政府支持建立学前游戏小组，政府向 1/4 的学前游戏小组提供了补助金，为新建的学前游戏小组和学前游戏小组协会直接提供经费。

2）社区中心。当局经费的 3.7%来自社区中心的各项服务，如办班、卖货、举办各种联谊会、生日庆祝会、婚宴等收入。

3）各种募捐活动。各种形式的募捐活动使得关心教育的人士慷慨解囊，但其所占比例较小。

4）家长捐款。游戏班的经费绝大部分是由家长自己筹集的，还有一部分来自地方教育当局、私人团体、教会组织和福利组织的热心捐助。

第六节　英国的学前教育思想

伯特兰·罗素（1872—1970 年），英国哲学家、教育家。罗素重视早期教育，强调父母的作用。他认为，教育的目的和作用在于引导和改造人的本性，培养理想的人及其理想的品格，以达到改造社会及创建理想社会和美好生活的目标。只要顺应自然法则，使儿童的本能或冲动得到良好的引导和充分的发展，就能培养出理想的人，并建立一个理想的社会，使每一个人都能过上美好的生活。

英国的学前教育思想

罗素在其《教育与美好生活》一书中，具体论述了学前儿童的教育问题。

（一）形成良好的习惯

罗素认为，从儿童出生起，不仅应该十分重视儿童的身体健康，而且更为重要的是应该开始培养儿童的良好习惯，如有规律的睡眠、饮食和排泄等。为了使儿童形成良好的习惯，父母应该正确处理好与儿童的关系，尽量提供有利于儿童形成良好习惯的必要条件和机会，鼓励儿童的自发活动。

（二）防止和克服恐惧心理

罗素认为，恐惧心理几乎是人的性格发展中一切弊病的根源。因此，早期教育的重要任务之一是防止和消除儿童的恐惧心理。儿童的恐惧心理有先天的，也有在后天经验基础上与成人的暗示下获得的。他认为，从 2～3 岁起要特别注意帮助儿童防止和克服恐惧心理，逐步培养其勇敢的品性。为此，罗素提出了 4 种方法来帮助儿童克服和消除恐惧：①不要在儿童面前露出恐惧的表情。②帮助儿童逐步习惯容易引起其恐惧的对象，并尽量做出科学的解释。③教儿童学会一些实际活动的技能和处理危险情形的技巧，使他们在活动中得到锻炼。④注意培养儿童的自尊心和非个人的人生观，因为它们是培养"真正的勇气"最重要的条件。

（三）注重游戏的重要作用

罗素认为，爱好游戏是儿童的天性。游戏活动既给儿童带来无穷的乐趣，又有助于儿童的身体健康，还可以使儿童获得新的经验和新的能力。罗素认为，游戏分为两种：一种是训练儿童能力的游戏，在于使儿童获得新的能力；一种是假想性游戏，在于使儿童发展想象力。儿童之所以喜爱游戏，是因为游戏满足了儿童的多种好奇心，在"幻想"中得到了安全感，满足了"权力欲"。

（四）建设性的培养

罗素认为，建设性和破坏性都是儿童本能的特性，与权力意志密切相关。这两种相反的品质，可以同时存在于一个儿童身上。培养建设性的品质，减少和消除破坏性的品质，是儿童教育的一个重要方面。对儿童来讲，建设性是重要的品质之一，对其他品质起着良好的作用。为了更好地培养儿童建设性的品质，应该使儿童从小就感到生命的价值，教他们获得多种建设性技能，鼓励他们做创造性、想象的积极活动。

（五）利己心和占有欲

利己心和占有欲是儿童的自然本能与冲动，如果放任不管，他们的利己心和占有欲就会膨胀。

教育儿童克服利己心的唯一办法，就是用公正原则去教育。如果一味地要求儿童自我牺牲，那么不是引起儿童的愤怒和反抗，就是会导致儿童虚伪的利他行为。同伴之间的交往是开展公正观念教育的最好办法。

至于占有欲问题，罗素认为分合理和不合理两种。合理的占有欲有利于儿童建设性的培养与本能的良好发展；不合理的占有欲会导致儿童吝啬、贪婪与残忍。罗素认为，正确引导儿童的占有欲，可以遵循两条原则：①不要让儿童形成一种由于没有充分占有所需物品而产生的不满足感和失望感。②当某种物品能刺激儿童的积极活动与建设性（尤其当它们有助于发展儿童的操作能力）时，可以允许儿童占有它们。当然，从小培养儿童的慷慨品格也很重要。

（六）培养诚实的精神

罗素强调，诚实不仅指言语上的诚实，更重要的是指思想上的诚实。不诚实的根源差不多都在于恐惧。当儿童发现诚实会遭到惩罚、掩盖真相就可逃脱惩罚时，那么他就会说谎，其原因就在于恐惧。罗素认为培养儿童诚实品质的方法有 3 种：①儿童说谎时，不要责罚，而要说服，讲明说谎的坏处，让儿童逐渐认识诚实的合理性和必要性。②成人要做出榜样，以诚待人，使儿童感到可亲可敬可信。③成人一定要搞清楚什么是真正的谎言。一些年幼儿童常会说出与事实不符的话来，但有可能是戏言，或因为无知。对此，不能认为儿童在故意说谎而加以斥责。

（七）爱心和同情心的培养

在教育理念上，罗素主张培养儿童的爱心和同情心。他指出，爱心和同情心都是儿童的自然本能，教育所要做的是恰当地加以引导和培养。罗素认为，不应该将爱心作为一种义务去要求儿童。因为爱心本质上是心理动力的问题。父母只有无条件地给予儿童全方位的爱，才能引起儿童对自己及他人的爱。如果用说教或强制的办法来培养儿童的爱心，只能造成儿童伪善与欺骗的恶习。

（八）惩罚和同伴影响——培养良好品行的方法

罗素认为，在品行教育中应该正确运用惩罚。他认为，惩罚一定要公平，并让儿童知道错误之所在。他提出了赏罚时必须坚持的 3 条原则：①避免将两个儿童的优缺点做对比。②责备应少于嘉奖。③对于理所当然应该做的事，不应嘉奖。罗素要求严格禁止体罚。另外，按照罗素的观点，培养儿童良好的品行，父母与教师固然重要，但也需要同伴的帮助和影响。儿童随着年龄的增长，接受同伴的影响也越来越大。因此，送孩子进幼儿园就显得十分重要。

本章小结

英国于 19 世纪初出现了早期教育的雏形，第一次世界大战和第二次世界大战以后，英国的学前教育逐步得到发展和重视，国家颁布了一系列有影响力的教育法令，如《哈多报告》、《巴特勒法案》、《普洛登报告》、"确保开端"计划等。英国的学前教育在宏观管理体制上实行国家、地方、学校三级管理，其学前教育机构的类型也有很多，如游戏班、家庭保育、学前教育中心等，都很有特色。英国的学前教育课程分为个人、社会和情绪的发展，语言和识字，算术，对世界的认识与了解，身体发展及创造力的发展 6 个领域。在教学中注重儿童的全面发展，所采取的教育方法无不配合儿童的需求。英国的学前教育工作者都须持证上岗，并有严格的培训制度。罗素的幼儿教育思想对世界幼儿教育的发展产生了重要影响。

思考与练习

1．英国学前教育的特点是什么？
2．英国重视学前教育的举措有哪些？
3．英国学前教育的内容包括哪些方面？
4．简析英国学前教育师资的培养状况。
5．英国学前教育教学活动的特点有哪些？
6．简述罗素的学前教育思想。

第九章
德国的学前教育

第一节　德国学前教育概况

德国全称德意志联邦共和国，位于欧洲中部，人口约 8360 万人（2024 年），主要是德意志人，有少数丹麦人和索布族人，官方语言为德语，居民多信奉基督教和天主教。德国是高度发达的工业国家，经济实力居欧洲首位，是世界第三大经济强国。

学前教育在德国历史悠久，而且十分发达。德国是学前教育机构——幼儿园的发祥地，自 1837 年福禄贝尔在勃兰根堡创建幼儿教育机构后，德国的学前教育就对世界各地的幼儿教育产生了重大影响。德国的学前教育源远流长，在福禄贝尔之前就已有一定的发展，它可以一直追溯到文艺复兴之前。

文艺复兴之前，德国学前儿童的主要教育形式是家庭教育。在儿童早期教育尤其是学前教育中，母亲扮演了十分重要的角色。一直到中世纪结束、文艺复兴前期，家庭教育始终是德国幼儿早期教育中的主导形态。

16 世纪，受宗教改革的影响，在德国南麦伦地区出现了学前教育设施，对所有教徒的幼儿实行共同教育。进入 18 世纪，德国主要实施强迫教育。这使一些学龄前儿童（5～6岁）提前进入正规学校接受不同于学前教育的正规教育。18 世纪到 19 世纪初，德国出现了一批伟大的教育家、哲学家，如康德、赫尔巴特，他们都对幼儿教育发表了一些自己的看法。例如，康德重视幼儿教育，认为游戏是实施儿童体育、智育、德育的重要方法与途径之一，反对对儿童进行"奴性的约束"。赫尔巴特则主张 0～3 岁的教育主要包括体育、智育、德育，尤以体育为重，智育包括感官教育和语言教育，德育则强调把握分寸和服从成人；4～8 岁则主要进行德育和智育教育。这对后来德国学前教育的发展产生了重大影响。

19 世纪上半期，冠以各种名称的幼儿教育设施已遍布德国各地，被誉为"幼儿园之父"的福禄贝尔的思想也逐渐成熟。福禄贝尔深受裴斯泰洛齐思想的影响，在实践中形成了一套有自己特色的教育理论和方法。福禄贝尔于 1837 年创办新式幼儿园，开创了德国现代学前教育，也成为世界正规学前教育的开端。从那时至今，德国的正规学前教育已经历了 100 多年的历史。如今德国的学前教育，其理论发展和办园实践水平均居世界前列。德国不仅幼儿园数量多，完全能够满足所有孩子入园的需要，而且教育质量高，很有特色。

第二节　德国学前教育的法规与体制

一、德国的学前教育法规

随着德国学前教育的发展，关于学前教育的法规与体制也逐渐发展起来。早在宗教改革时期，再浸礼派于 1578 年在《学校规程》中表明：所有儿童的保教工作是在整个教徒团体共同负责之下的一个公共机构里进行的；要求一经母亲断奶，幼儿就被送入"幼儿学校"抚养到 5～6 岁。《学校规程》主要是向从事幼儿保教工作的人员说明其责任和注意事项的。

德国学前教育
的法规与体制

1717 年，腓特烈·威廉一世颁布了一项教育法令：凡做父母者，冬季必须送子女入学，夏季至少学习一周时间，在内容方面则规定学习宗教、阅读、计算及一切能增进人民幸福的学科。1737 年，腓特烈·威廉一世又颁布了另一项普通学校方案，规定 5～15 岁的儿童必须接受教育，学校开设宗教、读书、写字、算术、唱歌等课程。1763 年，普鲁士政府颁布了《普通乡村学校法》，法令明确提出要对 5～14 岁的儿童实施强迫教育，如果受教育期间的儿童无故不上学，则要处罚其父母。另外，该法对教师的资格和标准及教育内容等都做出明确规定。从这些法令中可以明确地看到，德国 18 世纪实施强迫教育的特征，它将 5～6 岁的学龄前儿童提前纳入学龄期。

19 世纪上半叶，当各种名称的学前教育设施遍布德国时，学前教育法规、政策也大量产生。1814 年，石勒苏伊格-赫尔斯泰因公国在《一般学校规程》里制定了"监督学校"的规章，这所学校专门以 6 岁以下的儿童为对象，主要是试图在母亲有工作而不能照顾孩子时来管理这些孩子们。在迪谢尔多尔夫，1821 年发布了政令，允许"初等学校的教师及退职教师的寡妇"在自己家里开办监督和教育 6 岁以下儿童的"保育学校"，这是在保护贫民阶级幼儿的同时，也保障了教师寡妇的生活，甚至是以后者为主的。巴乌利勒式的保育所在各地发展起来后，引起了各地政府部门的注意，制定了许多政策。最典型的代表是 1825 年黑森·卡塞尔选帝侯的指令。该指令说：幼儿教育的目的在于保证孩子的安全和健康，并使其父母能安心工作。保育时间是农忙季节的 5～10 月 6:00～18:00。费用主要依靠有慈善心的富有居民捐助，在未能得到捐助时，就从市、镇的金库中支付。

在英国幼儿学校的影响波及德国后，德国各邦政府纷纷采取措施加以推广。1827 年，普鲁士教育部颁发文件，推荐怀尔德斯平的幼儿教育论文，并号召各地迅速建立幼儿学校，但后来又转而支持发展托儿所。普鲁士政府对以贫民子女为对象的幼儿教育设施采取了一些保护措施，包括：1838 年，承认了为资助柏林托儿所而设立的"中央基金"；1842 年，根据国王命令，免除了托儿所关系团体的印刷税和手续费；1843 年，依据财务局局长的指令，免除了托儿所地租。值得一提的是，1839 年，拜恩内务部制定了托儿所规定，这个规定在当时的德国是最详细的规定，而且代表着当时德国各邦的幼儿教育政策。这个规定共 18 条，其中就教育对象、教育内容、教育方法、教育设施、保教人员、家长、费用及资产管理等都做了详细说明。

19 世纪上半叶，德国各邦的幼儿教育政策是：①将幼教机构视为私人或团体的慈善设施而予以鼓励设立，并加强监督管理。②在幼儿学校及托儿所中加强对贫民子女的宗教、道德教育，并将其作为抵制当时革命运动及维持社会秩序的一种手段。③认为贫民幼教设施不应像英国、法国的幼儿学校和托儿所那样进行读、写、算等正规学校课程的教学，而应主要是给予幼儿家庭式的照料和安排，进行室外游戏以保持身体健康。这些总的政策倾向是"控制但不援助"，与英、法等国的"控制但援助"政策形成了反差。

第一次世界大战后，魏玛共和国成立，于 1922 年制定了《帝国青少年福利法》。其中，强调要设立"白天的幼儿之家"，包括幼儿园、托儿所及幼儿保护机构等；同时，提出训练修女担任看护工作，还要求加强幼儿教师的培训。在此期间，幼儿园得到极大发展，并成为德国幼教中的主流。在政府颁布的幼儿园条例中宣布：各类幼儿教育机构，凡招收 2~5 岁儿童者，均称为幼儿园。政府还规定了隶属关系，规定一切幼儿园由政府监督，隶属于教育、卫生部门；幼儿园的儿童具体由地方儿童局监督，学校教养均须经儿童局许可。凡儿童在家不能得到正常教养者，则由儿童局遣之入学或入园。

第二次世界大战中，德国东西两部分都遭到了严重破坏，教育事业几乎瘫痪。战后，为尽快着手教育事业的恢复与重建，德国制定了一系列教育政策，其中主要有：1946年，在民主德国中央国民教育管理机构领导下起草了《关于德国学校民主化的法律》，6月 12 日在民主德国的整个地区内生效。其中规定：幼儿园作为非义务的教育机构，属于国民教育体系。1947 年 6 月 25 日，联邦德国颁布《德国教育民主化的基本原则》中称：保证一切儿童享有同等的教育机会，在一切教育机构中实行免费教育，并为生活困难的学生提供生活补助。1965 年，民主德国通过了《关于统一社会主义教育制度法》，在该法律中明确规定：学前教育机构是统一的社会主义教育制度的组成部分。20 世纪60 年代中期以前，联邦德国的教育发展仍较为缓慢，学前教育尚未列入学校教育系统。1970 年，联邦德国教育审议会公布了包括学前教育在内的全国教育制度改革方案"教育结构计划"。此方案将整个教育体系划分为初等、中等、继续教育 3 个领域。"教育结构计划"中要求：大力发展学前教育，将其列入学校教育系统，3~6 岁的儿童教育被纳入教育体系的基础部分，属于初等教育范围，其中 5~6 岁的儿童教育被列入义务教育，作为初等教育中的入门阶段。此后，不仅 5 岁以上儿童普遍入学，而且 3~5 岁儿童入园率也不断提高。

1990 年，《社会法第八部》，即《儿童与青少年福利法》，赋予了儿童日托机构以教育使命；1992 年，修订后的《刑法法典》规定，自 1996 年 8 月 1 日起，从法律上保障3~6 岁儿童入托的权利，随即幼儿园经历了跨越式发展。

2020~2021 学年，德国的公立教育机构（5.44 万个）占教育机构总数的 54.5%，私立教育机构（4.54 万个）占 45.5%。在私立教育中，学前教育领域的私立教育机构数量最为庞大（3.92 万个），占学前教育机构总数的 67%。在学前教育阶段的公立教育机构中就读的学生人数是 137.2 万人，私立教育机构中就读的学生人数是 240.6 万人，分别占学前教育机构学生总数的 36.3%和 63.7%。

从投资方面来说，德国的教育投资并不比其他国家少，但偏重大学和文理中学。政府在削减预算、厉行财政节约时，总是向小学和幼儿园开刀。忽视学前教育和小学教育成了德国教育的一大弱点。有识之士早在 20 世纪 60 年代就提出，要让 80%的 3～4 岁儿童和 95%的 5～6 岁儿童进入幼儿园。2002 年 6 月 13 日，德国总理施罗德在德国议会就教育问题发表演讲，呼吁对德国现行教育体制实施全面改革，为不同家庭背景和经济状况的每个孩子提供平等受教育的机会。施罗德建议，重视幼儿和学前教育，为他们将来的学习打好基础，将德国孩子接受教育的年龄适当提前等。

由于历史遗留的原因，德国东西部在托幼设施建设方面有着天壤之别，东部远远优于西部。就此，从 2005 年 1 月起，德国实施《日托机构扩建法》，此法责成各级城乡政府在 2010 年之前为所有父母提供足够的入托名额，联邦政府为此每年给予 15 亿欧元的财政支持。

德国各州的《儿童训练促进法》对幼儿园的设置有硬性要求。为应对大量入园需求，鼓励新建或改扩建幼儿园。2020 年，柏林州议会通过了《促进三岁以下儿童入幼儿园资助法》，为三岁以下儿童入园提供了法律保障和实施的路线图，规定现有幼儿园用于儿童的室内外实际面积不低于人均 3 m^2，新建园人均 4.5 m^2。柏林州政府鼓励各幼儿机构、社会团体和个人兴办幼儿园或扩大现有设施规模，为其供应启动资助。同时依据该法，德国每个满 1 岁的儿童都有权入园，政府必需保障适龄儿童的幼儿园位置。

二、德国的学前教育体制

德国的学前教育机构主要有两种：幼儿园和托儿所。幼儿园主要招收 3～5 岁的儿童，而托儿所则主要招收 3 岁以前的幼儿。

幼儿园有几种类型：普通幼儿园、学校附设幼儿园（或学前班）、特殊幼儿园、托儿所、父母自办幼儿园、森林幼儿园等。

（一）普通幼儿园

普通幼儿园是德国传统的形式，也最普及。按照幼儿园的设立者及其接受政府补助及辅导的程度，德国普通幼儿园分为公立、私立和独立自主的幼儿园 3 种。大部分幼儿园只提供半日服务，因为德国幼教界非常强调亲子教育，认为它是无法通过幼儿园教育来取代的，只有父母亲是双职工者，才能将孩子送往全日制幼儿园。

幼儿是否入园遵循自愿原则。在德国，约 70%的幼儿园是由个体或独立机构（如慈善团体或那些积极帮助儿童与青年人的公司）主办，约 30%的幼儿园由政府的地方机构负责管理。德国的学前教育不属于义务教育范围，因此是收费的，收费标准一般按家庭收入等级（高、中、低）和子女的人数来决定征收额、减收额乃至免收学费。家长送幼儿到园时必须到有关部门领取一份申请表，家长须出示其工资表和纳税单，国家根据家长的收入确定其收费等级标准。但这种形式仅限于政府或基督教办的幼儿园，私人办的幼儿园则是开放收费的。

德国所有的幼儿园不分公立、私立，收费大致相同，而且幼儿园在年龄编班上，有一个非常鲜明的特点——混龄编班，即将不同年龄的儿童编在同一个班级（德国称之为小组）中进行游戏、生活和学习，这种混龄编班在德国所有幼儿园中普遍实施。德国幼儿园混龄班的年龄跨度大，一般以 3～6 岁混龄为主，每班各年龄段儿童数基本相同。在教师的配备上，基本为一个班级 2 名教师，即一名幼儿教师、一名幼儿看护，有的班级还另外配备一名准实习生。

幼儿园的任务有两项：一是通过幼儿园提供丰富多采和富有社会性的环境刺激，让幼儿接受早期教育，促进他们的发展；二是解放妇女，把自由还给母亲，满足她们就业和自我发展的需要。

（二）学校附设幼儿园（或学前班）

学校附设幼儿园（或学前班）主要招收已到入学年龄但由于语言能力或其他能力的发展水平较低而不能直接进入小学学习的孩子。这类幼儿园通常与小学联为一体，以便为儿童在随后的学习中顺利上学提供帮助；这类幼儿园于 1939 年成立于汉堡，以学前班和"入门阶段"形式组织起来，绝大多数为公立，由国家教育行政机构管辖，入园者免交费用。

（三）特殊幼儿园

德国对有生理、精神和思维障碍的学生提供了相当广泛的特殊教育服务。这一体系旨在对各种有残疾的儿童提供必要的教育，使他们更多地融入社会。这种学校按残疾人情况进行分类，如学习困难、失明、听障人士、部分失明、精神障碍、脑力迟钝等，并提供专业照顾。这种融合不再仅仅被视为目标，而是已在公共教育中将残疾孩子的特殊教育与正常孩子的普通教育结合为一体。特殊教育起着重要作用，而且其作用还在扩大。

（四）托儿所

托儿所是为 0～3 岁幼儿开设的全日制保教机构，工作人员大部分是受过培训的幼儿教师或保育员。东部地区这一形式的保教能力远远高于欧洲其他国家。西部地区则普及率很低。

（五）父母自办幼儿园

20 世纪 70 年代，标榜反权威意识形态的学生运动风起云涌，全面批判社会，认为要改革社会必须从幼儿园教育开始，必须从重视个别发展做起；加上妇女解放思潮推波助澜，强调母亲也有工作、求学的权利，因此年轻的父母在法兰克福成立了第一所所谓的"父母自办幼儿园"。如今，父母自办幼儿园已成为双薪或无暇全职照顾幼儿的父母的最好选择，德国联邦政府给予认可及财务支持。父母自办幼儿园标榜迷你、个人化，通常招收 15 名从 4 个月到 6 岁以下的儿童，从 7:30 开放到 16:00，因此聘用的教师也较多，3～5 位不等。教师们不仅要看管照顾，还需在知行、情绪、生活习惯上引导孩子，同时家长必须承担更多的责任和工作。

（六）森林幼儿园

2000 年，慕尼黑的一个自然公园被开辟成森林幼儿园。这里没有房屋、围墙，只有成片的白桦林、灌木丛、草坪和清澈的溪流。教师们在树林里对孩子进行没有教室的幼儿教育。教师们组织孩子在草地上散步、观察动植物，在这些直接投入大自然怀抱的野外活动中拓展孩子们的独创性和运动能力。入托的孩子每天 9:00 到这里集合，然后他们分成几个小组，进行自由活动，有的堆沙子做游戏，有的爬树、赛跑，有的观察蚂蚁、蜗牛。午饭时，大家席地而坐，摆上在教师帮助下准备的食品，就像在郊外野餐一样享用自己亲手做的午餐。20 世纪 90 年代中期，森林幼儿园在德国取得了快速的传播和发展。德国约有 2000 家森林幼儿园，占德国幼儿园总数的 5%。

第三节　德国学前教育的课程与教学

一、德国的学前教育课程

德国学前教育的课程与教学

18 世纪的德国以实施强迫教育为主，教义问答、赞美歌是其主要的教学内容。18 世纪末，在德国泛爱主义运动中，课程重视体育（户外活动和游戏占重要地位）、现代语和自然科学知识。19 世纪是福禄贝尔从事幼儿教育实践，形成幼儿教育理论的时期。福禄贝尔于 1816 年开办了卡伊尔霍教养院，开设了两种教学课程：一种为"基础教学课程"，包括绘画、阅读、作文、几何、唱歌、乐器、图画、地理、历史等；另一种为"古典教学课程"，包括拉丁语、希腊语、法语、乐器、历史、地理、绘画、数学、理科、建筑术等。因此，可以说卡伊尔霍教养院是由小学和中学组合而成的，至少此教养院不是有目的地进行幼儿教育的工作。但它所要求的教育原则不久都成为幼儿教育的原则和幼儿园教育的原则，其中之一是"思考与行动、表现与认识的结合"。基于这一原则，福禄贝尔努力使"教育设施与生产设施（小农场）相结合"。安排一定时间（星期三和星期六的午后或晚饭后），让孩子们进行种田、园艺、修路、家务、编笼子、细木工、手工等作业和劳动，以及摆筷子、摆木板、摆积木等游戏或集体运动等，并给予奖励。1837 年，福禄贝尔在勃兰根堡建立幼儿教育机构后，他设计的"恩物"作为游戏器具和作业工具在游戏、作业、图画、运动游戏和园地的栽培活动中得到广泛使用。

经过第一次世界大战、第二次世界大战后的德国幼儿园课程，注重对自然现象的观察和科学小实验，以及游戏、音乐和其他适合儿童身心发展的课程，各类幼儿园绝对禁止教授基础技能（读、写、算），在幼儿期不教授外国语；在教学组织形式上，主张个别教学、小组活动，不要求组织全班儿童进行集体教学。各州对幼儿园的日程安排无特殊规定，一般说来，幼儿园儿童大体每天能接受 4 小时的教育。

目前，德国的幼儿园仍然没有所谓官方制定的正规课程，不进行读、写、算等基础知识的教学，而主要以游戏、听故事、唱歌和户外活动为主。没有统一的幼儿园教学大纲，甚至连州一级也没有统一的教学大纲，教育目标与方案在很大程度上是幼儿园开办者自主决定的。但尽管如此，一般幼儿园都通过适用于所有儿童的课程设置来提高儿童的学习能力和发展能力，并通过积极的刺激来弥补儿童在家庭不利环境下造成的学习缺陷，以促进所有儿童的健康发展。各幼儿园开展的有组织的教学活动主要包括由教师讲故事、教唱歌、做手工、绘画和带领儿童接触大自然等。

德国幼儿园课程的特点可归纳如下。

1）幼儿园教育的目标是增强孩子的自我意识，并进一步挖掘其个性特征。孩子应该被看成一个独立的人。幼儿园的任务是：通过一种家庭补充式的设施，为孩子营造一种舒适与快乐的气氛。

2）混合编组而不是按年龄分组。通过异质分组，强调尊重不同年龄孩子的相似性和相异性。

3）增强幼儿的积极性和生活经验。强调在游戏和运动中发展幼儿的自我。课程设计的重心是创设幼儿生活体验的活动空间和环境。

4）强调保育员是孩子的伙伴，应具有特别的耐心，鼓励幼儿的自主活动和学习。此外，还强调家长的参与。

5）课程应该促进幼儿的全面和谐发展，即促进幼儿社会性行为（通过创造性合作或合作游戏），尝试锻炼其能力。据此，幼儿课程被视为体验领域，包括游戏、生活教育、语言教育、动作教育、韵律与音乐教育、图像与劳作性教育、事实与环境教育、实际生活与家政教育 8 个方面。

① 游戏：游戏是幼儿通向真实世界的桥梁，是幼儿生活与学习的活动形式，游戏给予幼儿自由的机会，使幼儿的个性得到广泛发展。

② 生活教育：结合幼儿的需求与社会的实际需要，从孩子的个性与社会背景出发来促进其社会性行为。

③ 语言教育：通过阅读图书、听故事、猜谜语、游戏等，促进幼儿的语言和表达能力。

④ 动作教育：发展幼儿的动作能力，包括触摸、手工操作、闻气味、跳跃、跑步等，提高幼儿的行动欲望和自我创造力，学会认识和领会世界各个部分之间的相互关系。

⑤ 韵律与音乐教育：通过音乐节奏、运动、舞蹈的体验，使幼儿获得感受力、想象力和心灵的陶冶。

⑥ 图像与劳作性教育：给孩子各种各样的材料，引导他们熟悉不同的工具与技术，引发孩子对创造性活动的兴趣，给他们机会设计和实施自己的想法，并现实化，从而进一步训练他们的注意力和耐心。

⑦ 事实与环境教育：唤起幼儿环境保护的初步意识；通过观察，访问不同的机构，促进幼儿对周围环境的兴趣，直观地体验自然过程。通过各种方式让幼儿接触事实与自然，是促进幼儿成为环境保护主人的前提条件。例如，让幼儿认识能量与水的意义，避免多余垃圾的意义，或直接参与分拣垃圾等。

⑧ 实际生活与家政教育：设计有意义的情境，给孩子以体会，形成集体生活中必须具备的技能：如穿衣、熟悉使用各种玩具、认识每年重要事件、掌握家务劳动（整理房间、洗衣服做饭等）、熟悉交通规则、学习一些机器（如收录机、烤箱等）的使用、

对紧急情况做出反应等，给孩子进行模拟练习的机会。

二、德国的学前教育教学

德国半日制幼儿园的开放时间一般为 8:00～12:00，而全日制幼儿园的开放时间为 8:00～16:00。一般 9:30～11:30 是有组织的教学活动时间，11:30 以后为自由活动时间。

德国尽管没有统一的教学大纲，但不是说他们的教学没有计划。例如，在德国弗里茨拉尔的一所幼儿园，每个教师都要根据本班孩子的发展水平，制订活动目标与计划，如"春季的发展目标""周的计划"等，还要为每个孩子建立"个人档案"，记录孩子的成长过程与发展水平。

德国的幼儿园没有死板的计划，一般只有宏观的学期计划与周计划。至于每天具体做什么则有相当的灵活性，往往是随孩子的兴趣而定的，充分体现了灵活性与计划性的协调和统一。

总体来讲，德国学前教育机构的教学活动具有以下特点。

（一）重视孩子爱玩的天性

德国幼教工作者认为对孩子来讲最重要的是玩，通过玩来教他们，教师只是一个观察者、帮助者，要充分发挥孩子的天性。这一点在德国幼儿园的实践中表现得尤为彻底。德国幼儿园是以小组和个别活动为主的，至于进行什么活动，幼儿可以自己决定，如可以画画、听故事，可以去娃娃家，可以到户外玩等，只要是幼儿园里能进行的活动，干什么都可以。德国幼教界很重视幼儿独立性及社会适应能力的培养。只不过他们的培养方式是玩，通过玩来教孩子。

（二）开展各种教育活动

为了完成学前教育的任务，德国学前教育工作者开展了一系列教育活动，如主题活动、区域活动、游戏活动、社会活动及专门的训练活动等。在幼儿园的教学活动中，教师实践层面的工作比较多。教学不是传授和告知，而是带孩子去参观、实地访问、调查等，并就项目活动中涉及的主题进行讨论，从而让孩子了解相关知识、技能，形成相应的情感、态度，并使孩子学会将项目活动中获得的知识、技能等运用到以后的日常生活中。德国幼儿教师认为，孩子就是孩子，幼儿园是孩子发展的地方，要对孩子提供帮助、支持、鼓励，引导孩子用自己的方式来获得自我发展的能力。

（三）学习能力和发展能力是德国幼儿教育的重点

学习能力和发展能力具体包括注意力的集中和定向能力、对事物的感知能力和运动能力、语言能力和理解能力等。虽然幼儿期的概括和抽象能力很弱，但幼儿期是口头语言发展的关键期，因此德国幼儿园把促进幼儿语言能力的发展作为幼儿园的主要教学目标之一。除了促进幼儿的能力发展之外，德国幼儿园还非常重视促进幼儿对社会规则的掌握。交通警察、消防队员等被定期邀请到幼儿园里与孩子一起活动，给孩子讲解交通规则和交通安全意识，讲解在火灾或其他灾害来临时孩子应该如何防范、该做出什么反应等。幼儿园作为早期教育的一个场所，在幼儿的社会化方面承担了非常重要的责任，发挥了重要的作用。

（四）倡导爱心教育

德国幼儿园教育幼儿要热爱生活、热爱自然。幼儿园里经常饲养各种小动物，由孩子们轮流值日，精心喂养。与此同时，要求幼儿仔细观察小动物的发育情况和生活习性，必要时做好有关记录，从而在潜移默化中培养孩子们的爱心，让他们学做一个善良的人。每当举行"领养"动物园里的动物或者为拯救濒临灭绝动物捐款的活动时，孩子们总是慷慨解囊，捐出自己平日积攒的零用钱。教育孩子关爱和帮助弱者，让他们认识到对强者的仰慕也许是人之常情，而对弱者的同情则更是美好心灵的体现。在教师和家长的大力倡导下，帮助老人或盲人过马路，为身有残疾的同学或他人排忧解难，在孩子们中蔚然成风。

投身环保，爱护自然，是进行爱心教育的另一项内容。以孩子们天天上课的教室来讲，设计时就充分考虑了环保的因素。教室很大，有洗手池和杂物橱，还摆放着几个颜色不同的垃圾桶，分别用来装废弃的金属、废纸、塑料、食物等垃圾。孩子们在幼儿园就开始养成分类丢垃圾的习惯。

第四节　德国学前教育的师资培养

经过第一次世界大战和第二次世界大战后的德国开始重视幼儿教育。在德国设有培养幼儿教师的特别培训学校，其修业年限为 2 年。入学自愿者必须是获得初中毕业证书的人或者同等学力者（修完普通教育 10 年），而且必须在家政科受过 1 年的实际训练或读过 1 年家政学校。此外，还为幼儿教师提供方便条件，使其有机会得到高级的专门训练。也

德国学前教育的师资培养

就是说，他们在幼儿园工作 3 年之后，就可以学习 2 年"少年辅导员"的课程。在"少年辅导员"的课程里，学习发展心理学、医疗教育学、社会心理学、教育原理和方法。另外，满 20 岁的幼儿教师可以学习社会事业家的课程。在特殊情况下，经过特别考试，可以升入教师培训大学，修完 6 门课程，取得小学教师的资格。没有正式资格的人在幼儿园做助手。能做幼儿教师的人毫无例外，一律有资格担当少年辅导员工作。德国幼儿园的任教人员原属保姆性质，1967 年后改称教师。总的来说，其资格必须是具备 1 年的工作经历，2 年的专科教育，再经历 1 年的实习期，经国家考试合格。担任幼儿园主任者，须具备 2 年以上工作经历，3 年制高级专科学校毕业，再加上 1 年的实习期，经国家考试合格。由此可见，德国对幼儿教育工作者的要求是相当严格的。

德国每类学校的教师都必须受过高等教育，而且还须专门受过从事教育工作的培训。只有通过所学专业和教育学两种国家考试，才能取得教师资格，被国家聘为终身职员。德国教师的工资一般比其他就业人员高出半倍到一倍。但是在德国，幼儿教师无论在其地位方面，还是工资方面，都不同于学校教师。小学教师是国家公职人员，而幼儿

教师仅仅是雇员；小学教师的工资也高，在学校幼儿园工作的少年辅导员也是雇员，其工资比幼儿教师高，但比小学教师低。不过，如果幼儿教师和少年辅导员经过小学教师必修课程的训练，也可以到小学任教。

一、德国学前师资的职前培养

德国的幼教师资培养机构体现了多方参与的特点，有公立的、私立的，也有教会开办的培养机构。德国幼教师资的职前培训特别注重实效。例如，慕尼黑市立社会教育专业学院招收具有初中毕业文凭的学生进行 5 年的培养，然后把他们送到幼儿园等教育机构去工作。这 5 年的安排是：前两年去幼儿园实习，先获得一些实际经验，实习期间每月回校一次上理论课，实习结束要通过一次考试。第三、四两年回校接受正式的专业学习。这两年的学习也有明确的侧重点：先进行 0～6 岁儿童教育的专业理论学习，后进行 6～10 岁儿童教育的专业理论学习。在专业学习期间，每周必须回幼儿园一次参与活动。最后一年再去幼儿园实习，在这期间，每两周回校一次接受专业指导。这 5 年的学程，大部分时间在实践岗位上。

不仅如此，幼教师资的职前培训在教学模式上也处处体现了重实践、重实效的理念。课堂里教师讲得很少，大部分时间是听学生讲、看学生做，教师只是偶尔做引导、做解答。教师的教学注重的是创意而不是技法，也不是单纯理论知识的传授。这些都大大提高了学生解决实际问题的能力。

当前，培养学前教师的机构主要如下。

（一）技术学院

在培养学前教师中，技术学院担负着主要的责任。未来的教师在中学或职业学校毕业后，获得 1 年以上的工作经验，再在技术学院进修 3 年。前两年主要学习体育、德语、社会学、宗教教育、卫生保健、心理学、教育学、教学理论与方法、儿童文学、美术、手工、音乐、律动、游戏等教育理论性较强的课程，后一年要参加学前教育实践活动。为了提高学前教师的培训质量，在课程建设中非常重视学前教育理论与实践的紧密结合。

（二）大学

从大学毕业的学前教师所占的比例较小。这些大学生在校的前 3 年，主要是学习学前教育基本理论，进行深入的专题研究；后一年需要参加学前教育实践活动。大学毕业后往往到规模较大的学前教育机构中执教、担任行政领导等要职。

（三）培训学院

培训学院主要培养学前教师助手。培训学院的培训时间灵活多样，根据具体情况，对学生进行 1～3 年的培训，毕业后在学前教育机构担任教师助手一职。

此外，德国还通过其他形式来培养保教工作者。在重视对未来教师进行职前教育的同时，还强调教师的在职进修，以提高师资队伍水平，增强教师的适应能力。1982 年，受过各类职前教育、拥有相应资格证书的保教工作者已占 73.5%，另有 15.2% 的人接受在职培训。

二、德国学前师资的职后教育

德国注重幼教师资的职后教育，认为经济在发展，社会在变化，知识在更新，幼儿园要有办园特色、要有真正好的启蒙教育，就需要学前教师不断地进修提高。

德国幼教师资职后培训就形式来说，有园长、教师、保育员分类培训；有脱产的，也有不脱产的；时间有长有短，短的半天、一天，长的集中 10 天左右。培训机构大多采用"菜单式"的培训方式，在单位时间内向培训者提供多个培训主题，由培训者根据自己的需求"点菜式"参与。就内容来说，培训大都是主题式的，围绕实用的、热点的问题组织专家讲解、咨询，以及跟学员交流。例如，短期培训围绕的问题有：移民集中区域多元文化背景下孩子的教育；如何利用媒体进行教育；幼儿受到性骚扰怎么办；如何使价值观、伦理观教育更有效等。园长培训围绕的主题都是园长工作中经常遇到的问题，类似有：如何调查家长对幼儿园工作的满意度；怎样与家长开展定期、有效的交流；如何编制幼儿园发展方案；如何根据标准自测幼儿园的办园质量；人事管理如何更有效；等等。培训期间，培训机构还接受学员的各种咨询，如本地区出生率变化对未来几年的幼儿园生源的影响；有障碍儿童的比例和如何帮助的问题；幼儿园内部矛盾，如园长、保教人员、家长协会之间发生冲突如何协调等。

第五节　德国学前教育的设施与经费

一、德国学前教育的设施

德国的幼儿园环境真实、自然，一般没有现代化的设施，更没有价值不菲的奥尔夫或蒙台梭利的全套教具和特色教室。德国幼儿园有宽大的户外场地、大片的草坪和绿树。户外场地没有我国幼儿园常见的塑胶地面，除了朴素的砖地外，还有草地、沙地、石子地、木屑地、石灰地，以及平地、山丘、隧道供孩子们尽情奔跑、玩耍。

例如，在一家幼儿园里的小山丘上竖着一个水龙头，孩子们可打开水龙头，让水流进石槽，观察水流顺着山坡沟渠往下流淌的过程。整个户外场地没有什么昂贵的大型器械，只有普通的滑溜梯、转椅等。通向户外场地的走道边的鞋架上摆满了五颜六色的小雨鞋，孩子们穿上雨鞋到户外活动不用担心弄脏鞋子。据该园园长助理介绍，不论晴天还是雨天，总有一位教师等候在户外场地，随时恭候每一个突然而至的孩子，为他们提供帮助和支持。该园室内的环境与瑞吉欧幼教机构不同，他们用木料搭建一个有楼梯的两层活动区域，上层像小阁楼一般，各个班的小阁楼各有特色，有的是娃娃家，有的是交通工具探索区，有的是故事阅读和字母认读区，有的是蒙台梭利数学区，主要为那些不愿意参加主题活动的孩子，尤其是 1.5～3 岁的孩子或特别羞涩、胆小的孩子，提供自由游戏的材料和空间。

德国幼儿园的室内环境创设强调满足班内不同儿童的需求，既要在同一个空间满足年龄不一儿童的不同需求（有利于不同年龄儿童的交往），也要满足不同能力水平的儿童的需求，同时还要为某些有特殊需要的儿童提供场所，如不愿意午睡的孩子可以选择到某个班的活动区域游戏。德国幼儿园的环境共享程度很高，活动室、室内活动区、体育室、音乐室、户外活动区乃至洗手间虽相对固定，但各班都可以共享。

德国很多的幼儿园给孩子提供的活动材料、工具都是在我们的幼儿园被视为"危险"的物品，如真的刀、锯、钳、钻等工具。幼儿园室外也是一样，通常被我们看作是危险的、不安全的场地，如棱角锋利的石头、枝杈很多且很硬的树根、危险的陡坡等在德国的幼儿园比比皆是。德国的幼儿教师认为，只有让儿童在真实、自然的环境中学习、生活，儿童才能学会自我保护，学会适应环境。

为使幼儿能够进行自由活动，德国幼儿园有不同的教育活动场所。每个班通常都有两个房间，一个是教室，另一个是活动室。在教室里，通常都有各种形式的兴趣角，其中活动角、玩具角、故事角和图书角是必备的。此外，各幼儿园还会根据自身情况设置不同的玩具角，如厨房玩具角、建造角、生物角和毛绒玩具角等。活动室的主要作用是供儿童自由活动，里面主要的玩具是积木和建筑玩具。德国绝大多数幼儿园没有配置钢琴等乐器，教师教唱歌用手打拍子，他们认为这样做能够使儿童全神贯注于歌词而不是乐器。

二、德国学前教育的经费

国家的教育经费投入可以间接反映对学前教育的重视程度，并对学前教育的发展产生直接影响。2016 年，德国对教育的目标投入约为 1294 亿欧元，2017 年约为 1348 亿欧元。德国议会通过了 2018 年联邦政府的财政预算，将联邦教育和研究部的财政资源增加了十多亿欧元，这意味着德国将进一步加强教育与研究。

从教育投入来看，2020 年德国对教育和科研的总投入为 3341 亿欧元，占国内生产总值的 9.9%。其中，教育投入达到 2411 亿欧元，占国内生产总值的 6.5%。从各级教育投入来看，德国 2020 年在学前教育领域的投入为 369 亿欧元，占教育总投入的 15.3%。

第六节　德国的学前教育思想

福禄贝尔是德国 19 世纪著名的学前教育家。他创办了世界上第一所幼儿园，建立了一整套幼儿园教育体系。他研究了幼儿园的教学方法，并开办讲习班对幼儿园教师进行培训，他还从理论上论证了开办幼儿园的必要性，在教育史上开创了新纪元。在福禄贝尔的倡导下，德国的幼儿园迅速发展起来。由于他创立的幼儿园及教育思想对后世产生了很大影响，被人称为"幼儿教育之父"。福禄贝尔的重要著作有《人的教育》《幼儿园教育学》等。

德国的学前
教育思想

（一）幼儿教育是"人的教育"的基础

福禄贝尔认为，人在幼儿期的发展与教育是一个关键。这一时期的教育状况如何，将会影响幼儿一生的发展，影响其对自然的认识，对家庭、社会的关系。如果幼儿期的教育不当、发展不佳，必将对幼儿以后的教育、发展带来困难。它所造成的不良后果，在以后的教育和生活中往往需要做很大的努力才能弥补，甚至没有什么效果或收效甚微。因为幼儿期是真正"人的教育"开始的时期，它是幼儿以后各个阶段的教育与发展的基础。

（二）幼儿园的目的和任务

福禄贝尔把幼儿园的目的和任务归结为以下 3 个方面。①幼儿园不仅应当帮助那些无力照顾孩子的家庭解决困难，更重要的是培养学前儿童参加与其本身相适当的活动，增强他们的体质，训练他们的感官，促进他们心灵的发展；通过各种活动，使儿童在自然环境中和生活中获得感性认识，使他们的心智发展得到正确的引导。为此，他说幼儿园的任务主要在于组织儿童进行各种适应的活动（特别是游戏活动），来发展儿童各方面的能力，为儿童进入初等学校和未来的生活做好准备。②他认为幼儿园应在正确引导孩子从事各种活动中，为母亲训练照顾孩子的助手，为其他幼儿教育机构训练幼儿教育工作者。③幼儿园应推广幼儿教育经验，介绍合适的儿童游戏及合适的游戏手段（包括玩具），介绍适合于儿童天性发展的游戏内容和游戏方法。

（三）幼儿园教育的内容和方法

福禄贝尔认为，对于学前儿童的教育，主要是通过游戏、唱歌、绘画、作业等活动发展儿童的外部感官，使他们认识事物的外部特征。

1. 内容

福禄贝尔认为，幼儿教育的内容主要包括以下方面：宗教教育，旨在从儿童早期开始培养其宗教情操；体育卫生，旨在锻炼儿童强健的体魄，同时传授其卫生常识，养成卫生习惯；语言练习，强调在自然观察和生活经验中采用直观教学方法进行语言练习和教育；背诗与唱歌，旨在进行情感教育和意志教育；故事与童话，旨在为儿童树立榜样并帮助他们认识生活的意义和价值；文法与写字，采用读写相结合的方法对儿童进行初步的识字教育和思维训练；数与形，旨在从数目和形状入手，启迪儿童认识自然，由具体逐渐转向抽象；自然科学常识，教学中主要是让儿童直接观察自然现象，了解生活环境，充分发挥自然常识的教育价值；图画与颜色辨别，旨在发挥儿童的自我表现力和创造力，培养儿童调和之感；手工操作，即通过手的动作，从简单操作到复杂，对儿童进行感官训练并培养其遵守纪律的习惯；游戏，旨在通过喜悦、自由的游戏活动让幼儿作用于人和物，进而培养其稳定耐心的人格和主动参与生活的习惯；散步与短距离的旅行，以此活跃儿童身心并缩小师生距离，充分发挥教育潜移默化的作用。

2. 方法

福禄贝尔主张教育要顺应自然，尊重儿童的自由，通过儿童自动、自发的活动，让其个性得到发展。他认为幼儿是在游戏、唱歌、绘画、作业等活动中成长和发展的。由于这些活动适应儿童的本性，满足他们内心冲动的表现需要，能使他们的精神感到兴奋、愉快、幸福和满足，促进他们的身体生长，提高他们认识自然和社会生活的能力，发展他们的自主性和创造力，形成他们的道德品质和行为习惯。

（1）游戏

福禄贝尔认为，游戏是由儿童的内心需要及其冲动引起的内部存在向外表现的一种方式，对促进他们的发展具有重要的教育意义。游戏是幼儿认识自然和社会生活的工具，是培养幼儿道德行为和习惯的重要手段，是幼儿获得欢乐、自由、满足，取得内心与外界统一的生活源泉。幼儿在游戏中最能表现和发展他们的主动性、积极性和创造力。福禄贝尔详细制定了儿童游戏的整个体系，使儿童通过游戏来发展认识能力、创造力、想象力、体力，培养良好的道德品质。他为幼儿编制了多种游戏活动，一种是运用他设计的玩具（恩物）进行的游戏；另一种是让儿童模仿自然界的某种现象和社会生活中的某些事物，如"小河流水""种植""旅行"等。

为了给幼儿提供各类游戏活动的器具，以便他们开展符合其本性发展需要的各种游戏，福禄贝尔研究和设计了一系列的玩具，这些玩具被福禄贝尔称为"恩物"（gifts）。福禄贝尔力图以恩物来发展儿童的认识能力和创造性，训练他们手的活动技能。恩物主要有6种，其中有一种是一套不同颜色的彩色绒球，每个球上各绑一根线。游戏时，教师首先让儿童识别每个球的颜色；然后，教师把球向前后、左右、上下甩动，让儿童识别方向，以发展儿童的空间观念；最后，教师把球收起来表示"无"，拿出来表示"有"，以此来发展儿童肯定和否定的观念。其他几种恩物都是大小不等、形状各异的几何体，在游戏中将这些几何体随意地拆开、组合成不同的物体，在这个过程中锻炼儿童的观察力、想象力和创造力。为幼儿园设计一些教学材料、玩具是福禄贝尔在幼儿教育方面的一大贡献。

（2）绘画和唱歌

福禄贝尔认为，绘画和唱歌也跟游戏一样，是儿童的内心向外表现、以取得内部与外部统一的表现方式。他认为在绘画和唱歌时，幼儿的观察能力、语言和思维能力及美的鉴赏能力都得到了发展。因此，他对幼儿的绘画及唱歌教学都极为关注，并指出绘画的作业并不是要培养一个未来的画家；进行唱歌教学，也不是有意识地训练一个未来的音乐家；设置这些功课的目的是使儿童获得全面发展。

本章小结

德国学前教育历史悠久且十分发达，如今的德国学前教育，其理论发展和办园实践水平均居世界前列。德国的幼教法规健全，从1578年颁布《学校规程》，到1922年德国政府颁布《帝国青少年福利法》，1946年民主德国中央国民教育管理机构公布《关于德国学校民主化的法律》，1947年联邦德国确定了《德国教育民主化的基本原则》，1965年民主德国颁布《关于统一社会主义教育制度法》，1979年民主德国的《儿童学前教育条例》出台，1970年联邦德国教育审议会公布的包括学前教育在内的全国教育制度改革方案"教育结构计划"。德国统一后，联邦政府颁布了《社会法典（第八部）（SGB VIII）》，即《儿童与青少年福利法》，2004 年 10 月联邦议会通过的《日托扩展法》，2008 年开始实施的《促进三岁以下儿童日托和保育法》，以及从 2016 年开始逐步开启的"早期机会"项目和 2018 年 12 月德国通过的《良好日托法案》，对德国的幼教事业起到了巨大的推动作用。德国学前教育机构多元化，其形式都非常有特色，如学前班、特殊幼儿园、森林幼儿园等。德国没有统一的幼儿园教学大纲，多以游戏等自由活动为主，不进行读、写、算等基础知识的教学。德国幼教师资力量雄厚，教师培养分职前、职后两个阶段进行。德国幼儿园的环境设施追求自然淳朴，并力求满足混龄编班的需求。德国学前教育家福禄贝尔建立了一套幼儿园教育体系，在幼儿教育史上开创了新的时代。

思考与练习

1. 德国学前教育的特点是什么？
2. 德国重视学前教育的举措有哪些？
3. 德国学前教育的内容包括哪些方面？
4. 德国是如何培养学前教育师资的？
5. 德国学前教育教学活动的特点有哪些？
6. 你认为德国学前教育的设施有何特点？
7. 简述福禄贝尔的幼儿教育思想。

第十章
俄罗斯的学前教育

第一节 俄罗斯学前教育概况

俄罗斯全称俄罗斯联邦,位于欧洲东部和亚洲北部,是世界上国土面积最大的国家。俄罗斯地大物博,人口约 1.46 亿人(2023 年),有 194 个民族,其中俄罗斯族占总人口的 77.7%,主要少数民族有鞑靼、乌克兰、楚瓦什、巴什基尔、摩尔多瓦、白俄罗斯、车臣、亚美尼亚、阿瓦尔、哈萨克、阿塞拜疆等。民族语言分属四大语系,即印欧语系、阿尔泰语系、高加索语系、乌拉尔语系。俄语为官方语言,属印欧语系的斯拉夫语系,是俄罗斯联邦各族人民进行交往最常用的语言。俄罗斯居民主要信仰东正教,其次为伊斯兰教。俄罗斯人口分布不均,绝大部分分布在西部的平原上。这里历史悠久,气候适宜,经济发达,交通便利,主要城市有莫斯科、圣彼得堡、下诺夫哥罗德、叶卡捷琳堡、萨马拉、鄂木斯克等。

苏联在社会主义教育(包括学前教育)的理论和实践方面均进行了大量有价值的探索,对我国学前教育产生了很大影响,特别是在中华人民共和国成立之初。随着俄罗斯新的政治经济制度的建立,学前教育机构的管理、设定的目标、实施的策略、家庭教育的指导、师资培训等方面都表现出一些新的特点。

苏联在十月革命后开始重视学前教育的发展并将其看作国民教育体系中的重要组成部分,并投入人力和物力发展学前教育。第二次世界大战时期,苏联已经建立了学前教育制度;第二次世界大战后学前教育迅速恢复和发展。1914 年沙皇俄国共有 177 所学前教育机构,在其中受教育的儿童仅有 4500 人。由于初等教育的改革,儿童入学年龄已从 8 岁降到 7 岁,学前教育的对象则为出生 2 个月到 6 岁的儿童。1959 年 5 月 21 日,苏共中央和苏联部长会议公布关于改革幼儿教育制度的决定,重点将托儿所和幼儿园合并为统一的学前教育机构。据公布材料显示,1977 年苏联有学前教育机构 117 584 个,容纳学前儿童 1210 万人,城市儿童入园率为 50%,农村儿童入园率为 25%。为提高儿童入托入园率,1984 年苏联部长会议通过了《关于进一步改进学前社会教育和准备儿童入学的决议》,提出由苏联教育部设立跨部门的全苏联学前教育委员会,协调各方面的工作。1986 年,国家规定所有 6 岁儿童都必须进入幼儿园或学前教育机构的高级班进行学习。

1991 年，苏联解体以后，俄罗斯走上私有化的道路。这种状况给俄罗斯的文化教育事业带来前所未有的冲击。1992 年，俄罗斯出台了《俄罗斯联邦教育法》，1996 年对其进行了修订，使其成为俄罗斯的教育基本法。此外，还有《关于俄罗斯联邦国家教育管理体制的决议》《俄罗斯联邦教育发展国家纲要（草案）》，以及关于各级各类教育的法令和条例，这些法令为俄罗斯教育的改革和重建提供了保证。但是，面向市场经济的全面过渡，经济体制的全面私有化，加剧了社会的动荡和混乱。教育经费奇缺，教师待遇低下，教师整体素质下降，教育改革举步维艰。

改革后的俄罗斯教育的明显变化是：引入市场机制后出现了教育经济化，大量的私有教育机构出现；教育的民主化、人道化、非意识形态化和多元的思想并行。根据俄罗斯《学前教育构想草案》和《俄罗斯联邦教育法》的有关规定，俄罗斯的学前教育也在进行着艰难的改革。

1999 年 3 月 2 日，俄罗斯教育部部长 B.M.菲利波夫在教育部部委员扩大会议上做了题为"关于 1998 年俄教育系统工作总结与 1999 年俄普教职教部的基本任务"的长篇报告；3 月 10 日，俄罗斯教育部发布了关于批准上述会议相应"决定"的指令及"俄普教职教部 1999 年的基本任务"的附件。据文件透露，1997～1999 年俄罗斯学前教育机构总数减少了近 15%，能接纳学前儿童接受教育的比例也从 72%降到了 55%，加上俄罗斯人民收入的下降，出现了"家庭自主教育孩子"的趋势，这就加剧了学龄前儿童上小学时水平的不统一。

在俄罗斯这段困难时期中，1991 年俄罗斯从 8.76 万所学前教育机构发展到 2001 年的 5 万所，进入学前教育机构的儿童也从 1991 年的 843.30 万人减少到 2001 年的 338 万人。但在 1991～1998 年，儿童的入学率呈现先下降后上升的趋势（统计数据表明，1991 年适龄儿童总数的 63.9%上了幼儿园，1998 年仅为 53.9%，2001 年小幅上升为 57.2%），这也表明过渡时期后，俄罗斯的学前教育也在不断恢复与发展，尤其是学前教育机构中出现了新的内容（如舞蹈和节奏教学、外语、各种美术新技术、计算机培训、民族文化等），这也鼓励着儿童进行创造性学习。

截至 2016 年年底，俄罗斯所有 3～7 岁的儿童都已免费接受相应的学前教育，并且在俄罗斯 3～7 岁儿童的学前教育基本完成 100%入园率的情况下，俄罗斯进一步提升 2 个月至 3 岁儿童的入园率，并通过为相关儿童的家长提供教育心理学及教育教学相关咨询来给予支持，这也是俄罗斯学前教育领域下一步的发展任务。

第二节 俄罗斯学前教育的法规与体制

一、学前教育法规的沿革

沙俄时期，沙皇俄国的幼儿教育极其落后，其教育是为封建农奴制度服务的。广大劳动人民没有接受教育的权利，全国 70%以上是文盲。只有统治阶级才有权利受教育，学前儿童受教育是剥削阶级及贵族子女所独有的奢侈享受。总的来说，这个时期学前教育的特点是：①学前教育发展非常缓慢。1914 年，在沙皇俄国共有 177 所学前教育机构，在其中受教育的儿童仅有 4500 人。②这个时期学前教育具有鲜明的阶级性。为特殊阶级子女办的学前教育机构都是私立的、收费的，从教育内容到形式都是为他们服务的。一般的学前教育机构重保不重教，教学设施不好，婴儿的死亡率也高。1917 年，列宁领导的苏维埃共和国宣告成立，学前教育的方针法规逐步建立和完善起来。1917 年 11 月 12 日，苏俄教育人民委员部学前教育局成立。11 月 20 日，教育人民委员部发表了关于学前教育的宣言。该宣言指出，苏维埃共和国的学前教育制度是整个学校制度中的一个组成部分；儿童的公共免费教育，从儿童的出生时期开始。1918 年 10 月 16 日，俄共颁布的《统一劳动学校规程》规定"在统一学校中还包括幼儿园"，作为统一学制的最低一级，体现了幼儿园同学校联系的原则。

1919 年 3 月，第八次俄共代表大会通过的党纲规定了苏俄学前教育的两大任务：①儿童的公共学前教育是"学校教育事业的基础之一"，必须按照儿童的年龄特征来实现儿童的全面发展和共产主义教育的任务。②为了改善公共教育和使妇女们获得解放，应立即设立学前教育机构，如托儿所、幼儿园和托儿站等。党纲指明了苏俄教育的目的、方向和性质。1920 年，苏俄已有 4723 所学前教育机构，共接纳儿童 254 527 人。1930 年 6 月，苏共召开第十六次代表大会，规定拥有一定规模的工厂地区有义务设置托儿所，接受 3 岁以下婴幼儿；幼儿园的经费筹措采取国家拨款与吸收社会资金两条腿走路的方针。1931 年 9 月 5 日，苏共中央颁布了具有重大影响的《关于小学和中学的决定》，宣布对全苏中小学进行以提高教学质量为目的的整顿。虽然该决定是针对普通学校的，但其中所包括的一般原则也可以运用到幼儿园。1932 年，教育人民委员部颁布了第一部国家统一的《幼儿园教育大纲草案》。此大纲的意义表现在：促进幼儿园管理正规化，提高幼儿教育质量具有重要意义。1936 年，苏共中央颁布《关于教育人民委员部系统中儿童学的曲解》的决议，宣布儿童学是"伪科学"，并予以"取缔"，与此同时，福禄贝尔及蒙台梭利的学说亦遭批判与禁止。1938 年，教育人民委员部制定了苏联第一部《幼儿园规程》和第一部《幼儿园教养员工作指南》。《幼儿园规程》规定了幼儿园的教育目的在于以共产主义精神教育儿童，使其获得全面发展。另外，还规定了幼儿园的任务、组织、幼儿园的基本类型、儿童的营养和幼儿园房舍的要求等，还包括以本民族语言进行工作，实行园长负责制等条文。

到 1940 年，苏联学前公共教育体系已经建立起来，全国有常设的学前教育设施 46 031 所，入园儿童达 1 953 000 人。

《幼儿园教养员工作指南》是根据《幼儿园规程》编写的，并根据儿童的年龄特征，将幼儿园工作任务、内容和方式具体化。1944 年 12 月 15 日，教育人民委员部制定了新的《幼儿园规程》及《幼儿园教养员工作指南》。新《幼儿园规程》规定：①幼儿园是使 3～7 岁儿童受到苏维埃社会教育的国家机构，其目的在于保证儿童的全面发展；其兴办的另一个目的是有助于妇女参加生产及参与社会政治文化生活。②不论幼儿园由团体还是机构管理，必须根据《幼儿园规程》和《幼儿园教养员工作指南》开展工作。③幼儿园应该为儿童入学做准备。④设立幼儿园的任务属于国民教育科、生产企业、苏维埃机构、合作社和集体经济的组织，不允许私人染指。1959 年 5 月 21 日，苏共中央和苏联部长会议公布了《关于改革学前教育制度的决定》。改革的重点是：宣布在全苏联成立将托儿所和幼儿园合并的统一学前儿童教育机构，并将其正式更名为"托儿所-幼儿园"。此次决定还将"托儿所-幼儿园"的管理和监督权，统一于各共和国的教育部；同时规定各共和国卫生部负责"托儿所-幼儿园"中儿童的保健工作。

为了适应新设的学前儿童教育机构，需要制定一个从出生到入学的连贯的统一的教育大纲。就在 1959 年《关于改革学前教育制度的决定》制定颁布的同时，政府委托俄罗斯联邦教育科学学院学前教育研究所和医学科学院，共同制定了与"托儿所-幼儿园"配套的统一的教育大纲，并于 1962 年作为《幼儿园教育大纲》公布。与此同时，原来的《幼儿园教养员工作指南》作废。此后，《幼儿园教育大纲》就作为全苏联所有幼教机构的教育大纲施行。1962 年的《幼儿园教育大纲》有 4 个特点：①将原来婴幼儿（0～3 岁）和学前儿童（3～7 岁）互相分离的教育内容系统化、一元化了。在此大纲中，将出生后 2 个月到 6 岁的儿童，按年龄阶段安排教学内容，分为 7 个班：第一婴儿期班（出生后第一年）、第二婴儿期班（出生后第二年）、婴儿晚期班（出生后第三年）、学前初期班（出生后第四年）、学前中期班（出生后第五年）、学前晚期班（出生后第六年）、入学预备班（出生后第七年）。②比原来的大纲更注意游戏。对于游戏的指导及其组织形式，都给予了具体指示。③恢复了以前两个大纲里被取消的劳动部分。④与以前的《幼儿园教养员工作指南》不同，该大纲将教育方法从教育内容中分离出来。出版大纲时，还另外出版了 4 本指导教学方法的书籍。20 世纪 60 年代末，苏联开始对 1962 年的《幼儿园教育大纲》进行修订，1970 年《幼儿园教育大纲》的修订本公开发行，修订后的大纲加强了婴儿期的护理和教育；加强了入学预备班的教育内容向初等教育过渡的衔接性，教育的内容逐级下放了。1978 年出版了《幼儿园教育大纲》的第 8 次修订本。该修订本把学前期儿童分为 4 个年龄阶段：学前早期（0～2 岁）；学前初期（2～4 岁）；学前中期（4～5 岁）；学前晚期（5～7 岁）。同时，对各年龄阶段幼儿的德、智、体、美、劳各项教育任务及为入学做准备等问题都增加了深度。要求给幼儿的知识内容能反映出事物的本质联系，并要求通过更为系统的教育、教学活动，使幼儿个性得到全面协调发展。

1989 年制定的《学前教育构想》，提出了以下改革意见。

1）批判了 20 世纪 30 年代教育整顿后，人为地制造出许多忽视儿童的做法；反对将童年仅仅看成是未来生活的预备，而忽视童年期自身价值的观点。

2）强调儿童个性的全面发展，提出新的个性—定向型教育策略，这种教育策略在其目标、手段和结果上都不同于传统的教学—训导型儿童教育观。教师应该努力掌握现代有关科研成果。

二、学前教育的法规

1991 年苏联解体，俄罗斯走上私有化道路，给俄罗斯的文化教育带来巨大冲击。1992 年，俄罗斯出台了《俄罗斯联邦教育法》，该法专门就各级各类学校的教育内容做了详细规定，其基本原则如下。①教育内容要确保为个人的自我选择和自我实现创造条件，以发展公民社会性、巩固和完善法治国家为最终目的。②教育内容应适合现代科技发展的要求，达到国际水平。③教育内容应促进不同肤色、种族、宗教信仰和社会团体的人们彼此了解，能顾及各种不同的世界观，促进受教育者实现自由选择观点的权利。

由于学前教育的特殊性，《俄罗斯联邦教育法》并未对国家标准提出具体说明。根据俄罗斯联邦政府令，学前教育的标准要符合儿童权利的国际公约，并使其成为学前教育构想的逻辑上的延续，同时要保证学前教育和普通教育、不同层次教育之间的连续性。根据《俄罗斯联邦教育法》，国家通过学前教育大纲对学前教育提出宏观指导，也是对以前教育成果的肯定和发展。其目的在于"提高学前教育的质量，保护儿童在教育变迁的情况下不受不合格教育的影响"。其要求有以下几个方面。

1）教育大纲以保护和增进儿童身心健康、和谐发展为目标，恪守教育的非宗教性，并具有完整性和综合性的特点。

2）个性—定向型互相作用的要求。这是 1989 年《学前教育构想》已提出过的有关要求的延续。它强调的是教育的人道化，而非强迫的机制。

3）对儿童发展环境的要求，即幼儿园场地的物质空间结构、活动场所是否符合儿童的兴趣和需要，环境的构成（如设备、游戏、玩具、教学材料等）是否适合儿童发展的需要。

2000 年后，俄罗斯联邦政府多次对《俄罗斯联邦教育法》中有关学前教育的规定进行较大修订，特别是在 2006 年 12 月 5 日，时任总统普京签署了《关于修改对有子女的公民的入园杂费进行国家补助的法令》，根据此法令的要求对《俄罗斯联邦教育法》中的以下内容进行补充。①明确规定了确保国家公民接受免费和义务的学前教育。②新增了关于就读于实行基本的普通学前教育大纲教育机构孩子父母（法定监护人）权利的规定，包括对学费的补偿。③规定了学前教育机构收取的学杂费，以及政府对学前教育机构儿童的补偿标准，包括父母的物质支持范围。此外，也对学前教育大纲进行了补充，根据国家教育政策和法律法规要求，需要建立学前教育基础普通教育大纲的结构和实行条件的国家规章。学前教育、初等普通教育、基础普通教育和中等（全面）普通教育的教育大纲应具有连续性和继承性，即每个大纲应建立在前一个大纲的基础上。

关于评定俄罗斯联邦学前教育机构教育大纲的具体要求包括以下几方面：①将大纲分为综合性和专门性两种。前者应包括儿童发展的全部主要方向，后者应包括儿童发展的一个或几个方向。学前教育机构中教育的完整性可以通过一个综合性大纲和一个专门性大纲来保证。②地方教育管理机构可以制定对大纲的地方性补充要求，但应以不增加儿童的负担为原则，并考虑当地的经济、民族文化、人口、气候和其他条件。在农村、城市、城镇、疗养区、工业和军事基地、大学城等地方的学前教育机构中，教育大纲首先应以居民的需要为基础。③关于学前教育大纲的评定。有关评定由俄罗斯联邦教育部普通教育评价委员会进行。地方教育管理机构可以成立学前教育大纲评定评审委员会，如获肯定，该大纲可向当地学前教育机构推荐采用。

俄罗斯学前教育大纲主要内容有以下几个方面。

1）教育大纲的目标：激发儿童的求知欲；发展其能力和创造性想象；发展儿童的

交往能力。教育大纲应能保护和加强儿童的身心健康、情绪的稳定；为儿童个性和创造力的发展创造设计条件；向儿童介绍人类共同的价值；与家庭互相作用以保证儿童的充分发展。

2）幼儿园教育教学活动的组织形式：教育大纲应规定儿童生活的 3 种组织形式；作为专门的教学组织形式的作业；非严格规定的活动；在幼儿园一日生活中为幼儿提供自由时间。教育大纲应体现儿童单独活动和共同活动的最优组合。教育大纲的编排应考虑学前儿童特殊的活动形式（如游戏、建筑、美工、音乐、戏剧表演等活动）。

3）教育大纲应考虑实施个别对待儿童、照顾不同儿童群体的可能性；考虑儿童的年龄特征。

三、学前教育的体制

苏联的教育管理体制是典型的中央集权制，对教育事业实行集中统一的领导，全国教育的决策机关是苏共中央和苏联部长会议，一切教育方针、政策和措施，都必须经苏共中央和部长会议讨论做出决定，并作为法律颁布，全苏和各加盟国也都设有教育部，统一负责领导教育事业。学前教育也不例外，各学前教育机构一律由国民教育行政机构领导。幼儿园由区、市、村、镇苏维埃执行委员会开办，经支委会批准，也可由国营企业、国家机关、集体农庄及其他社会团体开办，经教育局管辖的幼儿园经企业、事业单位的行政部门确定后，报教育局批准。园长有对本幼儿园的教养员、管理员和服务员的人事权。实行托儿所与幼儿园统一的制度。

苏联幼儿教育机构主要有："托儿所-幼儿园"是苏联主要的学前教育机构，招收 2 个月～6 岁的儿童，并按年龄分为 6 个班，早期第一班（2 个月～1 岁）、早期第二班（1～2 岁）、小小班（2～3 岁）、小班（3～4 岁）、中班（4～5 岁）、大班（5～6 岁）；集体农庄或国营农场幼儿园，这是农村学前教育的主要形式，还有一些季节性幼儿园和夏季露天幼儿园；疗养幼儿园是 1943 年创建的一种新型幼儿园，主要设在城市，一般一期 3～4 个月，目的是增强幼儿的体质；幼儿之家和学前儿童之家，这是专为孤儿和各种家庭困难的儿童所设的托幼机构，完全由国家负担费用；特殊儿童幼儿园是为聋、哑、盲或智力残疾的儿童所设的。

苏联解体后，俄罗斯根据《俄罗斯联邦教育法》的精神，规定俄罗斯学前教育是最低阶段的教育。实施学前教育的机构有托儿所、幼儿园及托儿所与幼儿园一体化的机构，还有小学预备班，0～3 岁的儿童进入托儿所抚育，3～6 岁的儿童进入幼儿园学习，1～6 岁的儿童可以到一体化机构接受教育，6～7 岁儿童在小学预备班学习，为进入小学做准备。1995 年，俄罗斯全国学前教育机构儿童为 560 万人，并且改变了苏联学前教育机构封闭式的管理模式，使家长、社会团体和企业等可以参加幼儿园教育委员会的工作，与学前教育机构一起制订教育计划，选择教育内容，共同实施管理，从而实现不同层次的教育需求。

随着俄罗斯社会现状的改变和《俄罗斯联邦教育法》中有关学前教育部分的修订，2008 年 9 月 12 日俄罗斯联邦政府出台了新修订的《学前教育机构基础条例》。该条例规定，根据现有法律，结合学前教育机构所实行的教学大纲的水平和方向，确定其国家地位（形式、种类和类型）并予以认可，并提出学前教育机构须为俄罗斯联邦国民接受普及和免费的学前教育的权利创造条件。该条例将学前教育机构的类型调整为7类：①幼儿园。②幼小儿童的幼儿园托儿所。③学前阶段（年龄稍大的）儿童的幼儿园。④照料和保健型幼儿园。⑤补偿型幼儿园。⑥联合型幼儿园。⑦优先实现儿童某一方面发展的普通发展型幼儿园。基于不同的学前教育机构的类型发挥以下7种基本任务：①保护生命安全和加强儿童的身体及心理健康。②保障儿童认知—语言的，社会性—个体性的，艺术美学的及身体的发展。③教育应考虑不同年龄阶段儿童的公民性，对自然环境、国家和家庭的喜爱，尊重儿童的自由。④对生理和心理发展存在缺陷的儿童实施必要的矫正。⑤为确保儿童的完全发展，应该与儿童的家庭互相配合。⑥给予父母（法定监护人）在儿童的教育、教学和发展问题方面的协商和系统的帮助。⑦学前教育机构应在残疾儿童适合的时候，对他们进行恢复训练。

在大型学前教育机构中有许多教师和教育家，他们在一位园长的领导下工作。教师的职责是在小组中指导儿童玩游戏、上课和日常管理工作。专职音乐教师负责音乐教育，包括上音乐课、组织日常节日活动和帮助教育者管理早操、音乐游戏和舞蹈。音乐教师还在音乐教育方面给家长以指导。高级教师负责监督学前教育机构中的全部教学过程，并管理医务人员。此外，还有示范教师。

第三节　俄罗斯学前教育的课程与教学

一、学前教育的课程

（一）苏联的学前教育课程

1932年，苏联教育人民委员部颁布了第一部国家统一的《幼儿园教育大纲草案》，规定学前教育的内容包括：社会政治教育、劳动教育、认识自然的作业、体育活动、音乐活动、美术活动、数学和识字等。该大纲第一次明文规定了苏联幼儿园工作的任务和内容。

俄罗斯学前教育
的课程与教学

1938年，苏联教育人民委员部制定了第一部《幼儿园规程》和第一部《幼儿园教养员工作指南》，规定3～7岁的儿童可以受到国家教育机构的学前教育，教育内容包括绘画、讲故事、阅读、音乐、唱歌等。

1962年，苏联制定了统一的《幼儿园教育大纲》，并先后经过多次修订，从学制到教学内容、培养目标和指导方法等方面都做了具体要求，堪称世界上第一部综合性的婴幼儿教育大纲。这部教育大纲指导苏联学前教育近30年，发挥了积极和重要的作用。但它存在以下问题：容量过大，可以说包罗万象，意图代替其他所有内容来解决学前教育所有的问题；在内容编排上过于死板，缺乏灵活性，束缚了教师的积极性，也不重视发挥幼儿的主动作用。

1989年，苏联以国家教育委员会公报的名义颁布《学前教育构想》，批判了以往学前教育的一些问题，提倡教育工作的人道主义化，重视儿童的自身价值。根据这个构想，1989 年 11 月颁布了《苏联学前教育机构章程（草案）》及其他具体文件，但由于苏联解体，有关构想和文件未能拟定或实施。

（二）俄罗斯的学前教育课程

俄罗斯学前教育理论工作在继承苏联优秀教育成果的基础上，也在进行着不断创新和研究，并取得了一系列成果，这些成果获得了国家法律的承认并付诸实施。1992 年，《俄罗斯联邦教育法》作了相关规定，具体落实：①学前教育机构不再局限于某一大纲，而广泛地以儿童的生活经验为背景，规定各自的教学、保健、生活制度及常规方面的内容。②幼儿园教学首先要考虑采用游戏及与同伴交往或与师生交往等活动形式，其主要目的是为了发展儿童的认知兴趣、动机与认知能力，形成关于世界的表象，为形成个性打下基础。对于学前教育机构来说，主要是创造条件使幼儿用创造的方法掌握各类知识，发展个性，不需要儿童掌握有严格要求的专门知识。2005 年的《2006—2010 年教育发展联邦专项计划》中强调，要建立大龄学前儿童教育体系，保证与后续小学教育的起点相同。这些政策追求高质量教育，要求学前教育与小学教育的衔接，必然影响学前教育课程的变化。

1994 年后，俄罗斯学前教育课程呈现多元化的趋势，打破了示范性大纲一统天下的局面。

与美国等西方国家相比，俄罗斯学前教育的体育和健康教育独具特色。室内外游戏丰富，有促进儿童运动和身体机能发展的器械。有时会让儿童在雪地上赤脚奔跑，以锻炼其意志品质和促进血液循环。

在俄罗斯幼儿园里，学习活动是典型的高度统一组织的，几乎所有的教学都由教师直接传授。由政府统一规定的起始课程十分重视对儿童心理发展的教育，这个课程包括：提供舒适的课堂环境，促进每个儿童的心理发展，保护儿童的健康等。除此之外，俄罗斯学前教育课程还十分重视创造和体验，如设置美术、音乐等课程。

二、学前教育的教学

苏联的儿童在幼儿园的时间比较长，有时可达 12 小时；集体活动的时间比较多，如作业、散步、劳动、空气浴、日光浴等都采用集体教学的方式；儿童从 3 岁开始每天都有固定的作业时间；4 岁以上的儿童要做值日，5 岁开始进行自我服务性劳动和园地劳动，培养劳动的观念。苏联幼儿园的教育内容是由教育大纲统一规定的，教师没有自主权，教学以教师的讲授为主。下面是苏联幼儿园典型的 3～4 岁班级儿童一日活动日程。

7:00～8:20　　　　晨检，早操

8:20～8:50　　　　早餐

8:50～9:15　　　　游戏，准备作业，准备散步（户外活动）

9:15～9:35　　　　作业

9:35～10:35	游戏，观察，空气浴和日光浴
10:35～11:40	回园洗澡，游戏
11:40～12:20	准备午餐，午睡
12:20～15:10	午睡
15:10～15:25	起床，游戏
15:25～15:50	午点
15:50～18:00	准备散步，户外活动，游戏
18:00～18:15	回园，游戏
18:15～18:45	晚餐
18:45～19:00	离园回家

现在，俄罗斯学前教育的教学没有固定的内容和大纲，各幼儿园根据自己的实际情况开展教学活动。教育目的通过一日教学活动实现，重视日常的教学活动。一日教学活动是对儿童进行全面发展教育的基本途径。在儿童的一日教学活动中，逐一通过游戏和各种活动来促进儿童智力、体力、道德、艺术能力的发展。

1）游戏活动：俄罗斯学者认为，游戏是学前儿童的主要活动，游戏（特别是角色表演、表演游戏、体育游戏）对儿童的身心发展具有巨大作用。

2）教学活动：有严格规定的专门的教学活动、标准化课程和无严格规定的一般教学活动，显然对儿童的身心发展具有巨大作用。

3）特殊活动：要引导儿童了解艺术，可通过选择不同民族或地方的作家、诗人、音乐家、画家的作品，不同民族或地方的民间创作和民间工艺精品，建筑活动、美术活动、音乐活动、戏剧活动等独特形式，来对幼儿进行艺术熏陶。

4）交往活动：主张师生以平等的伙伴关系进行合作、交往，促进儿童道德感的发展。

5）自由活动：儿童既有年龄特点，也有个别差异，应把集体活动和小组活动、个人活动有机结合起来，通过让儿童选择自己所喜欢的活动，使每个儿童都能真正从中受益。

第四节　俄罗斯学前教育的师资培养

18 世纪 70 年代，俄国开始建立师范教育制度。1918 年，苏俄教育人民委员部学前教育司，在莫斯科市率先开办学前教育培训班培训师资，并在圣彼得堡创办了历史上第一所专门培养学前教育管理干部的学前教育师范学院。1933 年，苏联确立师范教育体系，通过师范学校培养小学和幼儿园教师。至苏联卫国战争以前，苏联已形成 3 个层次（四年制的师范学院、两年制的师范专科学校和培养幼师及小学教师的中等师范学校）的师范教育体系。从 1953 年开始，苏联师范教育制度发生变化，主要是减少甚至取消中等师专的设置，从而形成两级师范教育制度，即中等师范学校（培养小学教师、幼儿教育工作者、学校教导员、少先队辅导员）和师范学院（培养中学教师）。经过 70 多年的建设，苏联形成了教师进修体系和科研网络，制定了教师考核条例，规定对每个教师实行每 5 年一次的

俄罗斯学前教育的师资培养

评定制度。

　　苏联幼儿园设园长 1 人，负责全园的行政教学工作。教养员必须是受过中等师范教育或普通中等教育，并在幼儿园有 2 年以上实际工作经验的教师担任，教养员的数量依据幼儿的人数而定。幼儿园还配有音乐教师，负责教唱歌和律动课；配有医生与护士、管理与服务人员。

　　俄罗斯独立后，市场体制的建立对俄罗斯社会的经济、文化和教育事业都提出新的要求，要求改变苏联师范教育制度结构单一、缺乏灵活性和竞争性的状况。为适应市场经济发展的需要，俄罗斯联邦着手对师范教育结构进行改革。1992 年 3 月 13 日，俄罗斯科学高等教育委员会通过了《关于在俄罗斯联邦建立多层次高等教育的决议》。根据该决议精神，俄罗斯许多师范院校进行了改革，建立起多层次的师范教育体系，包括各类型的师范教育机构：中等师范学校、师范专科学校、师范学校、师范学院和师范大学。

　　俄罗斯培养小学教师、幼儿园教养员的机构是十月革命后建立并逐步发展起来的中等师范学校。其培养目标是：小学教师、幼儿教育工作者、寄宿制和全日制的学校教养员，音乐、体育和美术教师等。按照教育界的管理规定，教师必须每 5 年进修一次。这样，每年大约有 10 万名幼儿教师在当地或区一级的进修班学习。

　　俄罗斯中等师范学校主要培养小学一年级至三年级的教师、幼儿园教师和少先队辅导员等。中等师范学校的学制有两种：一种是两年制，招收高中毕业生，接受专业教育；另一种是四年制，招收初中毕业生，同时接受完全中学教育与专业教育。两年制的中等师范学校的课程设置分为普通教育科目、专门科目、教育科目和实习科目四大类。在中等师范学校的教学计划中，心理学、教育学、教育史、教育法和实习等教育科学类的课程占有重要地位。学前专业开设的课程有：解剖学、心理学、儿童文学、语言发展方法、体育训练、唱歌、音乐、韵律和教学法。

　　教师培训学院的学前教育系培养学前教育机构的领导者、高年级教师和中等师范学校教师。近几年，师范学院的学前教育系的课程有新的发展，主要是在体育教育、绘画、外语教学和心理学等方面开设了一些特别训练项目。这些未来的专家将作为教师和家长的顾问，直接和儿童接触并对他们进行教育。新课程包括：第一年，一般教育方面的理论课，如解剖学、心理学、生理学、教育学、体育和语言发展等；第二年，学生要学习教育儿童的各种方法。此外，还有 15% 的选修课（如韵律、合唱、木偶戏等）。师范学院的学生要实习两次，第一次在幼儿园和中等师范学校实习，第二次在地方教育机关视察官员的经验。

　　苏联不仅重视教师的职前培训，还十分重视教师的在职进修。1984 年颁布的《苏共中央教育改革草案》中，提出了教师的进修问题和师资工作，这是苏联教改的一个重要方面。该草案中提出要进一步改善教师进修制度。教育部规定，教育系统的干部和教师，必须每 5 年接受一次再培训，并建立一个完整的进修系统。俄罗斯继承了这一优点，随着俄罗斯经济的复苏和对教育工作的重视，越来越多的人加入幼儿教师的行列，也能积极参加各种进修和培训。

第五节　俄罗斯学前教育的设施与经费

一、学前教育的设施

（一）苏联学前教育的设施

俄罗斯学前教育
的设施与经费

20世纪20年代末至50年代末，苏联的幼教设施急剧发展。由于在人烟稀少、儿童数量少的农村地区分别设置独立的托儿所和幼儿园经济负担过重，且有实际困难，因此有些地方出现不按年龄分班，将二者合班（一般名曰"综合幼儿园"）的情况。1956年，在莫斯科兴建了两个与此类似，按年龄分班，设施较好的机构。但由于托儿所年龄班和幼儿园年龄班分别隶属于卫生部和教育部管辖，而这两个部门经常发来互相矛盾的关于工作人员、设备及保教工作的指示，令综合幼儿园园长无所适从。要消除这种不合理现象并满足社会需要，就得将托儿所和幼儿园合并成统一的学前教育机构，并实行一元化的行政领导。1959年《关于改革学前教育制度的决定》公布以后，苏联新设计的幼儿园教育机构，基本上都是"托儿所-幼儿园"，后来有关方面还为它制定了详细的设计标准。

苏联的学制是在十几年不断改革的基础上形成的，它包括学前教育、普通小学教育、中等专业教育、高等专业教育和师范教育几个主要部分。学前教育机构大多数由政府组建，少数由企事业单位创办，企事业单位创办的学前教育机构的设施比政府创办的学前教育机构的设施要优越得多。学前教育的形式主要有4种：托儿所（招收0～3岁儿童）、幼儿园（招收4～6岁儿童）、"托儿所-幼儿园"、家庭托儿所（祖母在家照看孩子）。

（二）俄罗斯学前教育的设施

苏联解体以后，俄罗斯经济陷入困境，财政紧缩，政府对学前教育的投入大幅减少，人民生活水平降低，入园率降低。1992年，俄罗斯颁布了《俄罗斯联邦教育法》，要求对教育机构定期进行鉴定、资格认证，为学前教育的发展提供了法律依据，学前教育又得到了恢复和发展。1994～1995年，俄罗斯联邦教育部学前教育司研制了学前教育标准草案，对学前教育机构的活动场地、空间结构、设备材料做出了规定。

自改革以来，俄罗斯的一些学前教育机构根据与地方卫生保健部门签订的合同，重新设计了幼儿园的环境布局，采用软质家具及家庭装饰用的物品，改变了以前托幼机构医院式的单调环境，对儿童的情绪产生了积极影响。许多幼儿园充分利用户外场地，划分出体育活动区，为开展各种运动游戏和体育活动提供固定或可移动的设备，划出跑道，建设冰场、游泳池；对户外场地进行绿化，修建了小型菜园、花园、果园等，培养幼儿的生态意识；修建带有信号灯、路标的道路，使幼儿在实际生活中理解交通规则。

俄罗斯许多幼儿园建立了美工室、带有训练架和大镜子的舞蹈室、组织集体游戏及表演活动的故事室、民俗屋等。在一些学前教育机构的班级，划分游戏角、自然角、建筑角、现代科技角，有小画架、雕塑台及表演用的各种器械和乐器、游戏用的水和沙子、小型的工作室等。

现在，俄罗斯的幼儿园一般场地比较宽敞，体育设施较为完善，有条件的建有滑雪和滑冰场地，有的还建有游泳池；同时，俄罗斯幼儿园重视艺术教育，各城市、乡镇都有自己的剧院，这些剧院对幼儿开放，家长可以经常带孩子接受高雅音乐教育，孩子很小就具有较高的音乐素养；幼儿园还特别重视美术教育，各城市经常举办画展，家长会带孩子参观画展。

二、学前教育的经费

以前，由于苏联为学前教育提供财政资助，儿童入园的费用 80% 由国家负担，家长一般只需负担 20% 的费用。月薪低于 60 卢布的家庭，可以免交入托或入园费，这样的家庭约占 25%。但从 1990 年开始，实行新的收费制度，所有的托儿所、"托儿所-幼儿园"和幼儿园的收费是 12 小时 60 卢币。对于那些总收入在国家规定标准以下的家庭，每个孩子只需付一般费用的 50%，地方上还可能给予进一步的照顾。为了支持家庭、母亲和儿童，1990 年 4 月，政府决定对在家照顾从出生到 18 个月孩子的母亲给予津贴。此外，产妇有 56 天产假，后来扩展到孩子在满 3 岁以前，家中父母的任何一方、祖父母和其他家庭成员也可以在家休假照看孩子。

1996 年，俄罗斯新教育法重申，国家应保证每年拨出的教育经费不少于国民收入的 10%。2007 年，俄罗斯联邦政府开始向有学龄前儿童的家庭发放入园杂费补贴，2007 年获得补贴的孩子为 380 万人，2010 年增加到 491.2246 万人。2009 年，联邦政府预算用于学龄前儿童杂费补贴的资金达到 81.2 亿卢布，约合 2.7 亿美元。2010 年上半年，每个家庭每月平均支付孩子的入园杂费为 830.8 卢布，约合 27.69 美元。现在俄罗斯，从出生 2 个月到 7 岁的儿童都有享受学前教育的权利，满 7 岁便进入小学学习。与父母工作时间相适应，俄罗斯的托儿所、幼儿园每周开放 6 天。幼儿园一般是政府组建的，也有少数是由企事业单位给予财政补贴的，因此婴幼儿学前教育通常是免费的，家长用于学前教育上的花费很少。企事业单位资助的幼儿园比政府拨款资助的幼儿园有更丰富的物资、书籍和设施，还有精心设计的室外游戏环境乃至游泳池。

第六节　俄罗斯的学前教育思想

俄罗斯学前教育主要继承了苏联学前教育的思想；同时，随着社会的变革，俄罗斯学前教育也发生了一些变革和新的趋势。

一、克鲁普斯卡娅的学前教育思想

克鲁普斯卡娅（1869—1939 年）是苏联杰出的教育家、无产阶级政治活动家。十月革命后，在列宁和斯大林的直接领导下，克鲁普斯卡娅曾为创立科学的学前教育理论进行了不懈的努力，并做出了重大贡献。她科学地论证了一些重要原理，对苏联学前教育的理论和实践都产生了巨大影响。

克鲁普斯卡娅从教育的阶级属性出发，论证了社会主义社会的学前教育必须为劳动人民的利益服务，为工人阶级新一代的全面发展创造良好的条件，使他们受到共产主义教育。同时，她批判了当时西方国家广泛流传的一些观点，如认为儿童的发展决定于遗传的理论和基于这种理论而提出的"自由教育"理论的观点。她认为这些都是反科学的，并论证了儿童发展不是自发产生的，也不是通过天生素质的逐渐成熟来实现的，儿童的发展主要取决于儿童的生活条件。因此她提出，苏联的幼儿教育必须从婴儿出生的第一年起，根据儿童的年龄特点，制定专门的教育大纲，有目的、有计划地对儿童进行教育。

克鲁普斯卡娅提出，蒙台梭利和福禄贝尔的教育在理论上都是错误的，并指出他们在具体方法上是形式主义的。她认为，苏联学前教育的任务、内容和方法都必须与新建立起来的社会主义制度紧密联系起来，同时家庭教育也必须与学前教育机构的教育相一致。

在她的教育思想影响下，苏俄教育人民委员部学前教育司在 1919 年下发的指令中，取缔了福禄贝尔和蒙台梭利教育体系中有关形式主义、机械主义和神秘主义的部分。

二、马卡连柯的学前教育思想

马卡连柯（1888—1939 年）是苏联杰出的教育家、作家。马卡连柯和克鲁普斯卡娅的观点一样，认为儿童出生头几年的教育具有特殊重要的意义。他反对"自由教育"理论，他的儿童集体活动教育在儿童全面发展中的作用、家庭教育的重要性、游戏的教育意义等学说，在苏联学前教育理论中占有重要地位。

由于时代的限制，当代还没有系统的科学试验，缺乏科学的实验材料来证明教学在学前儿童整个教育过程中的作用，也没有制定出一套符合儿童身心发展特点的教学大纲、教材、教法来具体帮助、指导学前教育工作者的工作，自由教育思想的影响并没有完全肃清，这些对学前教育体系的建立有不利影响。

20 世纪 40 年代，由于学前公共教育制度的发展，学前教育遇到了需要从理论和实践上加以解决的一系列问题。苏联学者继承和发展了克鲁普斯卡娅和马卡连柯所提出的学前教育思想，利用年龄生理学和儿童心理学的科学实验新成果，奠定了苏联学前教育理论的基础，其中影响较大的有乌索娃、福辽莉娜等。

三、乌索娃的学前教育思想

乌索娃（1898—1957 年）是俄罗斯联邦教育科学院通信院士，学前教育研究所的第一任所长，是苏联公认的学前教育理论家。她的著作颇多，重要的有《幼儿园教学》《幼儿园作业》《幼儿园的教学特点》《幼儿园教学理论中的感觉教育问题》等。她的研究，在克服资产阶级自由教育、实用主义方面，有突出的作用，给幼儿园的教育工作带来了根本变化，促进了儿童智力发展的水平，改善了入小学的准备工作。她的著作在建立学前教育理论、发展学前公共教育事业中起到重要的作用。为了肃清资产阶级自由教育思想的影响，乌索娃领导其院所的其他教育工作者，致力于学前教学的研究，把马克思列宁主义教育原理贯彻到学前教育阶段，根据学前儿童年龄的特征，在学前教育阶段开展"教学"，以保证学前教育任务的顺利完成。经过乌索娃的研究，确认学前教育理论与普通教育理论的一致性，建立了以马克思列宁主义为指导的、以科学试验为根据的科学的"学前教育论"。"学前教育学"这个专业名词就是她首先引用、确立的。她的贡献主要有以下几个方面。

（一）将马克思列宁主义教育原理中的"教学"应用于学前教育领域中并加以具体化

乌索娃认为，学龄前期是儿童发展过程中的一个重要阶段，儿童的个性正是在这一阶段逐步形成的，学前教学是整个教育过程中不可缺少、重要的一环，必须通过有目的、有计划、有组织的教学活动，才能完成这一教育任务。

她还认为，学前教学与学校教学虽因受教育者年龄特征不同而有所区别，但二者也有共同之处。在学前教育学与普通教育学的教学概念中，其本质意义并无差别，都是教育者有目的、有计划直接影响全班儿童，只是在内容、形式、方法上有所不同。因此，以马克思列宁主义为理论基础的普通教学原理，同样适用于学前教学。乌索娃关于学前教育教学的观点，不仅有助于从理论上清除自由教育在学前教育领域中的影响，也为苏联学前教育学奠定了基础。

（二）确定了学前教学的任务

乌索娃在教学实验中发现，学前儿童的许多心理特征（如注意的无意性、直觉的混同性、行动的盲目性、思维的具体性等）都是一样的。但是，如果在成人的指导下进行系统的学习，就能提高儿童的实际操作能力与智力，上述心理特征就会逐渐消失。乌索娃把学前教育学的研究与儿童心理学的研究有机结合起来，从而得出学前教学的任务是学前教育与发展儿童智力，即学前教学不仅要向儿童传授知识技能，还要全面发展儿童的智力。

（三）对学前教学内容做了明确的规定

教学任务决定了教学内容，教学内容体现了教学任务。学前教学的任务是进行学前教育和发展儿童的智力，但教学绝不能脱离儿童的实际可能，不考虑儿童的年龄特征，而提出过高的要求。学前教学的内容是认识周围世界的知识，但知识范围的确定，尚未解决教学内容的实际问题，只有解决了广度和深度的问题，才能有效解决教学内容的问题。

乌索娃把学前儿童应掌握的知识分为两类：第一类称为简单知识，这类知识是在儿童与成人的日常交往中，在游戏及一般的观察等活动中，自然而然就可掌握的，一般只能认识事物的外部特征及表面联系；第二类称为复杂知识，这类知识往往是儿童不可能直接感知的事物的内在特征或因果关系，不通过专门的学习活动，儿童是不容易认识的，学前教学应以复杂的知识为主，但也不能忽视简单知识的教学，对儿童所获得的简单知识，应经过教学，使之条理化、系统化，以便获得准确的、进一步概括了的知识。两类知识的原理，一直是苏联制定幼儿园教学大纲的理论根据。乌索娃特别强调，在向儿童传授关于现实生活中某些事物或现象知识的时候，要着重引导儿童去发现和理解其中存在的简单联合规律，以便儿童将自己所获得的零碎的、混乱的、带有偶然性的知识，组织整理成完整的知识系统。

（四）创立了感觉教育的新体系

认识从感性认识开始，幼儿的认识来自对周围环境的感知觉。历来的教育家都非常重视儿童的感知觉教育。夸美纽斯认为，应充分利用各种感知觉经验去认识各种事物。卢梭主张既要训练儿童的感官，使之获得感性认识，又要为使这些感性认识发展为理性认识做准备。福禄贝尔为儿童创作了许多物品（如教具、教材等）以发展儿童的感觉经验。蒙台梭利于 20 世纪建立了一个比较完整的感知教育体系。

乌索娃认为，蒙台梭利把感觉教育作为儿童智育的基础，重视给儿童丰富的感觉经验，这无疑是肯定的。但是，蒙台梭利感觉教育体系的教法是脱离实际的，与儿童生活脱节，而且它以感性认识为主，忽视了理性认识与逻辑思维的作用，因此不可能使儿童智力得到充分发展。

乌索娃对蒙台梭利感觉体系正确的、有价值的部分，予以采纳，同时又批判、摒弃了其错误部分，建立了以唯物主义认识论为指导的新的感觉教育体系。乌索娃承认感性认识对儿童心理发展有特殊意义，但并不夸大为唯一因素。乌索娃认为，感性认识与理性认识是儿童认识世界不可分割的、有机结合的统一过程，是儿童认识活动中的两种形式。因而反对把感觉教育只停留在感官训练上，主张加强感觉教育与发展心理活动之间的联系。

由于两种体系的理论不同，在教学内容上也就不同。蒙台梭利认为，教育者只需要设计适当的、简单的环境（教具），儿童的感觉能力通过操作就可以得到发展。乌索娃的感觉教育新体系的教学内容则比较丰富，具体包括：①认识颜色、大小、形状等物体的感觉特征及空间观念。②形成并发展人类所特有的语言、听觉及音乐听力。③用所掌握的感性知识去分析周围的事物，并引导儿童去认识物体外部特征与内部特征之间的联系，从而提高感知水平，使之不断深化，形成简单的思维规律。

四、福辽莉娜的学前教育思想

福辽莉娜（1889—1952 年）是俄罗斯联邦教育科学院通信院士，她侧重研究苏联学前教育中的美育问题。她揭示了儿童美感发展的特点，研究发展学前教育儿童说话能力和艺术语言教学法，即美育教学法。1946 年，她主编出版了供师范学院学前教育系大学生使用的第一本教科书《学前教育学》，同年还著有《儿童的造型创作》，1949 年著有《学前儿童的美育》。

福辽莉娜是研究苏联学前儿童美育的代表人物之一，她重视学前儿童的美育，强调美育在儿童全面发展中的作用。她的教育思想主要有以下 4 个方面。

1）主张应从早期开始通过艺术活动发展儿童的创造性。她认为，苏联教育学中不应该排斥儿童创造性这一术语，儿童创造性的发展是与教育学紧密联系在一起的，周围世界就是发展儿童创造性的源泉，只要成人正确引导，就能使儿童的创造性得到充分发挥。她还指出，儿童创造性与年龄特点相联系。她把儿童创造性理解为，儿童自觉地在自己的绘画、泥工、建筑结构等活动中反映周围现实生活，反映儿童所观察到的事物，反映通过谈话和其他艺术活动所获得的印象。她特别强调，发展儿童创造性必须与教育教学紧密结合。

2）为学前各年龄阶段的儿童制定了造型活动教学的示范性大纲。1946年，她在《儿童的造型创作》中提出了学前儿童教学大纲的基本原则：首先要完成适当的共产主义教育任务，其次要根据学前儿童认识世界的特点和他们的思维特征，来制定教学大纲的内容。例如，绘画教学的内容必须与现实生活相结合，让儿童描绘经常接触的、直接感受的事物。她还强调，儿童绘画的主题应是生动的、真实的，而不是一些抽象的线条、形状，或是简单的、僵化的几何形体。她的研究指出，在绘画中只有反映生活的主题，才能形成儿童的意识和兴趣的倾向性，才能加深儿童对周围世界的了解及正确对待周围现实。只有这样，才能使儿童对呈现在他们周围的事物获得正确的生活概念，从而发展他们的道德感、注意力和形象思维。

3）为学前各班儿童制定了主题画、实物画、装饰画，以及反映社会生活、劳动、节日、四季特点的景物游戏，还有参观、看图讲故事、朗诵等不同形式的任务。她要求教师应说明部分物体的特征，从而教会儿童反映这部分物体。如果儿童没有学会反映这部分物体，那么儿童就不会画这些复杂的物体，在他们的绘画中，当然就不会有这部分物体了。在福辽莉娜之前，苏联的一些教育工作者认为，不能教幼儿画部分物体，这样会束缚儿童的想象力，影响儿童创造性地发展。福辽莉娜通过自己的实验证明这种观点是错误的，同时她提出不同年龄的儿童在选择绘画内容时要遵循由浅入深、由简到繁的原则。她主张让3～6岁不同年龄班的儿童观察同一种物体，让他们自己去思考如何反映此物体。但在观察的内容和方式及如何反映同一物体等方面应有所区别，对不同年龄班的儿童应提出不同的要求。

4）为保证儿童绘画教学任务的完成，制定了一系列教学方法。她确定了训练不同年龄儿童创作的技能技巧内容，如要求小班儿童能画出不同的几何形体；要求中班儿童能丰富其绘画内容，学习使用色彩与构图；对大班儿童则要求他们从事构图的工作。福辽莉娜关于儿童的造型活动和创造性的许多观点，是建立在马克思列宁主义基础上的，她制定的艺术教育的示范性大纲和绘画、泥工的内容，为苏联艺术教育工作者运用唯物主义的观点，进一步寻求有效的教学体系打下了基础。福辽莉娜的学前教育观点强调必须把教学与发展儿童的创造性结合起来。一方面，要教会儿童一些初步的技能、技巧，使儿童能发挥自己的创造性和积极性；另一方面，教学效果又往往决定于儿童在掌握新材料过程中所表现的创造性和主动性，并在幼儿园大纲中对此做了明确规定。

本章小结

俄罗斯是一个教育强国，特别是它的前身苏联曾是我国在教育上学习和借鉴的对象。在现在世界大发展的前提下，俄罗斯学前教育也面临着一系列问题和重大改革，但也有一些是值得我们学习和借鉴的地方。本章主要介绍了俄罗斯学前教育的概况及学前教育的教育思想，还阐述了俄罗斯学前教育的现状及所进行的改革。

思考与练习

1. 结合实际谈谈俄罗斯学前教育改革可以给我国的幼儿教育改革提供哪些启示？
2. 俄罗斯师资培养的情况如何？
3. 俄罗斯学前教育的现状给我国的学前教育有哪些启示？
4. 俄罗斯学前教育思想的主要内容有哪些？
5. 俄罗斯学前教育的法规有哪些？它们有什么积极作用？

第十一章
法国的学前教育

第一节　法国学前教育概况

法国全称法兰西共和国，位于欧洲西部，与比利时、卢森堡、德国、瑞士、意大利、摩纳哥、西班牙、安道尔接壤，西北隔英吉利海峡与英国相望。截至 2025 年 3 月，法国人口为 6640 万人，主要为法兰西人，大多信奉天主教，官方语言为法语。法国是一个高度发达的资本主义国家，其国民拥有较高的生活水平和良好的社会保障制度。

法国学前教育
概况

一、法国学前教育的开端

在法国，最早在历史上有记录的幼儿教育机构是奥贝兰的"编织学校"。一般的幼儿教育史都把它看作是近代幼儿教育机构历史开端的象征。

1769 年，一位名叫让·弗雷德里克·奥贝兰的神学院毕业生，奉命到阿尔萨斯地区的邦德拉罗索乡村担任牧师。这里地处山区，十分落后。奥贝兰到任后，帮助当地居民修路架桥，整治土地，改进农业生产，引进手工纺织。1771 年，他在当地办起了一所幼儿教育机构，即"编织学校"。奥贝兰是卢梭和裴斯泰洛齐的崇拜者，他将二者教育理念融入编织学校中，学校设有两名指导教师，一名担任幼儿手工技术指导教师，另一名担任文化和游戏方面的指导教师。此外，还挑选年龄较大的女孩作为"助教"，帮助指导教师共同教育幼儿。幼儿一边学习基础知识，一边做一些力所能及的劳动。编织学校的教学内容包括：标准法语、宗教赞美歌、格言、观察和采集植物、绘画、地理、做游戏、听童话故事、传授缝纫及编织方法等，使幼儿养成良好的习惯。招收对象为所在地区贫民中 3 岁以上的幼儿。但学校每周只开放两次，主要是教育而非保育。奥贝兰创办的编织学校不仅在国内，而且对英、德等国的幼儿教育都产生一定影响。据说，欧文 19 世纪初在英国创办幼儿学校时，曾从奥贝兰的编织学校获得启示。在奥贝兰去世后，编织学校仍存在一段时间，此后各地出现了另外一些幼儿机构，如托儿所、幼儿园等。

1801 年，法国著名妇女社会活动家及慈善家德·帕丝朵蕾夫人在济贫院委员会和妇女委员会的帮助下，在巴黎开办了首家收容贫民婴儿的育婴院，招收 80 名幼儿。虽然产生了一定影响，但教育意味不浓。后来，菲尔曼·马尔波鉴于法国的托儿所招收对象为较大幼儿，而乳婴儿无处可收的状况及社会需要，在巴黎创办了第一个托儿所，接收15 天至 3 岁的婴幼儿，当母亲外出工作时，可以把孩子寄放到托儿所照看，他还撰写了《关于婴儿托儿所》的小册子。他的主张受到社会欢迎，各地陆续开设同类机构。他的主张对欧美各国也产生了影响。

1836 年 4 月 9 日，法国教育部部长佩雷在教育部公告里提出开办"幼儿教养所"，接收贫苦家庭 2～6 岁的幼儿。实际上，这也是一种幼儿园。两年后，全国办起了 800 多个幼儿园，接收了 2 万多名幼儿。法兰西第三共和国以前，无论是幼儿园还是托儿所，其性质基本上属于照料幼儿生活的慈善机构。

二、法国学前教育的发展

福禄贝尔幼儿园运动于 19 世纪中叶被引进法国，并取得了许多重要成果。与此同时，法国的幼教机构开始向双轨制方向发展。在福禄贝尔幼教思想日益扩大影响的同时，法国还出现了少量的幼儿园，以及开展以福禄贝尔思想为指导的幼儿师资培训工作；但法国的幼儿园招收的幼儿主要为上流社会子女，平民子女只能进入传统的托儿所。这种双轨制的现象与英国相似，直到 19 世纪 80 年代后有所改变。19 世纪下半叶，法国通过颁布法令，将幼儿学校正式确立为学前教育机构，并做出相应规定，确立了近代幼儿教育制度。

1855 年 3 月，法兰西第二帝国皇帝拿破仑三世颁布了托儿所法令，指出：托儿所不论是公立还是私立，都应当成为 2～7 岁幼儿在道德和身体成长过程中得到必要照顾的教育机构。教育的内容包括：宗教教育、德育、读写算、常识、手工、体育。与此同时，政府还制定了具体的托儿所内部规章制度。

1881 年，法国引入了《费里法案》，确立了国民教育的三项基本原则："免费""义务""世俗化"。依据此法案，法国政府对国内的幼儿教育机构进行了重新命名，称为"母育学校"，并将这些机构整合到公共教育体系中。这些学校面向 2～6 岁的儿童开放，其办学目标聚焦于提供"母亲般的照料与早期教育"。这一法令的出台标志着法国幼儿教育体制的基本成型。

1905 年，时任法国教育部部长对母育学校过度侧重于知识传授表达了批评意见。1908 年，法国教育部再次发布指导意见，明确母育学校的宗旨应当是全面关注幼儿的成长需求，包括德、智、体发展等；同时强调，母育学校不应被视为传统意义上的普通教育机构，而应成为那些无家可归或来自不良家庭环境的孩子的庇护所。特别是对于那些缺乏适当照料的儿童，母育学校应该提供一个温暖且欢迎他们的环境，确保每一个孩子都能得到应有的关怀与照顾。这一方针突出了为所有儿童，尤其是那些处于处境不利中的儿童，提供平等照护的重要性。

三、法国学前教育的进展

1969 年，依据法国教育部的指令，母育学校的课程设置和教学方法经历了一次重大改革，旨在促进孩子德、智、体的均衡发展。此次改革使母育学校的教育模式与小学更加接近。课程被重新划分为三大板块：①智力发展课程。每周安排 15 学时，集中在上午时段进行，专注于提升孩子的认知能力和基础知识。②启蒙活动。每周 6 学时，集中在下午时段开展，包括游戏、手工制作、唱歌等多种形式的自由探索活动，意在通过趣味性的方式激发孩子的好奇心和创造力。③体育锻炼。每周 6 学时，集中在下午进行，注重增强孩子的体质和运动技能。在这三大板块中，基础学科占据超过一半的教学时间，特别强调对于 4 岁以上儿童读写算基本技能的培养，为他们顺利过渡到小学阶段打下坚实的基础。此外，新指令还提倡根据幼儿的发展特点灵活调整教学内容，确保每个孩子都能在快乐学习的同时全面发展。这一改革体现了法国教育体系对早期教育重视程度的加深，以及对幼儿个性化需求的关注。

1975 年，法国颁布《哈比教育法》，规定学前教育的目标，重申了"经母育学校推荐，早慧幼儿可提前半年入学，以早出人才"这一规定。进入 20 世纪 80 年代后，法国政府继续把发展幼儿教育看成是实现教育机会均等、开发人力资源、加强科技竞争、增强国力的重要因素之一，并予以高度重视。由于政府重视、措施得力，法国幼儿教育在发达国家中位居前列。从 1983 年起，巴黎第 11 区的 10 所母育学校对 5 岁幼儿开始试教计算机。学校每星期让幼儿学习三个半天的计算机简单操作和应用，且取得良好效果。1986 年，法国有 1.83 万名 5 岁早慧幼儿进入小学就读。另外，对一些母育学校的幼儿还进行了外语教学，尤其是英语和德语的教学试验。在一些母育学校，还开始了缩短由学前教育向小学过渡时间的探索。

法国现有公立、私立幼儿学校共 17 000 多所，小学附属幼儿园班 1 万多个，在校幼儿 250 多万，教师 94 000 多名（其中男教师占 2.5%）。2～5 岁幼儿的入学率从 20 世纪 60 年代的 50%提升到 90 年代初的 84.2%；4～5 岁幼儿入学率自 20 世纪 80 年代以来一直保持为 100%；3 岁幼儿入学率进入 90 年代后超过 98.1%。表 11-1 是法国幼儿学校 2～5 岁幼儿入学率的增长情况。

表 11-1　法国幼儿学校 2～5 岁幼儿入学率　　　　　单位：%

年龄/岁	1960～1961 年	1970～1971 年	1980～1981 年	1989～1990 年	1990～1991 年	1991～1992 年
2	9.9	17.9	35.7	35.5	35.2	34.4
3	36.0	61.1	89.9	97.2	98.1	98.8
4	62.6	87.3	100	100	100	100
5	91.4	100	100	100	100	100
2～5	50.0	65.4	82.1	83.9	84.2	84.4

2009 年，全法（本土和海外省）2 岁幼儿入园率约为 15.2%；3～5 岁幼儿入园率为 100%。根据法国教育部公布的数据，2012 年，全法共有幼儿园 2557 所，其中公立幼儿园 2244 所，占 87.8%，私立幼儿园 313 所。平均每班学生 25.9 人。公立幼儿园办学规模多为 3～5 个班级，私立幼儿园办学规模多为 1～2 个班级。

2013 年，法国颁布了《重建共和国学校法》，以期减少不平等现象，建设公正、高质量和包容的学校。学前教育作为教育改革的重要内容，以期减少社会不公平问题。为此，将学前三年纳入义务教育，从入园率来看，截至 2017 年，法国 3～6 岁幼儿入园率达到 98%以上。主要强调覆盖由于宗教信仰、社会经济等因素尚未入园的 2.6 万名适龄幼儿，试图通过法律强制的方式，破解学前教育普及的"最后一千米"难题。此外，通过重申确保所有残疾学生从幼年开始接受教育的必要性，降低义务教育的年龄扩大了包容性学校教育的范围。

2018 年 3 月，法国教育部宣布将义务教育向前延长至学前三年，这也是首次将义务教育年龄延伸到学前阶段，这一政策于 2019 年 9 月开始实施。调整后的学前教育，除了具有免费、世俗、平等的特点外，还增加了强制性的属性，所有适龄幼儿都具有强制性接受学前教育的义务，并且受教育对象不受家庭社会经济背景及其他因素的限制。

第二节 法国学前教育的法规与体制

法国学前教育自奥贝兰创办编织学校开始，在法兰西第三共和国以前，其性质基本上属于照料幼儿生活的慈善机构。到法兰西第三共和国时期，国家通过颁布法令，才将幼儿学校正式确立为学前教育机构。

法国学前教育的法规与体制

一、法国的学前教育法规

1881 年，法国通过《费里法案》，将幼儿学校纳入整个学校教育系统，作为"第一级教育机构"。该法令的颁布，基本上确立了法国幼儿教育制度。

1886 年，法国政府规定：凡拥有 2000 名居民以上的乡、镇，都必须建一所母育学校。1887 年，法国政府又发布政令，对母育学校应具备的设施详加列举。虽然保留了偏重知识教育的特点，但却倡导采用福禄贝尔幼儿园的教具和教育方法。

20 世纪 60 年代后，法国在开发幼儿智力、加速人才培养上做了很多努力。1970 年，法国教育部指令：经母育学校推荐，早慧幼儿可提前半年入学，以早出人才。1975 年，法国颁布《哈比教育法》，重申了这一规定，同时规定学前教育的目标是：启发幼儿个性；消除幼儿由于出身和家庭条件差异而造成的成功机会的不均等；早期发现和诊治幼儿智力上的缺陷及身体器官上的残疾；帮助幼儿顺利完成学前教育向小学教育的过渡。根据此法令，自 20 世纪 70 年代以来，法国的学前教育实际上发挥着四重作用，即教育、补偿、诊断治疗及与小学衔接的作用。

二、法国的学前教育机构

学前教育是法国初等教育的一部分，从 1981 年开始实行免费入学。学前教育机构遍及全国城乡各地，在 2000 人的社区中就有一所学前教育机构，既有公立的也有私立的。2020 年，法国拥有 14 058 所学前教育机构，其中公立 13 881 所、私立 177 所。

1. 幼儿园

每周（周一、二、四、五及周六上午）开放 4.5 天，每天开放 6 小时（上下午各 3

小时）；幼儿按年龄分班，2～4 岁为小班，4～5 岁为中班，5～6 岁为大班；幼儿定期接受医生对其身体健康状况的检查和心理专家对其心理发展水平的测定；班级人数规模在不同地区是不同的，城市每班 25～30 人，乡镇每班 10～15 人，为保证教育质量，现在政府正创造条件，减小班级人数规模。

2．幼儿班

幼儿班附设在小学，主要招收 3～5 岁幼儿，主要做好幼小衔接问题，为幼儿进入小学做好身心准备。

3．托儿所

托儿所主要招收 2～5 岁幼儿，实行保教结合，在对幼儿进行保育的同时，也对他们进行社会、知识等方面的教育。

4．保育室

保育室面向有紧急事情的家长开放，家长可以临时把孩子送到保育室，由保育人员来照看孩子，解除家长的后顾之忧。

5．流动车

对偏远地区的幼儿，利用流动车实行送教上门、到家服务，使学前教育能够实现普及。

此外，2008 年 7 月，法国阿尔卑斯省参议员米歇尔·塔巴罗向总理提交了《低龄幼儿托幼机构发展的报告》；同年 11 月，国家参议员莫尼克·帕伯向参议院提交了一份关于《低龄幼儿（2～3 岁）入学的报告》。这两份报告都提到了为2～3 岁幼儿设立一种介于托儿所和幼儿学校之间的教育机构——"启发园"，并将其作为政府推出的一项新公共服务政策。

三、学前教育与小学的衔接

长期以来，法国政府一直重视学前教育与小学教育的衔接问题。1975 年，颁布了《哈比教育法》、1989 年发布了《教育方针法》，使幼小衔接工作有了法律依据。法国在解决幼小衔接问题时采取的主要措施如下。

（一）理解儿童的学习阶段

在幼、小两个教育阶段，儿童的学习可分为 3 个时期：①前学习期，2～4 岁的幼儿园小、中班幼儿。②基础学习期，幼儿园大班 5 岁儿童和小学一、二年级 6～8 岁儿童。③巩固学习期，小学三、四、五年级 8～11 岁儿童。这 3 个时期既相互区别又相互联系，幼儿园教师和小学教师每周利用 1 小时，共同探讨处在不同时期儿童发展应有的水平及成人应为儿童创造的条件。

（二）对教师进行相同的培训

在初等教育机构中任教的教师接受相同的培训，从事学前教育的教师受小学教育方面的培训；同样，从事小学教育的教师也受学前教育方面的培训，使他们互相了解彼此的教育对象、教育内容和教学方法。

（三）倡导男教师加盟学前教育

幼儿园和小学是两个相邻的教育阶段，小学里的男教师所占比例高于幼儿园，鼓励男性进入幼儿园任教，以便为幼儿提供不同于女教师的教育风格，拓宽幼儿的视野和思维方式。

（四）监督与视导统一起来

初等教育的视导员、教育顾问具有幼、小两个教育阶段的教育理论和实际经验，能把幼儿园与小学的监督与视导工作合在一起，进行系统管理。

第三节　法国学前教育的课程与教学

法国学前教育与其他国家有明显不同，它把社会、卫生、心理三者结合起来，承担着教育、诊断、治疗 3 种职能。学前教育的目的旨在促进幼儿在体力、社会性、智力、艺术能力等方面得到全面和谐的发展，为未来生活做好准备。

法国学前教育
的课程与教学

一、法国学前教育的目标与要求

1986 年，法国教育部在《对母育学校的方向指导》的文件中指出：母育学校的总目标在于使幼儿的各种可能性得到发展，以形成其个性品质，并为他们提供最佳机会，使他们能在学校学习和社会生活中获得成功。因此，使幼儿"受学校教育"就成为母育学校的首要目标。母育学校的第一个目标是强调使幼儿感到母育学校是用来学习的场所，它既有作为学校的要求，又要为幼儿保留其自身特有的满足和喜悦感。母育学校要引导幼儿对活动产生兴趣，包括作业和练习。母育学校的第二个目标是使幼儿教育"社会化"。幼儿教育社会化就是要教育幼儿如何与他人建立联系，使其成为易于交往的人。这就要求通过组织幼儿开展各种活动，让他们发觉自己与他人（包括幼儿和成人）的合作可以开始一些有兴趣的活动。同时，在活动的过程中，让幼儿在扩大和丰富其社会联系方面得到帮助。第三个目标是教会幼儿学习和练习。总之，重要的是使幼儿通过开展各种活动，发展他们的感觉能力、动手能力、说话能力、思维能力和想象能力；同时帮助幼儿积累经验、探索世界、增加知识，不断激励和满足幼儿的求知欲。因此，学前教育的目标应包括以下内容。

1）锻炼幼儿的身体，发展幼儿的动作，增强幼儿的体力，促进幼儿的身体健康发展。培养幼儿自我服务的能力，发展幼儿的独立性，提高幼儿的交往能力，使其学会关心别人、帮助别人，与同伴之间团结友爱，增强与他人分享、协商与合作的能力。

2）激发幼儿的求知欲，培养幼儿的学习兴趣、学习习惯、探索精神和口语表达能力，为读、写、算做好准备，发展幼儿解决问题的能力和创造力，提高幼儿的思维水平，充分发挥幼儿的各种潜能。

3）培养幼儿的乐感、绘画能力和手工制作能力，发展幼儿对美的欣赏能力和表达能力。增强幼儿适应环境的能力，使幼儿懂得民主、科学，学会遵纪守法，发展健康的人格。

如何衡量这些教育目标是否实现？法国专家提出要通过一些具体的指标来检验。巴黎妇幼保健医学研究所的霍克尔教授提出，判断幼儿的身体是否健康发展，关键是看幼儿的体重；在幼儿出生后的 3、5、8、12 个月龄时，应各称一次体重，1～3 岁时，半年称一次体重，3～7 岁时，每年称一次体重；把每次称的结果记在由幼儿年龄与体重构成的坐标图上，再连点成线，并对曲线图的形态和趋势进行分析、评价，如果幼儿的体重曲线与标准体重曲线平行、向上，则表明这个幼儿生长正常、迅速；如果幼儿的体重在有规律的增长，则表明这个幼儿在此年龄阶段的身体是健康的，反之则表明这个幼儿生长缓慢，身体是不健康的。

二、法国学前教育的活动与要求

（一）体育活动

体育活动的目的是通过训练幼儿走、跑、跳等基本动作，培养幼儿机体的平衡性与协调性，使幼儿锻炼自己的运动机能，保证身体健康发展，促进幼儿适应能力与合作能力的发展，通过克服障碍和表现自信的游戏发展幼儿的个性品质。体育活动的形式是多种多样的，如行走、跑跳、爬行、攀登、投掷、平衡等全身运动机能活动，能使幼儿在应答指令、克服困难、解决问题、信号反应等方面的速度和能力得到锻炼；敏捷游戏、速度游戏、对抗性游戏及伴有唱歌的舞蹈，可以提高幼儿的协调能力；幼儿表演可由他们自己创作或由教师建议的动作，使幼儿得到充分表现，以展示他们的表演能力；通过进行律动舞蹈，可以提高幼儿动作的协调性；通过表演哑剧，可以培养幼儿身体的表达能力。

（二）艺术活动

幼儿学校的艺术与审美活动可以发展幼儿的感受力、观察力和听觉能力，并使他们熟悉各种艺术形式。幼儿通过运用不同的材料与工具，自由探索，独立创造，发展艺术表现力和创造力，提高审美能力。艺术活动可以让幼儿通过动作、姿态、声音和模仿他人来进行表达和创作。在艺术与审美活动中，幼儿通过接触不同物质、尝试不同技术，可以发展他们的创造性想象。艺术与审美活动涉及各种形式、各个时代和各类文化艺术，如绘画、唱歌、摄影、欣赏大自然的美景、收集艺术品等。幼儿学校应向幼儿呈现各种美好的形象，使这些美好的形象能够帮助和激发幼儿对美的向往之情，催发幼儿创造美的欲望。

（三）交往活动

口头与书面交流活动是幼儿学校中具有决定意义的活动。教师应当通过阅读故事、解释插图、评书游戏等方式，使幼儿能够开展对话活动（包括与其他幼儿和成年人之间的对话），进行语言交流。教师应特别注意使用口头语言和书面语言，这是人们产生想象的关键之一。在这方面，基本内容是词汇、代词、动词时态的掌握和使用。因此，语音练习、儿歌和听力游戏，可以帮助幼儿获取新概念，丰富词汇量，理解词语，掌握句法，发展口头语言表达能力。让幼儿懂得语言和音乐、表演、图片等表达方式之间的联系。使幼儿能恰当地表达自己的思想、情感和需要，积极地与教师、同伴相互交流。因此，幼儿应当：①从小班开始经常接触图书馆、资料中心和课堂里的书籍，养成利用这些资料的习惯。②让幼儿在"掌握阅读"中获得阅读方面的知识。③让幼儿经常接触历史性的、内容丰富的故事及各种诗词的语言和诗歌，使他们不仅能获得知识，还能增强想象力和发展再现表象能力。

（四）科技活动

科技活动能使幼儿进行探索、发现和制作，其目的始终是要提出问题和解决问题。幼儿参加科技活动的方式和内容，可因年龄、能力和知识而异。在这些活动中，幼儿通过观察和使用各种物质材料，选择各种技术（如组合、粘贴、折叠、装配等），制造出新东西。教师在这些活动中，应当陪伴和引导幼儿，提出一些问题或启发他们的思考。学习和背诵含有数字的儿歌等，能使幼儿逐步了解事物的不同属性、特征，理解事物之间的关系，形成有关大小、多少等数量概念；也可以引导幼儿发现和建立简单的空间关系；还可以通过观察风景、空间、时间、季节和气候，使幼儿对周围环境产生兴趣。让幼儿观察生命的不同表现形式，如观察动植物的生长、发育、繁殖、衰老和死亡过程，使他们了解动植物的生长与变化。学习有关科学技术方面的粗浅知识和技能，如通过让幼儿参加制作、敲打、拼拆、修补建筑材料等活动，丰富幼儿有关建筑材料的知识，学会分类，掌握部分与整体的关系，提高他们的动手动脑能力。

这些教学活动的比例、侧重点在不同的年龄班是不同的。随着幼儿年龄的增长，科技活动占据越来越重要的地位，不论开展哪种教学活动，教师都应注意利用科学的方法去指导幼儿，使幼儿在轻松愉快的气氛中习得知识，锻炼技能，发展能力。

三、学前儿童的家庭及社会教育

现代的学前教育是幼儿园教育与家庭教育、社会教育的有机结合。学前教育机构主要采用以下几种形式来提高教育质量。

（一）家长委员会

几乎每个学前教育机构都成立了家长委员会，由家长代表及教师组成，每年召开2～3次会议，讨论学前教育机构的教育计划、课程设置、环境布置、活动安排等问题，以更好地促进幼儿的发展。

（二）参与园教

学前教育机构鼓励家长来幼儿园参观、访问，参与、支持幼儿园的教育活动，与教师一起布置活动环境等。

（三）接送交流

教师利用家长接送孩子的时间，主动与家长交谈，并引导家长早上送孩子入园时，要把孩子送到班里，并和孩子、小朋友们玩一会儿后再离开；下午接孩子回家时，不要接了就走，而是积极与教师交流幼儿在园情况，以配合教师共同做好教育工作。

（四）参观展览

通过参观展览活动，帮助幼儿学习在幼儿园、家庭都学不到的内容。例如，教师、家长把幼儿带到巴黎动物园的未来博物馆，让孩子参观为4～12岁儿童举办的"暴力，该结束了"的游戏性展览。该展览有4条游戏线路，每条线路都配有一则法国动物寓言，如群狼争地盘、小鸟抢食小虫子、双峰骆驼取笑单峰骆驼、小猫指责老鼠。幼儿手捧玩具沿线路进入迷宫，设法解决上述动物间的争论、矛盾。通过参观，使幼儿明白生活中的争执可通过对话、谈判等方法来化解，而不必使用暴力的道理，学会倾听、理解不同人的意见，宽容别人，帮助别人。

四、法国学前教育教学的发展趋向

1999年，法国国民教育部部长克洛德·阿莱格尔在教育改革讨论会上指出，学校的目的是使幼儿获得最大的成功，让所有的幼儿在接受文化和接触开放的世界方面拥有平等的机会，提出在21世纪学校应遵循以下3条基本原则。①改革教学大纲：重视基础教育，把重点放在语言教育上，使口语与读写并举；给有特殊困难的幼儿更多的帮助；加强对幼儿进行公民道德教育。②平衡教学时间：重视外语启蒙教育、艺术活动、体育活动、接触新技术及进行科学实验；在教学日的下午，轮流进行各种教育活动，使每个幼儿都有机会全面展示个人才能。③增强教师作用：教师不仅要在课堂上传道、授业、解惑，还要在课外活动中发挥应有的作用，如成为学校乐队的独奏者、指挥者；既要与同事紧密配合，又要把校外工作人员的积极性调动起来。

2013年6月，法国政府颁布《重建共和国基础教育规划法案》，对其国民教育实施25项改革新措施，其中之一是促进学前教育发展，提高2～3岁学龄前儿童入园率。

由于21世纪初法国出生率陡增，而教育资源有限，3岁以下幼儿入园率从2000年的35%下降到2005年的25%，到2012年仅为11%。为此，法国社会强烈呼吁政府加强对2～3岁幼儿学前教育的支持力度，认为尽早开展正规学前教育有利于促进幼儿身心健康发展，是促进经济社会发展落后地区幼儿开展语言、文化、社会适应性等发展的有效途径，也是保障教育公平的重要手段。

《重建共和国基础教育规划法案》规定，从2014学年起，经过较长时期努力，力争将2～3岁幼儿入园率提高到30%，农村地区、教育落后地区及海外省为优先发展区。为此，政府将采取以下措施：一是增加400个第一阶段教师岗位编制；二是制订适当的教学计划并加强同家长的合作；三是发挥市/镇政府的作用，加强同地方合作；四是增加教师工作时间，即每人每年多工作36小时，以加强教育教学效果。

教育家提出法国的学前教育应朝以下几个方向发展：①为幼儿设计多元文化教育的

课程，使幼儿在了解自己国家文化的基础上，能认识、尊重、接受外国文化。②为幼儿创设良好环境，使幼儿有更多机会与人、物相互作用，增长知识经验，增强认知技能，发展交际能力。③深入研究儿童计算机教育问题，更好地了解幼儿学习的过程与方式，挖掘幼儿的潜力，为今后的学习做好准备。④广泛开展学前幼儿家庭教育问题的研究，实事求是地分析家长的教育目的、教育期望、教育态度、教育行为与幼儿发展之间的关系，提高家长的教育能力，使园所教育和家庭教育步调一致，促进幼儿的成长。⑤重视研究残疾幼儿的教育问题，注意调动社会各界力量，促进残疾幼儿在原有水平上得到发展。

第四节　法国学前教育的师资培养

一、法国学前教育师资的管理体制

1832 年《初等教育法》（即《基佐法案》）颁布之后，法国政府将注意力转向托儿所，认为它是初等教育的基础。1835 年，法国政府颁布《关于在各县设立初等教育特别视学官的规定》，提出视学官对托儿所具有视察和监督的权利。这是国家正式管理托儿所的开端。1836 年，教育大臣詹姆斯·布雷发出一份传阅文件，旨在推动教育改革和普及初等教育，明确了托儿所是公共教育部领导下的学校，因此应同其他初等学校一样，接受市/镇/村教育委员会和郡教育委员会的领导。

1837 年，法国政府发布了最早的有关托儿所管理和监督体系的规定。主要内容有：①托儿所是慈善机构，分公立和私立两种，教学内容包括宗教、读、写、算、唱歌、绘画等。②托儿所所长称"监督"，24 岁以上的男女均可担任，但须具有 3 种证书：A. 考试委员会发给的"能力证书"；B. 地方自治体负责人发给的"道德证书"；C. 大学总长授予的"住地证书"。③市/镇/村/郡乃至中央各级教育委员会，对于托儿所具有一般的管理、监督和惩戒的权利。④建立托儿所女视学官制度。自下而上，设有一般女视学官、特别女视学官和首席女视学官。这项规定将法国托儿所纳入中央集权教育行政管理体制的轨道。

2009 年 9 月，法国教育部发布第 32 号公报，明确提出幼儿教师的职业要求、能力及评价标准参照小学教师执行：一是具有职业道德和责任感；二是具有良好的语文能力及与幼儿沟通的能力；三是具有较好的文化素养和多学科教学能力；四是具有较强的课程设计和教学能力；五是具有较强的课堂活动组织能力；六是了解幼儿个体差异和成长过程；七是正确掌握评价方式帮助幼儿进步；八是具有较强的同家长合作的能力等。

二、法国学前教育师资的培养

在幼儿教育不断发展的同时，法国对学前教育师资的要求不断提高。1886 年，法国官方规定：母育学校教师与小学教师是同级教学人员，均由中等省级示范学校通过相同方式培养。1946 年，法国师范学校的招生对象从初中毕业生改为择优录取高中毕业会考合格的学生，学制 1 年，主要任务是进行专业教育。1979 年，法国为进一步提高幼教及小学师资素质，将师范学校学制延长为 3 年，毕业生发给大学第一阶段（相当于我国大专）文凭。法国对在职教师的培训也很重视，并形成一套完整的制度。有关法律规定：每名任教 5 年以上的幼儿教师可在其今后的任教生涯中享受 36 周的在职教育。这一规定自 1972 年起实施。

20 世纪 80 年代中期以来，随着自理能力差的 2～4 岁幼儿入园人数日益增长，对幼儿教师的业务及学校的管理工作提出更高要求。为此，法国政府积极采取措施，轮流培训幼儿教师，改进教育方法，大力开展对幼儿心理学、幼儿医学及幼儿教育学的研究，并增加教育投资，改善办学条件，使幼儿教育能更好地适应社会的需要。

学前教育的师资主要由师范学校培养，近几年师范大学也发挥着重要作用。学生中学毕业后，通过考试进入师范院校学习，在校两年所修的课程是：哲学、历史、法律、心理学、教育学、教育科学、课程教学法等。学生除了学习教育理论课程外，还要在师范院校教师和学前教育机构教师的指导下，参加教育实践活动，如到幼儿园实习，学以致用，理论与实践相结合。学生在校学习可带薪，享受教师待遇，毕业后任教，至少从教 10 年。执教期间，教师每年都要接受政府部门的评估定级，每隔 5 年参加 1 次培训。

法国教育部规定实行职前教育和职后教育相互补充，培养了大批从事学前教育的教师，提高了教师的素质和水平。1997 年，法国总理利昂内尔·若斯潘在纪龙德省乌尔坦发表讲话，将教育摆在政府为使法国进入信息社会而制订的行动计划中的核心位置。为此，教育部制订了一项紧急计划，投入 6000 万法郎对教师进行培训，在教育领域推广信息与通信技术，使所有教师都能认识到计算机在教育教学中的重要性，利用新技术来实现教育现代化。

第五节　法国的学前教育思想

让-雅克·卢梭（1712—1778 年）是 18 世纪法国启蒙运动中杰出的思想家。

法国的学前教育思想

在法国第三等级向封建贵族和教会发动的大革命中，卢梭的思想为第三等级提供了理论支持和精神指引。在对封建旧教育的批判中，卢梭也是一名在教育思想上扭转乾坤的勇猛战士。

卢梭学前教育思想的基本内容是高度尊重儿童的善良天性，并以此为标准批判了当时流行的教育思想和教育措施的荒谬，倡导了自然教育和儿童本位的教育观。

（一）自然主义教育理论

自然主义教育理论是卢梭教育思想的主体。1762 年出版的《爱弥儿》集中论述了这一思想的具体内容。该书分为五卷，前四卷以设想的教育对象"爱弥儿"为主人翁，夹叙夹议地介绍了他从出生到成长的教育过程。第五卷介绍了女孩"苏菲"的教育过程。

如前所述，《爱弥儿》中的革命思想引起了众多先进人士的欢呼。歌德称这本书是教育的自然福音，康德因阅读《爱弥儿》而忘却了十几年的定时散步习惯，席勒则称卢梭为新的苏格拉底。该书虽在巴黎及日内瓦被焚，但此后却流行世界各地，成为教育的经典。

1. 自然教育的精要

卢梭提出的自然主义教育理念的核心在于"回归自然"，强调教育应当顺应自然、融入自然，并最终构建于自然的基础之上。这一思想继夸美纽斯之后，再次突出了教育应具备的自然适应性原则。在卢梭的观点中，"自然"这个词涵盖了多重含义，总体上指的是事物维持其本质特征和原始倾向的状态，即不受外界人为干预的情况。当这个概念应用于学前教育领域时，主要指的是儿童与生俱来的天性。卢梭坚信，在儿童的成长和发展过程中存在固有的节奏性和阶段性，因此教育的自然适应性要求教育者必须遵循儿童发展的内在规律，充分考虑他们的年龄特点，根据儿童的本性进行教学。这意味着教育不应强制施加外部的标准或期望，而应尊重并促进每个孩子按照自己的节奏成长。卢梭的理论鼓励人们更加重视儿童自身的兴趣和能力，从而制定出更为个性化和有效的教育策略。

卢梭提倡教育应当与儿童的天性和谐共存，主张教育方式需顺应孩子的自然发展。他深入分析了遗传、环境和教育对个人成长的影响，指出人类的成长受到 3 种因素的制约：自然、人和事物。具体来说，自然的教育指的是个体天赋及其基础上身心发展的内在规律；人的教育是指通过指导和教学来引导孩子如何运用和发展这些天赋；而事物的教育则是指人们从周围环境中获得的经验。实际上，这三者分别代表了基于遗传因素的儿童内在身心发展规律、正式的教育过程及环境对个体成长的影响。卢梭强调，如果一个孩子在这 3 个方面接受的教育相互冲突，那么这种教育将是有害的。相反，只有当这 3 方面协调一致时，孩子才能实现健康的发展。

卢梭认为，在这 3 种教育中，自然的教育是完全不可控的，因为它遵循的是个体天生的特性和发展的内在规律。事物的教育在某种程度上可以通过选择合适的环境和经验来进行调控。唯有通过人的教育，才能真正施加影响并进行控制。因此，卢梭建议应特别注重调整人的教育的质量，确保其能够与其他两种教育形式相辅相成，共同促进儿童的全面发展。这种方法不仅尊重了儿童的自然天赋和个人差异，还为他们提供了最佳的成长路径。

因此，卢梭要求教育遵循自然天性，也就是要求儿童在自身的教育和成长中取得主动地位，无须成人的灌输、压制、强迫，教师只需创造学习的环境、防范不良的影响，教师的作用不是积极的，而是消极的。所以，卢梭也常提及"消极教育"。

2. 自然教育的目标及原则

基于自由的原则，卢梭强烈批评了封建专制制度对儿童个性和自由发展的压制，反对经验主义教育方式强迫儿童死记硬背宗教教义，以及当时学校普遍实行的严厉纪律和体罚措施。他认为这些做法严重阻碍了孩子的自然成长和发展。相反，卢梭主张教育者应致力于营造一个有利于儿童自然发展的环境，然后给予孩子足够的空间去发挥他们的主动性和创造力，通过亲身实践和个人体验来了解世界、学习知识、健康成长。

卢梭提倡教育者应该扮演"导师"的角色，而不是传统意义上的"教师"。这意味着教育者的任务不是单纯地传授知识，而是引导和支持孩子根据自己的兴趣和节奏探索世界，鼓励他们在自由与安全的环境中发展自我。这种方法不仅尊重了儿童作为个体的权利和需求，也为他们提供了更加个性化和有效的教育路径。

正确看待儿童是卢梭自然教育的第二个原则。卢梭对于当时的父母和教师向儿童强迫灌输旧的道德和知识、摧残儿童天性的做法进行了抨击。他说，野蛮的教育为了不可靠的将来而牺牲现在，使孩子受到各种各样的束缚，他指出，这种教育将造成一些年纪轻轻的博士和老态龙钟的儿童，这样的人缺乏分辨善恶的能力，缺乏实用的知识，更有甚者，固执、偏见、嫉妒和虚伪等恶习充满他的头脑。这种"文明人"只能是一生束缚于旧制度之下的"公民"。

卢梭认为，儿童有其特有的想法、看法和感情，如果想用成年人的思想和感情去代替儿童的思想和感情，是最愚蠢的事情，是把教育引入歧途的重要原因。因此，新的教育及自然的教育的一个必要前提就是要改变对儿童的看法。他提出，在万物的秩序中，人类有人类的地位；在人生的秩序中，儿童有儿童的地位；应该把成人看作成人，把孩子看作孩子。他呼吁人们既不要把儿童当成待管教的奴仆，也不能把儿童作为成人的玩物。

（二）儿童年龄分段及教育策略

基于对儿童自然成长过程的深刻理解，卢梭将儿童的成长划分为 4 个阶段，并针对每个阶段的独特性设定了相应的教育目标。在他的著作《爱弥儿》的前四卷中，卢梭通过描绘一个名叫爱弥儿的男孩从出生直至成年的成长历程，详细阐述了儿童在不同成长时期应接受何种形式的教育。例如，在早期阶段，重点可能放在为孩子提供安全、丰富的感官体验环境，而随着孩子的成长，教育的任务则逐渐转向培养其独立思考能力和道德判断力等方面。卢梭的观点是，教育应当顺应儿童自然的发展趋势，而非强行塑造或加速成长过程。通过这种方式，他希望教育者能够帮助儿童实现个人潜能的最大化，同时保持他们天生的好奇心和学习热情。

1. 0～2 岁婴幼儿期的教育策略

卢梭主张教育应从生命的最初阶段开始。他指出，孩子在 2 岁前属于一个关键的成长期，这个阶段的重点是学习基本的生活技能，如进食、说话和走路。此时，婴幼儿的情感状态尚未分化，自我意识非常有限，甚至可能还未意识到自身的存在。因此，在这一时期的教育任务主要集中在两个方面：一是应着重于增强儿童的身体素质，促进其身体健康发展。这包括提供充足的营养、适当的活动空间及安全的探索环境，确保孩子能够健康成长；二是要注重感官训练，以发展儿童的感觉能力。通过接触各种不同的材料、声音、颜色等，可以激发孩子的感官体验，帮助他们更好地理解周围的世界。这种早期的感官刺激对孩子的认知发展至关重要，为其后续的学习和发展奠定了坚实的基础。

（1）反对束缚婴儿

卢梭根据自然及自由教育的观点，主张让婴儿的四肢得到充分活动的自由，反对加以任何形式的束缚。他说："新生婴儿需要伸展和活动他的四肢，以便他们不再感到麻木，因为他们（在母腹内）蜷成一团，已经麻木很久了。"在现实中，人们常将新生儿包裹在襁褓中，以期给予他们安全感和温暖。然而，卢梭对此持有不同看法，他认为这种捆绑的做法实际上限制了儿童的自由，并可能对他们的身体健康造成伤害，甚至影响性格的发展，卢梭把捆绑儿童视作"不合自然的荒谬的习惯"。卢梭强调，当婴儿出生后，初次体验到生命的自由并开始伸展四肢时，如果立刻被束缚，这不仅可能导致佝偻病或身体畸形，还会带来更深远的影响。这种束缚方式首先剥夺了婴儿探索世界、自由活动的机会，让他们感受到的第一个外界信息是不适与疼痛。因此，他主张应当给予新生儿足够的自由空间，允许他们在安全范围内自由地活动和成长，从而促进其身体和心理的健康发育，培养更加开朗和平和的性格。

（2）父母应亲自教养儿童

针对当时巴黎上层社会中普遍存在的现象——妇女生产后即将孩子交给保姆抚养，卢梭提倡母亲应当亲自哺乳和照料自己的孩子，并将此视为父母的首要责任。他坚信，唯有通过这种直接的关怀与互动，才能维系并加深母子之间天然的亲情联系。他说："自然的情感在每个人的心里振奋起来。如果做母亲的失职，使得血亲之情得不到习惯和母亲关心照料的加强，它在最初的几年里就会消失，孩子的心可以说在他还没有出生以前就死了。从这里，我们开头的几步就脱离了自然。"

家庭作为儿童成长的第一场域，父母应共同承担教养儿童的责任。卢梭认为："一个做父亲的，当他生养了孩子的时候，还只不过是完成了他的任务的三分之一"，卢梭也强调父母应当承担起培养"社会成员的义务"及"为国家培育合格公民的责任"。父母不能以任何理由来推卸亲自教育和抚养孩子的责任，"真正的保姆是母亲，真正的教师便是父亲，他们要互相配合，共负责任"。

为了能够给予孩子良好的教育，卢梭强调，和谐亲密的父母关系及和睦的家庭氛围的重要性。他形容道：没有什么画面能比家庭这幅画更加动人，但如果缺少了任何一笔关键的细节，整幅画的效果就会大打折扣。如果父母间缺乏深厚的情感联系，或者家庭聚会不再带来温馨和甜蜜的感受，那么不良的道德观念便会乘虚而入，填补这些缺失。在他看来，一个充满爱的家庭环境是孩子成长过程中不可或缺的基础。父母之间的亲昵与和睦能够为孩子提供充足的安全感，促进孩子健康的心理发展和社会技能的培养。

（3）让儿童保持自然的习惯

在抚养和教育孩子的过程中，卢梭强烈反对使用体罚、恐吓或是过度溺爱的方式。他认为这两种极端的做法都是违背自然规律的，并会导致孩子最初学到的就是服从权威，而非自我引导。这样的教育方式最终可能导致孩子长大后既成为奴隶又成为暴君——他们可能知识渊博却缺乏真正的理性思维，身心俱疲且脆弱不堪。这种个体显然不符合卢梭理想中的"自然人"。相对于人为养成的坏习惯而言，卢梭声称：这时"应让孩子具有的唯一习惯，就是不要染上任何习惯"。

卢梭提倡给予儿童真正的自由，这意味着允许孩子拥有更多自主探索的机会，让他们能够保持与生俱来的习惯和天性，从小培养不控制他人、不被人控制，也不依赖他人的独立精神。成人应当仅在确实必要时为儿童提供帮助，而不是一味地顺从孩子无理的要求或冲动的想法。

（4）努力增强儿童体质

卢梭重视儿童体质的发展。他认为，儿童应勤洗澡，包括使用冷水甚至冰水，这不仅是为了保持清洁和促进健康，更是作为一种增强体魄的方法。通过这种方式使孩子在面对不同的气温变化时，都能更加从容应对，既不会感到过度劳累，也不会面临健康风险。此外，卢梭还建议不要给婴儿戴帽子或系带子，并应为他们穿上宽松的衣服，确保四肢能够自由活动。随着婴儿逐渐长大，他主张让孩子在房间内自由爬行探索。通过这些自然运动的方式，孩子们的身体将逐渐变得更加强壮，对环境变化才能有更好的适应能力。

（5）训练儿童的感官

卢梭认为婴儿呱呱坠地时，他们的记忆力与想象力尚未处于静止状态，这时注意的只是眼前对他们的感觉起影响的事物。由于儿童的感官是他们掌握知识的原料，要适当地让儿童触、摸、接触物品，并应尽可能提供一些物品，让儿童自己选择。成人还应让孩子常常走动，可以把他们从一处带到另一处，使之感觉到地方的变换，以便学会判断距离，具有远近的观念。

（6）对儿童进行语言训练

语言训练的主要目的在于提升儿童的听音和发音能力。卢梭认为，在教孩子学习说话时，不应操之过急，而应采取循序渐进的方式。初期学习的词汇量较少，并且应先选择简单易懂的词汇，同时通过展示代表这些词汇的实际物品来帮助儿童理解，形成具体形象思维。对于儿童的发音练习，应注重清晰度及语音语调，因为语调赋予了言语生命力，使其内容更加生动真实，易于引起共鸣。卢梭提出"要尽量限制孩子们的词汇"，并认为"如果他们的词汇多于他们的概念，他们会讲的事情多于他们对这些事情的思想，那就是一个很大的弊端"，这一观点反映了卢梭对特定年龄段儿童身心发展特点的理解，提醒教育者在教授语言时要考虑儿童的认知水平，避免过度超前。

2. 2～12 岁儿童期的教育策略

2～12 岁被卢梭设想为儿童成长的第二阶段。他认为，这一时期的儿童的身体器官和感官系统持续发育和完善，孩子的情感开始影响其思维模式，"个人生活"的意识逐渐形成，并且他们也开始有了记忆能力。然而，卢梭特别指出，在 12 岁之前，儿童仍处于所谓的"理性休眠期"。在此期间，孩子既不能理解也无法掌握涉及社会意识和社会关系的概念，因此他反对采用理性教育方法或提前教授文化知识。强调在这个关键的成长阶段引入理智教育可能会妨碍孩子的体能发展，这与自然的发展规律背道而驰。旨在尊重并顺应儿童发展的自然节奏，鼓励他们在适当的时候以最健康的方式探索世界。

（1）对儿童实行消极教育

卢梭提出，如果在儿童心灵尚未成熟之时就试图传授成人世界的知识和理性思维，这种教育方式被称为"积极的教育"。相反，他认为在不直接向儿童传授知识或讲授理性的前提下，专注于感官的发展以作为未来理解力的基础，这样的教育方式被称为"消极的教育"。基于他的观点，儿童在 12 岁之前处于所谓的"理性的休眠期"，此时他们无法理解人际关系和社会道德观念。因此，他建议这段时间的教育应当是纯粹消极的，意味着除了增强孩子的体力和发展他们的感官能力之外，不应向他们传授道德观念等理性思维内容。

卢梭主张，在这段时间里"尽可能让儿童的心灵保持空闲状态，能闲置多久就闲置多久"，并且强调不仅不应该急于求成，反而应该"放慢脚步，甚至不惜浪费时间"。卢梭声称："你开头什么也不教，结果反而会创造一个教育的奇迹"，"使他大大地接近了最终目的而又不受什么损失"。简而言之，卢梭的理念在于"无为而治"，即通过不过度干预来促进成长。法国著名的教育理论家和社会学家埃米尔·涂尔干曾指出："在这里，表面上看似消极的方法实际上具有积极的价值。"此外，后来的"成熟论"支持者，如阿诺德·格塞尔，显然也从卢梭的思想中汲取了灵感。

尽管卢梭的观点在当时显得激进，但它对后世教育理念的发展产生了深远的影响，并为理解和尊重儿童自然成长提供了宝贵的视角。

（2）"自然后果"律

卢梭在其自然教育体系中借鉴了洛克的部分观点，提出了"自然后果律"这一教育方法，这种方法与自由教育和消极教育紧密相连。卢梭认为，12 岁之前的儿童正处于"理性的休眠期"，在这一阶段，他们的理性能力尚未发展完全，无法理解或认识到自己的错误行为。因此，卢梭主张对于这个年龄段的孩子犯下的错误，"我们不能为了惩罚孩子而惩罚孩子，应当使他们觉得这些惩罚正是他们不良行为的自然后果"，也不应试图通过说理或者口头教训来纠正他们的行为。那么，如何处理儿童在这个阶段所犯的错误呢？卢梭提出，唯一的教育方式是让孩子从自身的经验中学习。"自然后果律"就是基于这种方法的具体实践，即让孩子通过亲身体验其错误行为所带来的负面后果来进行自我教育，并从中吸取教训以改正错误。

例如，如果一个调皮的孩子打破了家里的窗户，成人不应该责备他或者直接惩罚他，而是让他亲身体会打破窗户后带来的后果——比如昼夜受到冷风侵袭的不适感。重要的是，不要抱怨孩子造成的麻烦，但要确保他是第一个感受到这些不便的人，这样他才能真正从中学到教训，避免未来再犯同样的错误。这种方法不仅尊重了孩子的自然成长过程，也鼓励他们在实践中学习和成长，从而培养出更加独立和负责任的个体。

卢梭说："自然后果"作为一种教育方法，对后世的儿童教育产生深远影响，现已公认是重要的德育方法之一。然而，卢梭的观点似乎有些片面，这种方法不仅有助于孩子们从实际经验中学习，而且在一定程度上可以纠正自己的错误行为，但它缺乏引导孩子理解其行为背后的社会意义和道德考量。因此，单纯依靠自然后果来教育孩子，可能会限制他们的全面发展，尤其是社会责任感和同理心的发展。此外，还有人批评这一方法是以保证儿童自己的经验为借口，使教师剥夺了儿童获取过去或当代人们所积累的经验的权利。

 本章小结

法国是世界上学前教育发展最快的国家之一，学前教育的普及率遥遥领先，有着宝贵的学前教育发展经验。本章首先介绍了法国学前教育的发展状况，接着阐述了法国学前教育的法规与体制、课程与教学，以及师资培养几个问题，从多方面介绍了法国学前教育的发展，以供我们借鉴。

思考与练习

1. 法国学前教育机构主要采用哪几种形式来提高教育质量？
2. 法国在学前教育与小学教育的衔接上，采取了哪些主要措施？
3. 法国为实现学前教育目标而开展的活动有哪些？
4. 简述法国对学前教育师资的培养。
5. 简述卢梭的幼儿教育思想。

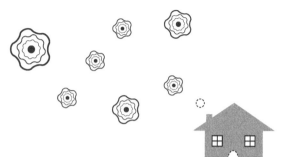

第十二章 世界各国学前教育比较研究

第一节　世界学前教育的发展

世界学前教育的发展

一切社会现象的产生和发展都是由生产力的发展决定的。作为一种社会现象，幼儿教育的产生和发展也是由生产力的发展决定的。学前公共教育产生于大机器工业生产的初期。18 世纪末到 19 世纪初，欧美许多国家的生产力已发展到大机器工业生产阶段，特别是在欧美几个发达国家出现了为数不少的资本家经营的大工厂和大农场。城乡的独立手工业者和小农遭到破产。妇女和儿童为生活所迫被卷入劳动力市场。在许多家庭里，妻子和丈夫一样需要外出工作，造成孩子无人照顾，孩子的安全得不到保证，这一现象成为当时的社会问题。为了解决这个问题，一些资本主义发展较早的国家，不得不为学前儿童设立专门的公共教育机构，以保证资本家获取廉价劳动力。同时，另有一些慈善家为了使那些无人照管的孩子生活下去，也开办了一些幼儿学校、婴儿学校或苦难儿童保护所。1816 年，英国空想社会主义者欧文在苏格兰纽兰纳克的工厂中创办了一所"幼儿学校"，专门招收 2～6 岁工人子女。这是世界上第一所真正意义上的幼儿教育机构。由于统治阶级的利益和生产发展的需要，学前教育事业在资本主义国家有了一定的发展。美国于 1818 年在波士顿开办幼儿"小学校"，招收 4～7 岁的儿童。以后，德国教育家福禄贝尔在教育界发起了幼儿园运动，不少国家先后建立并发展了幼儿园。美国于 1856 年由福禄贝尔的学生舒尔茨夫人在威斯康星州的沃特敦开设了美国第一所幼儿园。俄国于 1866 年在彼得堡、莫斯科等地开办了幼儿园。日本于 1876 年由政府创办了第一所幼儿园。法国在 18 世纪末虽仍保持其母育学校，但福禄贝尔的理论在母育学校中却产生了巨大影响。我国的学前公共教育发展较晚，最早的学前公共教育机构是随着第一个近代学制的颁布推行而出现的。1903 年，湖北巡抚端方在武昌创办了湖北幼稚园，1904 年改名为武昌蒙养院，这就是我国最早的学前公共教育机构。

这个时期的学前教育具有鲜明的阶级性。资本主义发达国家或慈善机构开办幼儿学校、幼儿园的主要目的和作用在于缓和阶级矛盾，获取廉价的劳动力。此时期的教育观点主张自由发展、自我教育。教育内容渗透了资产阶级精神，具有浓厚的宗教色彩；教学方法上存在着形式主义。由于当时学前教育尚未取得必要的实验材料，对幼儿生理、心理方面的研究还不多，学前教育理论缺乏科学性。

第二次世界大战后，随着科学技术的迅速发展，生产力的进一步提高，各国为了多出人才、早出人才，普遍重视学前教育，学前教育取得了迅速发展。上述这些国家的学前教育的普及程度大为提高。

幼儿园发展比较快的国家有法国、日本、俄罗斯和美国。法国儿童入园率在 1970 年只有 40%，1980 年已有 45%的 2 岁幼儿、90%的 3 岁幼儿、96.6%的 4～5 岁儿童和 98.9%的 5～6 岁儿童进入幼儿学校。据 1989 年统计，法国 3 岁幼儿入园率达 97%，4 岁和 5 岁儿童的入园率自 1986 年以来一直保持 100%。直至 2018 年，法国总统马克龙宣布，从 2019 年秋季学期起，法国将学前教育纳入义务教育体系，所有的儿童都必须在 3 岁注册学校，这一举措使其成为欧洲乃至全球义务教育年龄最低的国家。在日本，以 1964 年为起始年度，文部省曾三次制订"幼儿教育振兴计划"，希望所有幼儿都受到学前教育，因而幼儿园入园人数增长很快，由 1950 年的 22 万人发展到 1987 年的 201.6 万人。其中 5 岁儿童入园率也由 1950 年的 8.9%、1960 年的 28.7%、1970 年的 53.8%，上升到 1987 年的 63.6%。到 1990 年日本基本实现了 4～5 岁儿童全部入园。目前，日本幼儿教育的重点是 3 岁幼儿的入园问题。自 1990 年日本实施第三次"幼儿教育振兴计划"以来，日本在提高低龄幼儿入园率方面已经取得了很大发展。2001 年，颁布了《21世纪教育新生计划（彩虹计划）》，注重教育质量的提高。苏联 1966 年托儿所、幼儿园共有 9.2 万个，收托 820 万儿童，1976 年托儿所、幼儿园有 11.5 万个，收托 1150 万儿童，到 1986 年，共有托儿所、幼儿园 14.5 万个，收托 1690 万儿童。除常设的学前教育机构之外，苏联的季节性学前教育机构还收托儿童 100 多万名。1992 年俄罗斯联邦政府颁布了《俄罗斯联邦教育法》，1994～1995 年，教育部学前教育司以此为依据，制定了学前教育标准，试图对处于市场经济条件下的学前教育事业进行调控和指导，以保证儿童的健康成长。2012 年，俄罗斯确立保障学前教育普及率的目标。截至 2016 年年底，所有 3～7 岁的儿童已经免费接受学前教育，使俄罗斯进入学前教育较为发达国家的行列，这是近年来俄罗斯教育领域的显著成就之一。美国一向重视家庭教育，由于参加工作的妇女人数增加，3～5 岁儿童的入园率由 1964 年的 25%上升到 1975 年的 49%，其中 5 岁儿童入园率为 87%。1977 年 5 岁儿童入园率已上升为 92%。到 1987 年，3～5 岁儿童入园率为 45%，其中 5 岁儿童入园率达 96%，而到 1996 年，美国 3～5 岁儿童入园率已达 66%，其中 5 岁儿童入园率为 97%。进入 21 世纪以来，美国通过立法保障，如 2000 年颁布《早期学习机会法》，2002 年颁布《不让一个儿童落后法》，2003 年颁布《入学准备法》等多部教育法，对美国联邦政府及其相关部门在促进学前教育发展中的职责，从多个角度进行了法律规定。这些法律的实施都促进了美国学前教育公平和教育质量的整体提高。

中国的公共学前教育发展在中华人民共和国成立后进入了一个新的历史时期。在 1949～1975 年，由于制定了符合国情的幼教发展政策，幼儿园发展速度逐年稳步上升：中华人民共和国成立前幼儿教育发展最好的年份是 1946 年，幼儿园数是 1301 所，幼儿入园数为 13 万人；到 1957 年，我国幼儿园发展到 16 420 所，幼儿入园数为 108.8

万人。1958~1965 年，我国的学前教育事业出现了一个比较曲折的发展局面，一方面表现为幼儿园数量的盲目发展和幼儿教育质量的大幅度下降，另一方面表现为学前教育理论研究的混乱。"文化大革命"期间，学前教育遭到空前破坏，农村幼儿园基本上解体，城市幼儿园失去调控。党的十一届三中全会以来，党和政府采取了一系列措施进行学前教育改革，使学前教育又进入蓬勃发展的时期。1996 年，国家教育委员会发布《幼儿园工作规程》，使幼儿教育出现了从幼儿园事业发展到理论繁荣的新局面。

从 2010 年起，我国更是颁布了众多涉及学前教育的纲领性文件，尤其是 2010 年 7 月 29 日，党中央、国务院正式发布的《国家中长期教育改革和发展规划纲要（2010—2020）》中，专列一章部署学前教育工作，同年，国务院常务会议专题讨论发展学前教育，出台的《国务院关于当前发展学前教育的若干意见》强调"把发展学前教育摆在更加重要的位置"，提出坚持公益普惠，努力构建覆盖城乡、布局合理的学前教育公共服务体系的基本方向，推动了学前教育的跨越式发展。2012 年，教育部印发《学前教育督导评估暂行办法》，明确由国家教育督导团对地方人民政府履行发展学前教育的职责实施督导评估，压实地方各级人民政府及相关部门责任。中共中央、国务院于 2018 年印发《关于学前教育深化改革规范发展的若干意见》，进一步指出"到 2035 年，全面普及学前三年教育，建成覆盖城乡、布局合理的学前教育公共服务体系，形成完善的学前教育管理体制、办园体制和政策保障体系，为幼儿提供更加充裕、更加普惠、更加优质的学前教育。"这是中华人民共和国成立以来针对学前教育发展以中共中央、国务院名义出台的第一个重要文件，开启了新时代学前教育普及普惠、安全优质发展的新征程。

2024 年，教育部印发《中华人民共和国学前教育法》，该法的颁布实施，从法律上保障中国学前教育科学健康发展，引领学前教育事业发展再上新台阶。

尽管各国学前教育事业发展的道路不同，但总的来讲，第二次世界大战以来各国普遍重视学前公共教育的发展，主要原因有以下 3 点。

1）各国认识到早期教育和开发智力工作的重要性。科学技术和人的智力资源开发在发展生产力中的作用被人们认识后，工业发达国家大量增加了教育投资，竞相培养各种科技人才。特别是 20 世纪 60 年代后期，美国心理学家布鲁姆提出，儿童早期是智力发展最迅速的时期，人的智力大部分是在升入小学前发展起来的，6 岁前获得的知识对以后一生都有重大影响。这个论点受到世界上许多国家的重视，美、苏、日、德等国相继提出要加强幼儿智能的早期教育、早期开发的主张。因此，发展幼儿的智力、挖掘幼儿的内在潜力，已成为各国教育改革的重要内容之一。

2）各国认识到幼儿经过幼儿园的过渡可以顺利地从家庭进入社会，较早地在集体中获得适应社会生活变化的能力。

3）许多国家发现，如果不较早地对幼儿进行社会教育，将来入小学时，其学习能力便显著地不如受过学前教育的儿童。因此，对幼儿进行早期教育，把学前教育与小学教育很好地衔接起来，对他们将来接受学校教育会有很大帮助。

从以上原因可以看出，随着社会和科学技术的发展，学前教育的性质和职能与创办时相比已发生很大变化。在初创阶段主要是把无人照管的幼儿看管起来，使他们免于流落街头，免受饥、寒、病、死的煎熬。所以，这个时期只重保育，教育的因素很少，而现在转而着眼于教育。过去许多国家把学前教育作为社会福利和公共卫生事业看待，现在则改由教育部门负责了。这说明学前教育的社会价值和教育价值普遍受到了重视。

科学技术和生产力的发展，促进了学前教育的发展。但学前教育的发展与经济的发展在进程中并不一定同步，它与各国的教育政策及重视学前教育的程度有着密切的关系。例如，在20世纪前半叶，美国的生产力发展水平较高，但其学前教育的普及率不及同时期的法国和日本。这说明，学前教育除了与生产力有关系密切之外，还与其他因素（如一个国家的科学文化、历史传统和教育政策等）有关系。法国教育部早在1881年就下达通令：母育学校是初等教育机构，招收男女儿童，同等地照顾他们体、德、智的发展。在2000名居民的市镇设母育学校一所，1200名以下的居民点在小学附设幼儿班。它们招收2～6岁的儿童。之后，法国政府发布了一份关于幼儿教育大纲和方法的通告，规定所有的幼儿学校都应重视幼儿的身体和精神的全面发展，并在经费、宣传教育、师资培训等方面加以支持以提高学前教育的质量。由于法国对学前教育的重要作用有较深的认识，学前教育发展得比较快。日本的学前教育普及率非常高，这是因为日本一贯重视教育。社会上普遍认为：人的能力、性格、情操在很大程度上取决于幼儿园教育，日本强调学前教育的重要性，重视学前教育的发展。

美、英两国在开始时认为学前教育是慈善家、社会团体的事业，任其自行发展，未予重视。在20世纪初的20年间，美国许多教育工作者甚至反对向幼儿进行学前公共教育。1930年，又遇到经济萧条，学前公共教育一直没有得到正常发展，直到实行《新分配法》。该法规中关于为儿童提供经济援助的规定，对美国的学前教育起到了一定的鼓励和促进作用。到20世纪40年代，美国的学前教育才有较大发展。但在教育政策上，美国至今没有采取有力措施以促进学前教育更快地发展。因此，美国学前公共教育的发展与其生产力的发展不成正比，普及的程度也不及其他几个工业发达国家。总之，学前公共教育事业随着现代化生产的发展而发展，这个总的趋势是明显的，只不过由于种种原因，有的国家发展得快些，有的国家发展得慢些，或有时快些，有时慢些。

总的来说，在发展学前教育的目的上，俄罗斯、中国与欧美国家、日本等国不尽相同。俄罗斯和中国的学前教育是以解放妇女劳动力、保护儿童和教育儿童为目的，所以把发展托儿所和幼儿园放在同等重要的地位。在这两个国家，过去托儿所和幼儿园是分开的，托儿所由卫生保健部门管，幼儿园归教育部门管，但现在的发展趋势是倾向于把托儿所和幼儿园合并为统一的机构，把照顾劳动妇女的孩子作为国家的义务。欧美国家、日本等国的家庭妇女，大多数有了孩子就不再工作，而且许多国家强调母亲管教孩子的责任。因此，欧美国家、日本等国发展学前教育不是为了解放妇女劳动力，而主要是为了给儿童创造玩耍的条件或者为儿童入小学做准备。这就是为什么许多国家低龄儿童入园率很低，到5岁时入园率才骤然增长的原因。在这些国家里，为低龄儿童设置的学前教育机构也是多种多样的，大多是让儿童去玩一玩，许多机构都允许母亲带着孩子一起去活动。

第二节　世界各国学前教育的机构

学前教育机构各国名称不统一，受教育的年龄和受教育的年限也有所不同（表 12-1）。

表 12-1　各种类型的学前公共教育机构

国别	学前教育机构名称及招收幼儿年龄区间	年限	说明
美国	保育学校　3～4 岁 幼儿园　4～6 岁	3	保育学校相当于我国的幼儿园，最大年龄也可以到 5 岁
俄罗斯	托儿所　出生至 3 岁 幼儿园　3～6 岁 "托儿所-幼儿园"　出生至 6 岁	3 3 6	幼儿园大班（6～7 岁）为小学预备班
法国	母育学校（幼儿学校、幼儿班）2～6 岁	4	—
日本	幼儿园　3～6 岁 保育所　出生至 6 岁	3	保育学校（2 岁入园） 保育班（3 岁入园）
中国	幼儿园　3～6 岁 托儿所　出生至 3 岁 学前班　5～6 岁	3 2～3 1	教育部门主管 福利部门主管 多为农村地区入学前一年教育
德国	幼儿园　2～5 岁	3	上午幼儿园，幼儿只在上午来。大众幼儿园，设备比较简单，但费用很少。一种学校幼儿园，为身体好但智力发展比较晚、6 岁未能入小学的儿童而设；另一种学校幼儿园，对身体好、智力好的儿童在入小学前进行学前教育

归纳起来，当前各国学前教育机构有以下 3 个特点。

1）形式多种多样。除了表 12-1 中所列的各种类型的学前公共教育机构外，不少国家还成立了一些民间组织和实验性机构，其目的是创造条件让更多的儿童受到教育。这些机构的特点是适应性强，可以根据不同职业家长的需要，因地制宜，方便灵活，期限短，有些机构还对家庭教育进行指导。

世界各国学前教育的机构

法国为了使儿童很快适应集体生活，创办了一种称为"温和过渡的形式"的实验性学前教育机构，收托 16 个月到 5 岁的儿童，每天活动两个半小时，主要是游戏、画画、读书、玩水等。此外，还有儿童"假期中心"和"休息中心"，每期 20～25 天，白天收 4～6 岁的儿童，由经过专门训练的教师组织各项活动。还有微型托儿所，是在新建的公寓中留出部分房屋，收托 10～12 名 3 岁以下的幼儿，以解决就近入托问题。看来法国的学前教育机构是在朝着规模小型化、活动多样化、组织灵活化、教育个人化、环境家庭化的方向进行实验研究。

美国的学前教育机构更是多种多样。近年来，兴办了"随接随送中心""普通教育团""临时教育室""蹦蹦跳跳室""小家伙团""游戏照顾中心""美国儿童中心""双亲指导中心""父子中心"等学前教育机构,多属保育学校的性质。

20世纪60年代初,英国民间一些有识之士在一些大城市和手工业地区设立了简易幼儿园,名为"学前游戏小组",这种游戏小组设在地区公用房间、学校空余教室或教堂中,由儿童的家长(主要是母亲)准备许多玩具、图书、磁带等,儿童定时前去玩耍,还可将游戏小组的玩具、图书等借回家玩一两周。游戏小组一般每周开放2～3次,每次2～3小时。目前,这种学前游戏小组的活动形式不仅得到英国官方的支持,而且被世界学前教育组织评价为一种适应现代社会的新的学前教育机构形式。

德国还有上午幼儿园。家长上午把孩子送去,中午接回孩子。进入这种幼儿园的孩子的母亲一般都没有工作,儿童入园是为入小学做准备。此外,还有特殊幼儿园、大众幼儿园、学校幼儿园等。

2)私立机构发挥重要作用。在主要的经济发达国家,学前教育都不包括在教育制度中。大多数学前教育机构都是私立的,由一些社会经济组织援助或资助,有的由教会、宗教团体和私人团体资助,也有的由地方当局资助,还有完全由私人开办的。例如,日本的幼儿园,有国立、公立、私立之分。国立幼儿园主要附设在国立大学或国立大学教育系里。公立幼儿园是市、镇、村设立的,多附设在小学学校里。私立幼儿园主要是由私人或各种法人开办的。私立幼儿园的占地面积远远大于公立幼儿园的占地面积。

3)各地区之间发展不平衡,城乡差异悬殊。在幼儿园的设置分布方面,城乡和城区之间的发展是不平衡的。例如,日本的冲绳、大阪、东京等城市的幼儿园,发展较快,而高知、长野等县发展就较慢。

农村学前教育机构的发展就更缓慢了。美国在20世纪60年代,5岁儿童在城市有一半进入幼儿园,而在偏远农村地区仅有1/7,非偏远农村地区也只有1/3。因为历史遗留原因,德国东西部在学前教育设施建设方面差别也较大。2005年,德国实施了《日托机构扩建法》,此法责成各级城乡政府在2010年之前为所有父母提供足够的入托名额,政府为此每年给予15亿欧元的财政支持。

第三节　世界各国学前教育的内容与方法

随着科学的发展,以及教育学、心理学、生理学等方面的研究工作的开展,对学前教育提出了新的更高要求,世界各国的学前教育随之也进行了若干改革,对学前教育的任务、内容和方法都做了具体规定。

世界各国学前教育的内容与方法

部分国家教育部门为学前教育规定的任务和内容如表12-2所示。

表12-2　部分国家学前教育的任务和内容

国别	任务	内容
美国	对幼儿进行体、智、德、美教育,使他们的身体、智力和品德健全发展,能控制自己,敢于发表意见,热爱生活,能适应环境,获得基本生活能力和良好的生活习惯,顺利地向初级学校过渡	室外学习活动(体育);创造性的美工活动;发展智力的科学教育;结构学习活动;语言艺术;儿童文学;戏剧表演;创造性的音乐活动;郊游和邀请来宾活动;饮食及炊事活动

续表

国别	任务	内容
法国	对 2～6 岁的儿童在身体、道德和智力发展方面给予必要的关怀，促进他们的身心发展，养成良好的习惯，如礼貌、诚实、守纪律等	游戏活动、整体活动、韵律活动、感官训练、实物观察、绘画、手工、唱歌、故事、法语（会话、读书、写字）、算术（5 岁以上的儿童才学法语和算术）等
英国	① 给幼儿必要的医疗保护（免费医疗）； ② 培养良好的习惯，训练良好的行为； ③ 进行与幼儿年龄相符的学习	游戏、唱歌、舞蹈、绘画、手工（以泥、沙、木材为原料的简单手工作业）、谈话、看图讲故事、礼貌教育和习惯培养，以及简单的读、写、算教学等
日本	① 为幸福生活培养幼儿的健康和安全习惯，以求身体诸项机能的协调发展； ② 通过让幼儿积极参加园内的集体生活，培养幼儿的合作、自主和自立精神； ③ 培养幼儿正确理解周围的社会生活和事务，并对其抱有正确的态度； ④ 指导幼儿正确地使用语言，培养幼儿对童话、画册等的兴趣； ⑤ 通过音乐、游戏、绘画等活动培养幼儿的创作兴趣	健康、社会、自然、语言、音乐、美工等
俄罗斯	保护和增进儿童的身心健康，使儿童形成人类共同的价值观和个性修养的基础；保证儿童获取以后学习和发展所需的能力；帮助家庭教育儿童并纠正儿童发展的缺陷	健康、语言、数学、自然、艺术和个性等
中国	使幼儿在体、智、德、美等方面都得到发展，成为社会主义事业的建设者和接班人	健康、人事、语言、社会性发展等

以上列举的部分国家学前教育的任务和内容只是官方文件中规定的，在实际执行中差别很大。由于各国发展学前教育的目的不同，学前教育的形式不同，任务和内容也各不相同。例如，美国的所谓"蹦蹦跳跳室"或者西方其他国家所设的每天几小时的"游戏中心"等，与正规幼儿园的任务和内容相比大不相同。但是，从对学前教育总的任务和要求来讲，由于早期教育的游戏深入人心，各国有许多相同的地方，主要表现在以下 3 个方面。

（1）特别重视儿童身体健康和发展

根据儿童生理与心理特点，各国都强调学前阶段是儿童身体生长和发育的关键时期，学前教育机构的首要任务是培养儿童有健康的身体。1989 年 11 月 20 日，联合国大会通过了《儿童权利公约》，确立了世界范围内涉及儿童四个方面的权利，即生存、发展、保护和参与社会生活的权利的准则。1990 年 9 月 29～30 日，世界儿童问题首脑会议于纽约联合国总部召开，讨论有关保护世界绝大多数儿童身心健康的问题，并提出了一系列保证儿童身心健康的原则。为了保证儿童身心健康，各国采取了相应措施。例如，美国要求学前教育机构在各项活动中应最大限度地保护儿童的健康；英国在幼儿学校中对幼儿实行免费医疗；俄罗斯学前教育机构认识到体育活动不同于运动游戏，不是任意性的，它们朝着体育系统化的方向努力。体育系统化需要教育工作者具备非常丰富的关于儿童身体发展及儿童体育方面的专业知识，以及医疗检查和随时救护的能力。

（2）重视学前儿童智力的发展

在现代化大生产条件下，人们需要的知识范围扩大了，因此应掌握一定数量的知识，为进一步的学习打下基础。目前，各国非常重视儿童的智力发展，一致认为在学前时期不应要求其学习很多的知识内容，而应要求他们具备分析、综合、比较、概括的能力，培养儿童的独立思考能力，能够运用已掌握的知识和技能解决新问题。美国的学前教育机构——保育学校和幼儿园安排作业时首先注意幼儿身体、心理、社会、情绪的成长。教师要灵活执行教育计划，注意根据儿童的兴趣与技能来进行教育活动。在教育过程中，细心了解儿童学习的反应，研究儿童在学习中是否兴趣比较持久或出现不耐烦和不愉快的情绪，分析这些现象出现的原因是学习内容深浅不当，还是教师的教学内容枯燥乏味，或者是遇到困难需要教师给予帮助。教师要注意使儿童通过游戏来学习。在保育学校和幼儿园中很重视学习环境的布置，在活动室里设有一张科学专用桌子，生物角里有青蛙、鱼、龟、小白鼠或兔子；在游戏活动角有娃娃、家务玩具等；在数学角有几何图形、电子计算机（玩具）等。儿童可以选择自己感兴趣的角色区进行活动和学习，教师可根据儿童在活动时提出的问题进行启发和解答，使他们不断地去追求事物的"为什么"和"怎么样"。儿童通过与比较真实的环境接触，能更好地养成对学习、活动的兴趣和爱好，更多地思考问题。这样，既能促进儿童智力的发展，又不增加他们的精神负担。

俄罗斯托儿所和幼儿园很重视发展儿童的智力，认为儿童智力的发展是儿童在成人的指导下，在认识周围生活的过程中实现的。通过游戏、作业、劳动和日常生活等活动，使儿童对简单的社会生活和自然现象形成正确的概念，使儿童的感觉、知觉趋于完善，发展注意力、想象力、思维和语言。儿童认识周围环境是从对各种物体和现象的感觉和知觉开始的。教养员要重视保护儿童的感觉器官。他们认为：对儿童的感觉器官的情况注意不够，可以导致一个人一生不可补救的损失。例如，经常感冒会使嗅觉变迟钝，眼病会使视觉变迟钝，耳病会引起听觉能力降低。教养员要鼓励和支持儿童的兴趣，吸引儿童的注意力，要教导儿童观察，帮助儿童思考、记忆……他们还认为幼儿园为小学做准备并不在于教儿童多少知识，而在于使他们具备能进行综合分析等智力活动的能力和意志力，也就是从体力、智力等方面做好准备。此外，还要求发展儿童的求知欲，认为这种欲望是培养儿童学习兴趣的基础。

中国的学前教育机构中非常重视对儿童进行知识教育和智力训练。不少专家认为，向儿童进行智育不仅是社会发展的需要，也是儿童个体发展的需要。在这样一个思想的指导下提出了儿童智育的任务：①帮助儿童掌握周围生活中易懂的简单知识，形成初步的概念。②发展儿童的智力，主要是解决简单问题的能力。③发展儿童的口头语言。④培养儿童的求知欲和学习积极性。同时，根据儿童智力发展的特点，相当多的幼儿园注意从发展儿童的感知觉和观察力入手，利用活动、游戏的方式，促进儿童智力的发展（特别是思维能力的发展）并取得了较好的效果。但是，我们也应该看到，幼儿园的智力教育也有不少不尽如人意之处，如过分强调知识教育、过分重视课堂知识的传授等。近年来，我国幼儿园中这种过分重视儿童智育的情况正在改变，在《国家中长期教育改革和发展规划纲要（2010—2020 年）》中专门提到"学前教育对幼儿身心健康、习惯养成、智力发展具有重要意义"，相当多的幼儿园正在积极探索促进幼儿园全体儿童全面能力发展的新途径。

（3）重视学前儿童入小学的准备工作

为了更好地解决幼儿园与小学的衔接问题，保证输送给小学的儿童达到一定的发展水平和教育水平，各国都很重视幼儿园入小学的准备工作。美国的幼儿园招收 5 岁儿童，是专门为入小学做准备的。在这里，5 岁儿童接触一些基本的读、写、算知识并形成初步的学习兴趣和适应集体生活的能力。英国的幼儿学校招收 5～7 岁的儿童，属义务教育阶段。幼儿学校教师的主要任务是对儿童进行一些简单的知识教育和智力训练，培养儿童对学习活动的兴趣，为儿童从保育学校向小学过渡打下良好的基础。为了使儿童熟悉小学的环境和学习生活，许多国家还组织儿童去小学参观，启发他们的学习兴趣。日本要求幼儿园大班每次作业进行 40～50 分钟，使之接近于小学的课堂教学。目前，许多国家学前教育把幼儿园大班儿童列入学校教育体系的最初一级。

各国虽然重视幼儿园入小学的准备工作，但也不能忽视幼儿园本身的特点，认为不能把幼儿园与小学等同起来，在教育内容和方法上应结合儿童身心发展的特点。

各国学前教育的课程内容大致相同，但具体内容与方法则因各国的政治情况、教育政策和科学文化发展程度的不同而异，其不同之处表现在以下两个方面。

（1）指导思想各不相同

美、英、法、德等国主张"自由发展"，强调"自我教育"，因此要求"以儿童为中心""以兴趣为中心"，注意为儿童创造良好的环境，吸引儿童参加活动，让儿童根据自己的兴趣从事各种活动，在活动中发展自己的体力、智力和道德感。在教育方法上则采取杜威的主张，从做中学，或采取福禄贝尔、蒙台梭利、德可乐利提出的原则。在教学内容上，美、德比较重视自然科学，特别注意对自然现象的观察和进行科学小实验。在教学的组织形式上，美、英、德则主张个别教学、小组活动，不要求组织全班儿童进行集体教学。在这些国家的幼儿园里，同一个班的儿童可以同时从事各种不同的活动，教师则根据需要引导和帮助各组儿童，注意因材施教，发展儿童个性，使儿童生动活泼地发展。法国幼儿学校则采用活动的教学方法，如集体活动、小组活动和个人活动。总的来看，这些国家主张自由教育，对儿童没有统一的要求。它们不重视集体教育，所谓的道德感是建立在个人主义基础上的个人与个人的关系。忽视集体教育，当然不可能培养儿童集体主义精神。离开了统一的要求，离开了集体，不可能保证儿童在德、智、体诸方面真正得到充分的发展。俄罗斯注重集体教育，他们对儿童的发展有一个统一的要求。在方法上，要求儿童在教师的领导下，按照《幼儿教育大纲》的要求进行集体活动，使儿童在集体活动中德、智、体全面和谐地发展。但在内容和方法上有时欠灵活，注重儿童的个性特点不够。

（2）在教育内容上，多数国家没有统一的教育大纲

除俄罗斯外，多数国家没有统一的学前公共教育制度，学前教育机构通常不包括在国民教育体系内，因此这些国家没有统一的幼儿园教育大纲。日本虽有文部省制定的《幼儿园教育大纲》，但由于学前教育机构大部分是私立的，教育大纲实际上只对少数公立幼儿园起作用。在美国，不仅没有统一的教育大纲，甚至连幼儿园的教育目的也没有统一的规定，许多州的幼儿园教育大纲是自行规定的，有些州只制定《幼儿园工作

手册》或《学前教育入门》，但不具体规定各班可做什么，应该做什么。即使有教育大纲，也不强制幼儿园执行；教育大纲是很灵活的，很难保证儿童在各方面都得到发展，也不能保证教育质量。德国不论是联邦政府还是各州政府都没有明确规定幼儿园教育大纲和方法，各州政府对幼儿园的目标做出规定后，由每个幼儿园教师根据幼儿园实际情况制定工作方法。英国在教育大纲和教育方法方面，国家给教师很大的自主权，由地方当局和教师根据本地的实际情况决定。

俄罗斯与上述国家不同。苏联时期的《幼儿园教育大纲》由教育部统一制定，认为有统一的教育大纲，可使幼儿园的工作更加明确和有目的性，使学前教育工作者在实际工作中有所依据。这样，就能系统、前后衔接地保证完成学前各年龄阶段的教育和教学任务。苏联随着学前教育科学的发展，对教育大纲进行过多次修订。1959 年以前叫作《幼儿园教养员工作指南》，1959 年苏联把托儿所和幼儿园合并为统一的学前教育机构"托儿所-幼儿园"，并制定了统一的教育大纲，1984 年出版了《幼儿园教育大纲》的第十次修订版。《幼儿园教育大纲》按照年龄阶段在德、智、体等方面提出了统一的要求。该大纲有以下几个特点：①重视早期教育，加强 3 岁前的教育工作。②根据儿童身心发展特点确定教育任务与内容。③强调组织领导对幼儿游戏活动的决定作用。④加强劳动教育。⑤重视学前儿童体育。该大纲对提高学前教育的质量起了较大作用。

苏联解体以后，《俄罗斯联邦教育法》把学前教育纳入普通教育体系中，并对学前教育提出以下要求。

1）父母是孩子的第一任教师。他们必须在孩子的幼年期为孩子的身体、品德和智力发展打下基础。

2）国家保证从财力和物力上支持幼儿教育。

3）设立学前教育机构网，以便帮助家庭教育学前儿童，保证和增强儿童的身心健康，开发儿童的智力和纠正儿童发展中的缺陷。

4）学前教育机构与家长（他们的代理人）之间的关系，通过合同予以调节。与法律相比，该合同不能限制双方的权利。

5）对于在家里教育学前儿童的家庭，应当提供教法、诊断和咨询方面的帮助。此项工作应由地方行政部门负责组织和协调。

由此看来，俄罗斯已经放弃苏联公共学前教育体系，学前教育趋于自由化。但苏联学前教育的一些做法，还是具有参考价值的。

为了具体比较幼儿园教育内容和方法的异同，下面列示美国、俄罗斯、中国全日制幼儿园的一日活动做比较。

美国某全日制幼儿园 3 岁儿童活动日程和内容

（6 个小时或 5 个小时）

时间	内容
8:30～9:00	入园，简单的晨检，猜谜语，桌上玩具、蜡笔、积木等自由游戏，也有在室外做游戏的
9:00～9:15	整理，准备午前活动用具，一部分幼儿帮助准备早餐或饮料

9:15～9:30	早餐或喝饮料，餐后整理
9:30～9:40	按计划进行谈话，音乐，体操
9:40～10:30	学习期间，家庭游戏，演剧游戏，木工，玩水，在室内外做桌上的竞技和玩具游戏，照料心爱的动物，手指画，利用画架画画，锯木，用蜡笔和黏土及橡皮泥做美术活动等
10:30～10:50	整理，当助手
10:50～11:00	洗澡
11:00～11:30	室外活动
11:30～12:00	整理，准备午餐，安静的活动
12:00～12:45	午餐
12:45～2:00	准备休息，休息
2:00～2:15	午后小吃
2:15～2:45	幼儿个人要求的活动（身体活动、安静的活动等）；室外活动（如玩水、郊游、掘土、科学活动、音乐、猜谜语、讲故事、看幻灯片、看电影等）
2:45～3:00	回家

俄罗斯全日制幼儿园 3～4 岁班儿童活动日程

7:00～8:20	晨练，早操
8:20～8:55	准备早餐，早餐
8:55～9:15	游戏，准备作业，准备散步（户外活动）
9:15～9:35	作业
9:35～10:35	游戏，观察，空气浴和日光浴
10:35～11:40	回园洗澡，游戏
11:40～12:20	准备午餐，午餐
12:20～15:10	准备午睡，午睡
15:10～15:25	起床，游戏
15:25～15:50	准备午点，午点
15:50～18:00	准备散步，户外活动，游戏
18:00～18:15	回园，游戏
18:15～18:45	准备晚餐，晚餐
18:45～19:00	离园回家

中国幼儿园春季的一日活动安排

7:30～8:00	教师进班整理教室、准备教学
8:00～8:30	幼儿入园、开始吃早饭
8:30～9:00	幼儿开始区域活动

9:00～9:40	教育活动
9:40～10:10	早操、加餐（以水果为主）
10:10～10:40	教育活动
10:40～11:20	户外活动
11:20～12:00	吃午饭、散步
12:00～14:00	幼儿午睡
14:00～14:30	起床、喝牛奶
14:30～15:30	教育活动（2节课）
15:30～16:20	户外活动
16:20～17:15	吃下午饭、看动画片
17:15	幼儿离园

比较美国、俄罗斯两国幼儿园每日的活动日程，可以发现有许多共同之处，如都以游戏为主，注意户外活动，注意培养学生自我服务的能力等。但也有许多不同之处，具体如下。

1）俄罗斯儿童在幼儿园比美国儿童在幼儿园的时间长。美国儿童每天只有5～6小时，俄罗斯儿童则长达12小时。

2）俄罗斯儿童集体活动时间比较多，如作业、散步、劳动、空气浴和日光浴等都是集体进行的，而美国儿童主要是进行个人的自由游戏。

3）俄罗斯幼儿园从3岁开始每天有固定的作业时间。3～5岁儿童每天20分钟，5～6岁儿童每天35分钟。作业按教育大纲规定的要求进行。

4）俄罗斯幼儿园4岁班以上有值日活动，5岁班以上有劳动和园地劳动，让儿童从事简单的劳动，培养儿童的劳动观念和习惯。

第四节　世界各国学前教育的师资培养

工业发达国家把培养师资工作列为学前教育事业中的基本建设。它们认为，教育的主体是人，教育建设的动力不是师资和设备，而是教师和儿童。因此，重视学前教育师资的培训是必要的。一些权威人士认为，要搞好学前教育，必须加强师资培训工作，要使学前教育的教师成为多面手。当前，一些主要国家都很重视学前教育师资的培训工作，其现状和发展趋势具有以下两个特点。

世界各国学前教育的师资培养

（1）不断提高学前教育师资的质量

各国对学前教育师资不仅要求专业，还要求达到大学文化水平。

各国学前教育机构工作人员分教师和助理员（或保育员）两种。教师必须在高中毕业后受过两年以上大学教育，保育员必须在初中毕业后受过两年以上专业教育方为合格。当前，美、英、日等国家的学前教育师资是通过高等学校或短期大学来培训的。

美国的幼儿园和保育学校的师资通过设有儿童教育系的综合大学或师范学院来培

养，都是四年制。在四年中，前两年学习通识教育课程，后两年学习教育课程和专业课程，并注重在幼儿园进行教育实习。

英国的学前教育师资由师范学院培养，学生在三年的时间内要学习教育学专业课程和英语、数学、宗教、体育等课程。此外，学生还可以在某一领域中选修一门主课（如英国文学、历史、宗教、生物学、地理、数学、体育等），也可以学习一门为期较短的副课。在三年学习期间，学生将进行一些实习，内容包括观察儿童、照顾儿童，以及有领导的教学实践。

俄罗斯幼儿园的教师，由幼儿师范学校培养。学生来源分为两部分：一部分是招收八年制学校的毕业生，修业四年，在四年期间，既要学习完全中等教育所应学习的知识，又要学习学前教育方面的专业课程；另一部分是招收十年制学校毕业的学生，修业两年，学习专业知识。幼儿师范学校的工作重视理论联系实际，设有实践训练课，在学习教育理论的同时，还组织学生到学前教育机构实习。幼儿师范学校的教师和学前教育机构的教学顾问或干部则由师范学院培养。幼儿园的领导人必须经过高等学校学习并具备三年以上的实践经验。学生在师范学院学习期间要掌握较深的专业知识，如学前教育学、儿童心理学、幼儿卫生学、幼儿园各科教法等。

法国学前教育的师资虽是通过幼儿师范学校来培养的，但从对学生入学要求与修业年限来看，他们的程度达到大学专业水平（相当于两年制的初级学院）。1979年，法国国家教育部部长玻拉克提出了培养学前和小学教师的新计划，主要内容是延长师范学校学习年限，把原来的两年制改为三年制，学习上采用单元制代替传统的按大纲和课表上课的方法，学习结束颁发大学学历文凭。要求每省设一所师范学校，它要成为培训中心、教学活动中心、试验中心和资料中心。

（2）重视学前教育师资的进修与培训工作

由于学前教育学科的发展和儿童心理学、儿童生理学的进步，学前教育工作者和其他各级教师一样需要不断地学习，以免因循守旧而跟不上儿童教育日新月异的变化。因此，各国都关心学前教育师资的进修问题。例如，1979年在法国国家教育部部长玻拉克改革学前和小学教师培养的新计划中，要求各省师范学校，除培养师范生以外，还要供在职教学人员进修。进入21世纪以来，法国不断在教育领域推广信息技术的应用，通过在职培训，提升教师的信息技术素养，利用新技术来实现教育的现代化。美国"提前开端计划"为提高教育水平，于20世纪70年代在早期教育领域建立了一种名为CDA（child development associate，儿童发展助理）的职业培训、评估和认证方案，提供中心本位模式、家庭育儿模式及家访模式3种不同类型的培训模式，对美国幼儿教师专业水平的提高产生了重要影响。进入21世纪，美国学前教育项目中儿童和家庭的文化、语言背景更加多样，残疾儿童和特殊儿童越来越多等，也给学前教育的师资培训带来新的挑战。各国组织教师进修的形式有夜校、讲习班、训练班或夏季培训班，地点常常设在大学、教师协会或诸如世界早期儿童教育组织下设的各国全国委员会等非官方团体。

本章小结

　　学前比较教育就是对各国的学前教育进行比较，找出各自的异同和优缺点。本章从前面介绍的世界各主要国家的学前教育的发展、机构、内容、方法及师资培训等方面进行直接对比，以便更好地了解世界各主要国家的学前教育现状，对我国学前教育的发展有直观的认识，更好地为我国学前教育的发展提供参考。

思考与练习

　　1．结合实际谈谈世界各主要国家学前教育的师资培养有何不同？
　　2．谈谈你对世界各主要国家学前教育内容与方法的认识。
　　3．简要介绍世界各主要国家学前教育的发展。
　　4．简要介绍世界各主要国家学前教育的机构有哪些不同。

主要参考文献

艾萨克·康德尔，2001. 教育的新时代：比较研究 [M]. 王承绪，等译. 北京：人民教育出版社.

贝磊，2006. 香港和澳门的教育：从比较角度看延续与变化 [M]. 北京：人民教育出版社.

蔡元培，2014. 对于新教育之意见 [M] //欧阳哲生. 中国近代思想家文库：蔡元培卷. 北京：中国人民大学出版社.

蔡元培，2014. 美育实施的方法 [M] //欧阳哲生. 中国近代思想家文库：蔡元培卷. 北京：中国人民大学出版社.

曹婷，刘敏，2016. 二战后美国学前教育经费投入及对我国的启示 [J]. 亚太教育（25）：282-284.

陈鹤琴，2008. 陈鹤琴全集 [M]. 南京：江苏教育出版社.

陈厚云，方明，2001. 美国重视发展学前教育及其启示 [J]. 学前教育研究（2）：74-76.

陈欢，王小英，2019. 英格兰高质量普惠性早期保育教育的发展及其对我国的启示 [J]. 学前教育研究（3）：41-53.

陈幸军，2003. 幼儿教育学 [M]. 北京：人民教育出版社.

范奥琛，李晓华，2018. 德国森林幼儿园教育模式：特点及启示 [J]. 早期教育（教育教学版）（1）：15-17.

冯晓霞，2001. 幼儿园课程 [M]. 北京：北京师范大学出版社.

顾明远，薛理银，1998. 比较教育导论：教育与国家发展 [M]. 北京：人民教育出版社.

国家统计局，2022. 2022 年《中国儿童发展纲要（2021—2030 年）》统计监测报告 [EB/OL]. （2023-12-31）[2024-11-27].
　　https://www.stats.gov.cn/xxgk/sjfb/zxfb2020/202312/t20231231_1946120.html.

国家统计局，2022. 中国统计年鉴 [M]. 北京：中国统计出版社.

何金津，2021. 德国与中国学前教育的比较研究 [J]. 基础教育参考（3）：11-14.

何晓夏，1990. 简明中国学前教育史 [M]. 北京：北京师范大学出版社.

胡梅，2016. 意大利幼儿教育的发展：现状、特点及未来趋势 [J]. 亚太教育（28）：7.DOI:10.16550/j.cnki.2095- 9214.2016.28.007.

霍力岩，1995. 学前比较教育学 [M]. 北京：北京师范大学出版社.

霍力岩，齐政珂，2010. 全面整合学前儿童服务体系：走向"保教一体化"的英国学前教育 [J]. 比较教育研究（5）：81-85.

简楚瑛，2005. 幼儿教育与保育的行政与政策 [M]. 上海：华东师范大学出版社.

雷荆，2020. 德国学前教育政策演变与启示 [D]. 福州：福州大学.

李平，2003. 以色列社区学前教育简介 [J]. 教育导刊（下半月）：117-119.

李生兰，2000. 比较学前教育 [M]. 上海：华东师范大学出版社.

李生兰，2017. 比较学前教育 [M]. 2 版. 上海：华东师范大学出版社.

李永连，1991. 日本学前教育 [M]. 北京：人民教育出版社.

廖其发，2006. 中国幼儿教育史 [M]. 太原：山西教育出版社.

刘畅，2005. 世界上最受欢迎的九种教育方法 [M]. 北京：海潮出版社.

刘存刚，张晗，2012. 学前比较教育 [M]. 2 版. 北京：科学出版社.

刘敏，2009. 法国低龄幼儿入学现状与发展趋势 [J]. 学前教育研究（8）：51-55.

刘悦，姚建龙，2021. 学前教育立法的亮点与若干争议问题：以《学前教育法草案（征求意见稿）》为例 [J]. 中国青年社
　　会科学，40（4）：116-123.

卢梭，2008. 爱弥儿 [M]. 北京：北京出版社.

卢晓中，2005. 比较教育学 [M]. 北京：人民教育出版社.

梅汉成，翟洪云，2022. 熔断与重塑：1991—2021 俄罗斯教育 30 年发展史 [M]. 南京：东南大学出版社.

倪洪涛，2019. 美国学前教育现状及其对我国的立法启示 [J]. 法学教育研究，24（1）：199-215.

庞钊珺，2022．中外学前教育简史 [M]．成都：西南交通大学出版社．

齐晓恬，2013．推动普及，政府主导，实施项目：美、英、印学前教育发展动向分析 [J]．外国教育研究，40（2）：71-79．

钱雨，2020．美国学前教育立法的发展、经验与启示 [J]．湖南师范大学教育科学学报，19（3）：16-23．

邱兴，2005．以色列学前教育投资研究 [J]．世界教育信息（12）：27-28．

人民教育出版社外国教育丛书编辑组，1979．六国教育概况 [M]．北京：人民教育出版社．

任树元，2018．20 世纪 90 年代以来中国台湾地区幼儿教师教育改革研究 [D]．昆明：云南师范大学．

日本厚生劳动省的《保育所统计调查》．

石丽娜，兀静，2020．英国学前教育师资培养与质量保障的特色 [J]．早期教育（教育教学）（12）：19-21．

孙二丽，郑立，2015．论以色列教育的主体形式及其特点 [J]．科学·经济·社会（4）：147-150．

孙进，付惠，2024．德国建设教育强国的六大政策面向 [J]．外国教育研究，51（2）：3-20．

唐淑，2009．学前教育史 [M]．北京：人民教育出版社．

唐淑，钟昭华，1993．中国学前教育史 [M]．北京：人民教育出版社．

陶行知，2015．如何使幼稚教育普及 [M]//余子侠．中国近代思想家文库：陶行知卷．北京：中国人民大学出版社．

田野，2002．多元文化与幼儿教育：澳门幼儿课程发展模式研究 [D]．上海：华东师范大学．

王承绪，1999．比较教育学史 [M]．北京：人民教育出版社．

王承绪，顾明远，1999．比较教育 [M]．北京：人民教育出版社．

王纪孔，刘璟，张德强，2022．基于教育统计数据的韩国学前教育的现状、特点及启示 [J]．鲁东大学学报（哲学社会科学版）（1）：80-88．

王建军，2002．合作的课程变革中的教师专业展 [D]．香港：香港中文大学．

王晓岚，丁邦平，2010．美国学前教育师资培养的方式、特点及其启示 [J]．学前教育研究（10）：49-54．

王义高，2000．从俄教育部的最新"总结"看俄当前教改动态 [J]．比较教育研究（S1）：57-62．

吴式颖，1999．外国教育史教程 [M]．北京：人民教育出版社．

吴文侃，杨汉清，2003．比较教育学 [M]．北京：人民教育出版社．

武欣，2019．法国学前三年纳入义务教育：多此一举还是另有他意？ [J]．基础教育，16（5）：32-40．

许立新，2004．战时以色列儿童保护政策概览及启示 [J]．比较教育研究（1）：58-61．

杨汉麟，2011．外国幼儿教育史 [M]．北京：人民教育出版社．

杨汉麟，周采，1998．外国幼儿教育史 [M]．2 版．南宁：广西教育出版社．

杨书波，2022．我国学前教育财政投入充足性研究 [D]．武汉：中南财经政法大学．

姚志华，1999．台湾教育管理 [M]．太原：山西教育出版社．

叶学文，2020．武汉幼儿园发展研究 [M]．武汉：华中科技大学出版社．

佚名，2022．香港特区的学前教育政策 [EB/OL]．（2022-03-04）[2024-11-05]．https://www.jinchutou.com/shtml/view-261734489.html．

尤·康·巴班斯基，1986．教育学 [M]．李子卓，杜殿坤，吴文侃，等译．北京：人民教育出版社．

于冬青，2013．中外学前教育史 [M]．长春：东北师范大学出版社．

余强，2009．意大利学前教育制度的主要特点 [J]．幼儿教育（30）：49-53．

张丹枫，2019．韩国学前教育的做法及其启示 [J]．常熟理工学院学报（6）：90-94．

张利洪，叶施利，2024．韩国学前教育法律体系对我国学前教育立法的启示 [J]．陕西学前师范学院学报（2）：78-85．

张宁珊，2019．英国近二十年学前教育政策及其对我国的启示 [J]．外国中小学教育（11）：39-47，9．

张雪门，1930．幼稚园教育概论 [M]．北京：商务印书馆．

张宗麟，1928．幼稚教育概论 [M]．上海：上海中华书局．

赵朵，周金梅，赵红艳，2019．学前比较教育 [M]．镇江：江苏大学出版社．

赵雨萌，2022．美国联邦政府学前教育财政投入政策演进研究（1965—2020）[D]．长春：东北师范大学．

中国驻法国大使馆教育处，2016．法国学前教育及其发展趋势［J］．基础教育参考（17）：71-72．

中华人民共和国教育部，2011．2010 年全国教育经费执行情况统计公告［EB/OL］.（2011-12-23）［2024-11-27］. http://www. moe.gov.cn/srcsite/A05/s3040/201112/t20111223_128871.html.

中华人民共和国教育部，2023．2022 年全国教育经费执行情况统计公告［EB/OL］.（2023-11-21）［2024-11-27］. http://www. moe.gov.cn/srcsite/A05/s3040/202312/t20231202_1092896.html.

周小虎，赵然，2010．英美两国学前教育政府职责的比较及其启示：教育政策法规的视角［J］．外国教育研究，37（3）：37-42．

朱家雄，2003．幼儿园课程［M］．上海：华东师范大学出版社．

庄嘉嘉，2013．俄罗斯学前教育政策变迁研究（1991—2010）［D］．南京：南京师范大学．

庄明水，谢作翘，黄鸿鸿，等，1994．台湾教育简史［M］．福州：福建教育出版社．

邹敏，1993．世界学前教育发展与比较［M］．北京：科学普及出版社．

OECD 数据库Education at a Glance 2024-Country notes: Italy | OECD.

VOLANSKY A, 2007. The Israeli Education System [C]. Tel Aviv university submitted to the international encyclopedia of education.